»Es scheint mir ganz klar und selbstverständlich, daß in einem
übervölkerten Land, wo die letzten Reste unverschandelter Natur
auf dem Spiele stehen, alle tätig zusammenhelfen müssen...
Kein Nichtjäger darf die Nase über einen Jäger rümpfen, kein Jäger
sich besser dünken als irgendein anderer, der die Natur liebt....
Es wäre doch lächerlich, wenn man sich nicht einigen könnte....«

Prof. Dr. Dr. Hans Krieg
1949 in der Jagdzeitschrift »Die Pirsch«

Walter Helemann

Das Jahr der Wildbahn

Wild und Jagd in heimischen Revieren

Meinem langjährigen Freund und Mitstreiter HRL Franz Oman in alter Verbundenheit gewidmet!

16. II. 1990.

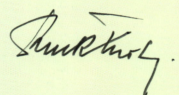

BLV Verlagsgesellschaft mbH,
München Wien Zürich

8000 München 40

© 1989 BLV Verlagsgesellschaft mbH, München

Das Werk einschließlich aller seiner Teile ist urheberrechtlich geschützt. Jede Verwertung außerhalb der engen Grenzen des Urheberrechtsgesetzes ist ohne Zustimmung des Verlags unzulässig und strafbar. Das gilt insbesondere für Vervielfältigungen, Übersetzungen, Mikroverfilmungen, die Einspeicherung und Verarbeitung in elektronischen Systemen.

Layout: Anton Walter, Gundelfingen
Satz: Filmsatz Schröter GmbH, München
Druck und Bindung: Neue Stalling GmbH, Oldenburg
Printed in Germany · ISBN 3-405-13710-1

Bildnachweis

Fotos:

Arndt: 44, 123; Ascheid: 208;
Bender: 177, 195 M., 195 r., 244 o.;
Bibelriether: 27 o.l., 28 o., 198/199, 200 u., 209, 250;
Bögl: 46; Brozio: 4/5, 77; Bulder: 110; Czimmek: 41;
Danegger: 12 l., 22, 23, 29 u., 31 o., 36/37 u., 38 r., 54/55, 56, 57, 60, 61, 70/71, 76 u., 82/83, 85 u.l., 86/87, 94 l., 113 u., 114 u., 120/121 o., 130/131, 147, 148, 158, 161 o., 171, 172, 173 o., 178/179, 192 u., 193 o., 213, 244/245, 248/249;
Dagner: 132, 168; Diemer: 227; Gruber: 33;
Grübl: 188 l.; Gerlach: 236/237; Günther: 240;
Hertlein: 67, 109 u., 188 r.; Dr. Hirsch: 135, 136, 157, 159;
Lohr: 104; Irsch: 193 u.; Jensterle: 62;
Kalden: 122, 133 M.o., 141; Klein: 231;
Konrad: 108; Kottkamp: 137;
Lapinski: 225 o.r., 232/233; Lehmann: 149 o.;
Limbrunner: 38 l., 39, 48, 49, 73 u., 85 o.r., 85 u.r., 88 u., 100/101, 102, 106/107, 112/113 o., 116 o., 118/119, 124, 125, 163 o.l., 163 o.r., 165 o., 173 u.l., 174, 175, 182, 183, 204, 207 r., 214, 215 o.r., 217, 226;
Lodzig: 98, 109 o., 179; Mäck: 45, 53; Maier: 1;
Marek: 15, 79, 189 l., 190, 216 l., 223 o.r., 241, 242, 243, 251;
Markmann: 235; Matwijow: 238/239; Mehner: 224 l.;
Meyers: 12/13, 16/17, 19, 42, 43, 50, 138, 166/167, 198 r., 191 u., 222/223, 224/225;
Möller: 247 u.; Nagel: 68/169, 150, 192 o.;
Pforr: 96, 117, 205, 206, 207 l., 230; Pirsch, Archiv: 27 u.;
Pott: 27 o.r., 28 u., 72, 74, 76 o., 78, 80 o., 81, 84, 86 o., 88 o., 91, 92, 93 o., 94 r., 116 u., 161 u., 180;
Pretscher: 29 o., 90/91, 128/129, 146 u., 152;
Pum: 219; Rautenstrauch: 133 u.;
Reinhard: 26, 31 u., 32 u., 33 o.l., 35, 58, 59, 63, 64, 75, 89, 105, 114 o., 115, 120 u., 127, 139, 142, 144, 145, 146 o.r.l., 151 u., 160, 162, 163 u., 164 o., 165 u., 195 l., 200 o., 201, 202, 210, 212, 221;
Rogl: 10/1, 14; Röhrsheim: 169, 184/185;
Schauer: 30, 211, 216/217;
Schilling: 140, 156, 191 o., 237 o.;
Schnabel: 247 o.; Schnürer: 24/25, 33 u.;
Schrempp: 111; Siegel: 187, 194; Spönlein: 220, 246;
Steidl: 103; Tessenow: 73 o., 73 M., 101;
Thiermeyer: 2/3, 80 u., 99, 151 o., 170, Vorsatzseiten;
Turner: 134; Urban: 32 o., 151, 153, 199 r., 203;
Volkmann: 236 o.; Wagner: 149 u.; Waltmann: 51;
Zeininger: 34, 37 o., 47, 82 o., 83 o., 93 u., 97, 107 o., 126, 161 M., 164 u., 181, 215 o.r., 215 u.;
Zotter: 154/155.

Grafiken:

Holzschnitte aus Gessner, Conrad »Thierbuch« (1669) Seite 65, 66;
Holzschnitt aus Kaiser Maximilians I. »Jagd- und Fischereibücher« Seite 21

Anfang und Ende

Ein Kreis hat keinen Anfang und kein Ende. Es ist dem Zufall überlassen, an welcher Stelle wir ihn zu betrachten beginnen. So ist es auch mit diesem Buch, das einen Streifzug durch Jahreszeiten und Lebensräume unserer Heimat darstellen soll. Es beginnt zufällig mit der Gamsbrunft im winterlichen Hochgebirge, führt durch das Frühjahr an unseren Gewässern, in Mooren und Auen, streift im Sommer durch Ackerfluren, Waldränder und Feldgehölze und endet, wenn im herbstlichen Wald die Hirsche röhren.

Es könnte auch umgekehrt sein und das letzte Kapitel am Anfang stehen: »Sankt Hubertus, hilf!« Denn das »Jahr der Wildbahn« wird mit den Augen eines Jägers betrachtet, wenn auch nicht durch das Zielfernrohr.

Ein Buch über Wild und Jagd läßt sich nicht mehr nach dem Rezept des Jägers aus Kurpfalz schreiben: »... er schießt das Wild daher, gleich wie es ihm gefällt.« Auch wehmütige Romantik als Widerhall verlorener Unbeschwertheit wird der Sache nicht gerecht, so sehr auch die begeisternden Bücher von Friedrich von Gagern und L. B. von Cramer-Klett die eigene Entwicklung mit geprägt haben. Vollends sträubt sich die Feder gegen die Selbstgerechtigkeit, mit der manche Jagdvertreter ihr hegendes Herz für Wildtiere an Lieschen Müller verkaufen möchten. »Als Mensch mit Tieren umgehen, heißt zuvörderst, den Verstand bemühen. Allerdings nicht jenen, den wir als ›gesunden Menschenverstand‹ so gern für uns in Anspruch nehmen, um kompliziertere Denkvorgänge von vornherein abzublocken ...« (E. Bezzel).

Der Jäger hat selbstverständlich Freude an seinem Umgang mit Tieren. Er fühlt sich dabei in die Kreisläufe des Werdens und Vergehens naturnah eingebunden und wird deshalb von sentimental naturfernen Tierfreunden oft mißverstanden. Jagdleidenschaft hat aber auch noch andere, weniger gern eingestandene Motive, und wenn diese von durchaus verständig naturnahen Tierfreunden durchschaut und hinterfragt werden, ist das ernst zu nehmen. Dem läßt sich nur mit der eigenen Bereitschaft begegnen, über komplizierte Dinge nachzudenken, auch wenn es unbequem ist.

Dieses Buch soll deshalb nicht nur mit schönen Bildern den Betrachter erfreuen, nicht nur schildern, wie das Jägerleben noch immer »voller Lust und alle Tage neu« sein kann, und dem Leser, der das alles schon gewußt hat, nicht selbstgefällig auf die Schulter klopfen. Es soll vielmehr auch etwas von der »Unruhe des Gewissens« vermitteln, die nachdenkliche Jäger schon immer beseelt hat; es soll Denkanstöße geben und den Leser in gängigen Auffassungen verunsichern. Es soll deshalb auch ein Buch sein, das der Jäger seinen Freunden und Bekannten, Kritikern und Gegnern in die Hand drücken kann, um Vorurteile durch Nachdenklichkeit aufzulösen.

Viele Menschen wollen ebenso wie die Jäger unseren wildlebenden Mitgeschöpfen einen Platz in der Menschenwelt erhalten, aber »... noch ist auch jenen, denen die ›Natur‹ am Herzen liegt, nicht ausreichend bewußt, daß ein Leben in Harmonie mit anderen Geschöpfen eine vollständige Veränderung der heutigen Kultur zur Voraussetzung hat ... Genügt es bereits, wenn wir um des menschlichen Überlebens willen auf die Mitgeschöpfe mehr Rücksicht nehmen? Oder müssen wir zuerst vom hohen Roß herunter und das Eigenrecht der außermenschlichen Natur erkennen, bevor wir eine harmonische Beziehung zu Pflanzen und Tieren finden können?« (W. Schröder, 1988).

Das ist nicht nur eine philosophische Frage. Wir stehen zweifellos am Ende einer Entwicklung, die so nicht mehr lange weitergehen kann. Wenn wir Glück haben, könnte das Ende in einen neuen Anfang münden, in einen Kreislauf, in dem der Mensch seine Vernunft nicht mehr dazu gebraucht, »um tierischer als jedes Tier zu sein«. Die Jagd war als allerälteste Menschheitspassion von Anfang an dabei. Sie sollte ihre Chance nicht verspielen, einer neuen Natursicht gerecht zu werden. Vielleicht können diese Gedanken einen kleinen Beitrag dazu leisten.

Denn: *Ohne Jagd wäre die Welt nicht besser, nur ärmer.* Es kommt allerdings auf die Qualität der Jagd und auf ihre glaubwürdige Einordnung an.

Walter Helemann

Inhalt

Hinauf in die Eiszeit

12 Tanz der schwarzen Teufel

24 Von süßen Reben zum ewigen Eis

34 Echte Gebirgler und Flüchtlinge
 Erben der Eiszeit 35
 Des Steinbocks Wiederkehr 40
 Die Alpen sind voller Adler 44
 Vom Spielhahn die Federn... 50
 Berghirsch im Asyl 54

60 Bergmanndl, Tatzelwurm und Wolpertinger
 Besuch bei den Unterirdischen 60
 Der Drache, der aus dem Wasser kam 65
 Noch eine Erinnerung an die Eiszeit? 66

Das Blut der Erde

72 Enten ohne Ende?
 Nicht immer nur Stockenten 83
 Weiße Riesen und graue Scharen 86

90 Die Heimlichen in Bruch und Moor
 Fanfarenklänge und Flötentöne 92
 Verkehrte Welt – Der weiße und der schwarze Storch 98

102 Weidenkätzchen und Pulverdampf
 Der Vogel mit dem langen Gesicht 102
 Einesteils der Eier wegen 108

112 »Meister Bockert, Landschaftsgestalter«

120 Der Fischer und sein Feind

Inhalt

Land unter dem Pflug

130 Vom »Hirsch des kleinen Mannes«
   Überall Rehe 132
   Hexenringe 138
   Wohin mit dem Flaschenhals? 140

144 Kulturfolger und Zivilisationsflüchter
   Jeden Tag hundert Hektar 145
   Meister Lampe ergreift das Hasenpanier 147
   Artenreiche Flur – Chance für Rebhuhn & Co. 154
   Von vielen guten Geistern verlassen 162

166 Fuchs, du hast die Gans gestohlen
   Blutrausch 168
   Keine Gnade für Opportunisten? 171
   Haare und Federn 174

178 Götterboten und Galgenvögel

Der Wald darf nicht sterben

186 Stimme aus der Urzeit
   Kein Platz für große Tiere? 188
   Edelhirsch und Rindenfresser 193

198 Wald ist mehr als Bäume
   Vom Menschen geprägt 200
   Neben dem Pirschpfad 204
   Wurzeln und Wipfel 208

212 Heimstatt für viele
   Die in Höhlen wohnen 212
   Schnepfe, Reh und Regenwurm 215
   Der verkannte Dunkelmann 218
   Schwein gehabt! 220
   Heidelbeeren für Auerhühner 226
   Einer darf wiederkehren 232

238 Sankt Hubertus, hilf!
   Jäger haben es schwer 241
   Was ist waidgerecht? 244
   Saat und Ernte, Herz und Verstand 246
   Ein sonderbarer Heiliger 248
   Am Scheideweg 249

252 Wild und Jagdstrecken
254 Literatur

Hinauf in die Eiszeit

Gamswild ist hervorragend an die harten Lebensbedingungen im Hochgebirge angepaßt. Besonders lebhaft geht es bei der Brunft im beginnenden Winter zu. Im weithin sichtigen Berggelände orientieren sich Gams mehr durch das Auge als Wildarten, die im dichten Wald leben. Aufmerksam verfolgt der Bock auf dem Felsköpferl das Treiben im Rudel. Böcke streifen auf der Suche nach brunftigen Geißen zwischen den Rudeln. Es gibt Hetzjagden und Kämpfe zwischen Rivalen. Dabei imponieren die Böcke mit ihrem gesträubten »Bart« – den besonders langen Rückenhaaren, die sich der Jäger zum Hutschmuck bindet.

Tanz der schwarzen Teufel

Kaum ein Wildtier ist so bekannt und beliebt wie die Gemse. Die alte Gamsjäger- und Wildererromantik hat ihr Teil zu dieser Popularität beigetragen, aber auch die erfreuliche Tatsache, daß auch heute noch jeder Bergwanderer, wenn er sich nur halbwegs verständig verhält, Gamsrudel im weithin sichtigen Gelände der Hänge und Almen am hellen Tag sehen kann.

Der Gams ist ein »Tagtier«. Das hängt vor allem damit zusammen, daß er im zerklüfteten Gelände die optische Orientierung mit zu seiner Sicherheit einsetzen muß. Gams äugen deshalb – ebenso wie andere Felskletterer, etwa Steinböcke und Wildschafe – schärfer als die in Wäldern lebenden Hirscharten. Daß wir die tagaktiven Gams so leicht beobachten können, kommt aber auch daher, weil eben das schwierige Gelände im Hochgebirge die mühsamen Pfade der Menschen von den luftigen Einständen und Äsungsplätzen der Gams zuverlässig trennt, so daß das Wild die Touristenscharen auf ihren stets gleichen Pfaden aus Erfahrung als ungefährlich erkennt. Auch die Rehe und das Rotwild würden am hellen Tag auf der Waldwiese äsen, wenn sich alle Menschen im Wald immer auf bestimmten Wegen in sicherer Entfernung bewegen würden. Und auch das Gamsrudel verschwindet in den Latschen oder verläßt die ungemütliche Gegend ganz, wenn ihm Bergwanderer oder Skifahrer fortwährend zu nahe auf den Leib rücken.

So täuscht die Vertrautheit der Gams eine heile Welt vor, die es auch am Berg nicht mehr gibt. Die besten Plätze beansprucht der Mensch, besonders im Winter, wenn die Gams vor dem Skizirkus in die schlechteren, zerklüfteten

Hänge ausweichen müssen, wo sie von Lawinen bedroht und vom Hunger geschwächt werden. Mancher Tourist verläßt das Hotel »Zur goldenen Gams«, ohne von diesem schönen Bergwild viel mehr mitzunehmen als die alberne Juxpostkarte mit den »Jemseneiern«. Und das ist schade; denn das Gamswild in seinem naturnahen Lebensraum zu erhalten, setzt Verständnis und Rücksichtnahme von allen voraus, die sich an der Bergnatur erfreuen wollen.

Verständnisschwierigkeiten gibt es bei Gästen aus dem Flachland oft schon mit dem Namen dieses Wildes, das zoologisch Gemse *(Rupicapra rupicapra)* heißt, volkstümlich aber nur im alemannischen Sprachraum Gemse und Gemswild genannt wird. Der altbairische Gebirgler sagt »Gams«, und zwar »der Gams«, in manchen Gegenden auch »das Gams«, wogegen »die Gams« immer die Mehrzahl bedeutet. Die Geschlechter werden als Gamsbock und Gamsgeiß benannt; Kitze heißen die Junggams im ersten, Jahrlinge im zweiten Lebensjahr. So hat die Mundart auch die Fachausdrücke der Jägersprache geprägt. Doch viel wichtiger, als sie fehler-

Ball verkehrt: Hier setzt eine Gamsgeiß hinter einem Bock her. Im Trubel des Brunfttreibens kann das einmal vorkommen. Die Geiß hat eine dünnere und flacher »gehakelte«, aber oft ebenso hohe Krucke wie der Bock – nicht immer leicht zu unterscheiden.

Ein Paar, das sich gefunden hat. Der übliche mekkernde Kontaktlaut, mit dem sich Gemsen verständigen, steigert sich beim Brunftbock zum lautstarken »Blädern«. Ein weiteres typisches Brunftverhalten ist das »Flehmen«: Der Bock prüft mit weit geöffneten Nüstern und vorgestrecktem Lecker (Zunge) die Witterung der Geiß. Nach den kurzen Tagen der Brunft trennen sich die Wege; es gibt keine längere Bindung zwischen den Partnern.

frei zu gebrauchen, ist das Verständnis für Lebensraum und Lebensbedürfnisse des Wildes.

In die Jagdromantik ist besonders das Brunfttreiben der Gams eingegangen, wenn die Böcke als »schwarze Teufel« im dichten Winterhaar mit »wachelndem Bart« durch stiebenden Schnee hetzen – Rivalität um die Weiblichkeit in den Rudeln, von denen sich die Böcke sonst eher fernhalten. Im frühen Bergwinter, von Mitte November bis Anfang Dezember, feiern die Gams Hochzeit. Oft ist es eine »grüne Brunft« unter föhnwarmem Himmel, wenn sich der Winter Zeit läßt. Oft auch eine »weiße Brunft«, die mit Schnee und Kälte nicht nur die Jagd auf den Brunft- und Bartbock zu einer wirklichen Leistung werden läßt, sondern die auch den Gamsböcken selbst so zusetzt, daß viele von ihnen ihre Energiereserven vorzeitig erschöpfen und den Winter nicht überleben. So kommt es, daß Gamsböcke im Hochgebirge eine deutlich geringere Lebenserwartung haben – kaum einer wird älter als zehn bis zwölf, vielleicht auch einmal 14 Jahre, während die Geißen viel öfter bis zu 16 oder 18 Jahresringe an den Hornschläuchen ihrer Krucke ansetzen, bevor sie den Alterstod sterben.

Die harten Überlebensbedingungen kommen auch in den oft hohen Winterverlusten unter dem Jungwild – Kitzen und Jahrlingen – zum Ausdruck und ebenso in der späten Geschlechtsreife: Böcke werden meist erst im vierten Lebensjahr brunftaktiv, Geißen setzen erstmals im vierten oder fünften Jahr ein Kitz. Entsprechend gering ist der jährliche Zuwachs eines Gamsbestandes. Doch nach einer Reihe von milden Wintern, und genau so in klimatisch milden Lebensräumen wie bei den »Waldgams« in tieferen Lagen oder in Mittelgebirgen, zeigen sich Gams von ihrer produktiven Seite und müssen dann dem Wald zuliebe vom Jäger ähnlich kurzgehalten werden wie die Rehe. Denn dort in den Wäldern fehlt auch der einzige natürliche Feind der Gams, nämlich der Steinadler, vor dem sie sich nur über der Waldgrenze in acht nehmen müssen. Wolf und Luchs haben früher fast überall verhindert, daß sich Gams

Bitte
frankieren

Antwort/Postkarte

**BLV
Verlagsgesellschaft mbH
Postfach 40 03 20**

D-8000 München 40

Wir informieren Sie gerne kostenlos und unverbindlich über unser Verlagsprogramm.

Bitte kreuzen Sie Ihre Interessengebiete an:

☐ Garten/
Zimmerpflanzen

☐ Natur

☐ Jagd/Waffen/
Angeln

☐ Sport/Fitness

☐ Reiten/Pferde

☐

☐ Alpinismus/
Wandern

☐ Auto/Motorrad

☐ Essen und Trinken/
Gesundheit

☐ Video-Cassetten

Vorname

Name

Beruf

Straße

PLZ/Ort

Liebe Leserin, lieber Leser,

wir freuen uns, daß Sie eines unserer Bücher besitzen. Ihre Meinung darüber ist für unsere Verlagsarbeit sehr wichtig. Bitte schreiben Sie uns, wie Sie auf dieses Buch aufmerksam geworden sind und wie es Ihnen gefallen hat!

....
Autor/in und Titel des Buches

Meine Meinung:

Ich bin auf dieses Buch aufmerksam geworden durch:

Wir danken Ihnen für Ihre Mithilfe und hoffen, daß Sie weiterhin zum Leserkreis unserer Bücher gehören werden.

BLV Verlagsgesellschaft mbH · 8000 München 40

zahlreich in den tieferen Waldlagen ausbreiten konnten.

Das typische »Wappentier« der Bergwelt war allerdings in seiner langen Entwicklungsgeschichte nicht immer so eng mit dem Hochgebirge verbunden wie in unserer Zeit. Schuld daran, wie an so vielen Erscheinungen in unserer Tierwelt, war wieder einmal die Eiszeit vor Zehntausenden von Jahren. Damals waren die Alpen bis weit in das Vorland hinein mit Gletschereis bedeckt, und von Norden her war der andere gewaltige Eisstrom aus Skandinavien bis weit in die Norddeutsche Tiefebene vorgedrungen. Als Lebensraum für die Tiere blieb nur noch ein schmaler Streifen in der Mitte. Dort sah es damals ähnlich rauh und kahl aus wie heute noch im norwegischen Hochfjell oder in den Alpen oberhalb der Waldgrenze. Nur widerstandsfähige, genügsame Wildtiere konnten sich unter solchen Lebensbedingungen behaupten. Damals lebten schon die Vorfahren unserer Gams in jenen hügeligen Kältesteppen, gemeinsam mit dem Rentier, dem Schneehasen und dem Schneehuhn und anderen Tierarten, die wir heute nur noch im hohen Norden oder im Hochgebirge finden oder die schon ausgestorben sind, wie etwa das Mammut. Auch den Wolf gab es schon, und unter seiner Fuchtel haben sich die Gemsen vermutlich damals bereits auf die felsigen, steilen Örtlichkeiten ihres Lebensraumes zurückgezogen und so dem gefährlichen Verfolger gegenüber das Verhalten entwickelt, das sie heute noch vor Menschen anwenden: Sie flüchten auf den nächsten Felsvorsprung oder steigen ein kurzes Stück in eine steile Wand ein, bleiben dort stehen und schauen sich den Verfolger genau an: Ätsch, komm doch herauf, wenn du kannst! Nur: Die Fernwaffen des Menschen sind dabei nicht eingeplant, von der Armbrust bis zur Hochrasanzbüchse. Und deshalb ist es meist gar nicht so schwer, einen Gams zu erlegen. Viele werden recht kunstlos und bequem von Wegen und Steigen aus geschossen.

Was beim »Gamsjagern« schwierig und gefährlich sein kann, ist das unwegsame Gelände, mit dem es der Jäger oft erst so richtig zu tun bekommt, wenn der erlegte Gams zu bergen ist. Und das unberechenbare Wetter in den Hochlagen, wo plötzlich dichter Nebel die Sicht nehmen kann oder im Hochsommer ein Wettersturz mit Schneesturm dem Menschen klar

Wenn ein Gamsbock erlegt ist, geht es zuerst ans Bartrupfen. Das geht am besten am noch lebenswarmen Bock, denn die wertvollen Barthaare müssen unversehrt samt der Wurzel ausgezupft werden. Danach wird der erlegte Bock versorgt (ausgeweidet). Ihn dann im tiefen Schnee durch zerklüftetes Gelände zu Tal zu bringen, ist oft der schwierigste Teil der Gamsjagd.

macht, was Anpassung an solche Lebensbedingungen bedeutet, die der Gams so erfolgreich meistert. Deshalb ist zur Gamsjagd ein berg- und revierkundiger Begleiter nötig, auf den sich der unerfahrene Gast aus dem Flachland verlassen kann. Der Ausflug hinauf in die Eiszeit ist nicht jedermanns Sache, und wenn der Gamsjäger auch nicht unbedingt ein waghalsiger Alpinist sein muß, einigermaßen körperlich fit und geländegängig sollte er schon sein, wenn er nicht zum Gespött werden will:

»Herunten leicht Jager derfragst
auf Henna und Hasn und Füx.
Wo drobn aber's Edelweiß wachst,
da taugen die mehrern nix!«

So dichtete Franz von Kobell in seinem »Wildanger« 1859. Und noch drastischer kanzelt in Eugen von Ledeburs »Fabian Bumm« der Steirer Hans seinen Sonntagsjäger ab:

»Bleib doch bei Weißwürscht,
   Bier und Knödel,
Depp damischer und Radiblödel,
   wenn du mit deinem dicken Wanst
im Berg auf Gams net jagern kannst!«

Hinauf in die Eiszeit: Als das Klima wieder milder wurde und die Eisbarrieren aus Mitteleuropa zurückwichen, wurde es den kälteangepaßten Wildtieren zu warm unter dem dicken Pelz. So kam es, daß viele Lebensformen der eiszeitlichen Tundra – übrigens auch viele Pflanzen – einfach den zurückweichenden Gletschern folgten und heute nur noch in solchen Rückzugsgebieten auf der Erde vorkommen, wo sich eiszeitliche Verhältnisse erhalten haben: Rentiere beispielsweise in den Tundren und Fjellen des hohen Nordens, Moschusochsen und Eisfüchse an den Küsten des Polarmeeres – und unser Gamswild in den Hochlagen der Gebirge, von den Pyrenäen über die Alpen bis in die Karpaten. Andere, wie zum Beispiel der Schneehase und das Schneehuhn, haben sogar beide Wege eingeschlagen und kommen heute, völlig voneinander getrennt, in einer nordischen und einer alpinen Form vor. Daß nicht auch die Gemsen mit den Rentieren an den Polarkreis gezogen sind, daran waren wohl die Wölfe schuld und die frühzeitig entwickelte Strategie, als Felskletterer Sicherheit zu finden. Für ein Huftier ist das eigentlich erstaunlich. Aber die gespaltenen Klauen der Paarhufer, die der Jäger als »Schalen« bezeichnet, erweisen sich bei vielen Vertretern dieser Tiergruppe als

ganz vortreffliche Bergschuhe und Steigeisen. Das Gamswild hat es dabei besonders weit gebracht. Es wird nur von manchen Wildziegen und Wildschafen erreicht oder sogar übertroffen. Mit beiden, den Ziegen (zu denen die Steinböcke gehören) und den Schafen, ist unser Gams übrigens nur weitschichtig verwandt – sie alle sind wiederkäuende, horntragende Paarhufer. Die engere Gams-Verwandtschaft ist eine kleine Gruppe von seltsamen, über die Hochgebirge der Welt verstreuten Geschöpfen: Die weiße Schneegemse (Schnee- oder Bergziege, »Mountain Goat«) in den nordamerikanischen Rocky Mountains gehört dazu, und im asiati-

Ein »Scharl« Gams: Rudel aus Geißen, Kitzen und 2–3jährigem Jungwild. Das dichte Winterhaar schützt vor dem kalten Wind auf kahlen Höhen.

schen Himalaja leben der Goral und der Serau als weitere Vettern unseres Gamswildes, bei uns auch im Zeichen des weltweiten Jagdtourismus kaum bekannt.

Es ist schon reizvoll, über solche Zusammenhänge nachzudenken, wenn man im Bergrevier auf einsamer Wacht hockt und einem Scharl Gams zuschaut, einem kleinen Rudel aus Muttergeißen mit ihren Kitzen, Jahrlingen und ein paar Zwei- und Dreijährigen. Die gewaltige Welt des Hochgebirges lenkt die Gedanken ja überhaupt oft zurück zu dem, was einmal war, und läßt sie vorauseilen in die Zukunft: Jeder Stein rollt zu Tal, jeder Wassertropfen fließt bergab und höhlt neue Steine... Die »ewigen« Berge sind ein großartiges Beispiel für den ewigen Wechsel in der Natur, der allein Bestand hat im Fluß der Erscheinungen: Aufgeschichtet aus den Ablagerungen urzeitlicher Meeresböden, rollen und fließen die stolzen Gipfel unter dem Hobel der Zeit wieder neuen Meeren zu. Und dazwischen, als Eintagsfliegen, wir Menschen, der Jäger und sein Wild...

Der Gams steht viel weniger als alle anderen Schalenwildarten, drunten in den Wäldern und Fluren, unter dem Einfluß des Menschen und seiner Zivilisation. Das Krickelwild hat es richtig gemacht damals gleich nach der Eiszeit, daß es sich ein Rückzugsgebiet ausgesucht hat, das für den Menschen doch recht ungemütlich ist und wo deshalb bis heute noch Inseln halbwegs ursprünglicher Natur über die Nutzlandschaft hinausragen. Die Gams könnten, ließen wir sie und ihren Lebensraum in Ruhe, auch heute noch gut ohne den Menschen auskommen. Sie brauchen nicht die Futterraufe des hegenden Jägers wie der Berghirsch, von dem noch die Rede sein wird. Und doch ist der Winter der harte Engpaß für alles Leben am Berg. Nicht alle größeren Wildtiere haben es so gut wie das Murmeltier und können die Zeit zwischen Hirschbrunft und Hahnenbalz im festen Bau verschlafen. Wer das winterliche Hochgebirge nicht nur aus dem Wintersportsprospekt, von Seilbahn und Piste her kennt, sondern auch abseits der gebahnten Wege wie der Bergbauer und der Bergjäger, für den ist es immer wieder wie ein Wunder, wie die Gams so einen bitteren Hochgebirgswinter überleben. Woher nehmen sie die Kraft?

Kraft, Energie, heißt Äsung. Die ist im Winter rar, besonders für einen Wiederkäuer, der kein Hungerkünstler sein kann wie die meisten Raubtiere und der auch mehr und gehaltvollere Nahrung braucht als ein kleines Nagetier unter der Schneedecke. Doch die Gams sind nicht nur äußerlich bestens an ihr hartes Leben angepaßt, mit kräftigen Läufen und extra dichtem Winterhaar; auch innerlich, in ihrer Ernährungsphysiologie, zeigen sie erstaunliche Anpassungen. Das komplizierte Verdauungssystem der Wiederkäuer ist fähig, sich auf jahreszeitlich verschiedene Äsung einzustellen. Beim Gams ist diese Fähigkeit besonders weit entwickelt. Im Winter schrumpft das Volumen des Pansens etwa auf die Hälfte des sommerlichen Fassungsvermögens, und auch die Zahl und Struktur der zottigen Ausstülpungen, mit denen das Innere des Pansens ausgekleidet ist, ändern sich: Der ganze Verdauungsapparat wird auf Sparflamme geschaltet, um mit einem Minimum an Brennstoff den Energiehaushalt des Körpers in Betrieb zu halten.

Damit möglichst wenig Energie nach außen verschwendet wird, ist der Körper durch das dichte, warme Winterhaar isoliert. Zusätzliche Wärmeisolation und Energiereserve bildet das Fett, das sich die Tiere im Spätsommer zugelegt haben. Wer schon einmal einen im Herbst erlegten Gams für die eigene Küche zerwirkt hat, der weiß, daß Gamswildpret viel stärker mit Fett »durchwachsen« ist als anderes Schalenwild, bei dem sich das Feist hauptsächlich im Innern des Körpers als Nierenfett konzentriert oder – beim Wildschwein – auch als »Weißes« unter der Schwarte. Und auch das Verhalten des Wildes ist im Winter auf Energiesparen programmiert: Möglichst wenig Bewegung in windgeschützten Einständen, wo die spärliche Äsung auf kurzen Wegen erreichbar ist. Was nicht ganz zu dieser Überlebensstrategie paßt, das ist, wie wir schon gesehen haben, die kräftezehrende Brunft im Frühwinter – mit ihren oft verhängnisvollen Folgen für die brunftaktiven Böcke im besten Mannesalter, wenn sich ein harter und langer Winter anschließt.

Sichere Wintereinstände mit genügend Äsung können Gams auf verschiedene Weise finden, je nach Beschaffenheit ihres Lebensraumes. Wo die Berge hoch und weit sind, steigen sie hinauf in die höchsten Lagen, wo an steilen Graten der Schnee immer wieder abrutscht und vom Wind fortgeweht wird, wo die steil einfallenden Sonnenstrahlen, vom Fels reflektiert, bald apere Flecken schaffen. Dort oben ist dem »Gratgams« das dichte Lahnergras als »Naturheu« zugänglich; die Felsen sind mit stärkereichen Flechten überzogen, und als Nährstoffkonzentrat stehen die winzigen, aber gehaltvollen Knospen und immergrünen Triebe der Kräuter und Zwergsträucher zur Verfügung, die sich mitten im Winter bereits wieder zum Austreiben für den kurzen Bergsommer anschicken. Die langen Ruhezeiten zum gründlichen Wiederkäuen verbringen die Gams gern in windgeschützten Felsnischen und Höhlen, wo man ihre Losung im Lauf vieler Jahre dezimeterhoch aufgeschichtet finden kann.

Das ziegenbraune Sommerhaar mit dem dunklen »Aalstrich« auf dem Rücken ist nicht so ansehnlich wie der schwarzzottige Winterpelz – Anpassung an die klimatischen Bedingungen. Beim Kitz erscheinen schon die ersten Hornspitzen. In den nächsten vier Jahren erreicht die Krucke fast ihre volle Höhe; vom 5. Lebensjahr an gibt es nur noch millimeterweisen Zuwachs.

Wo die Berge niedriger sind und sich über der Region der Latschenfelder – in denen Gams nur im Sommer leben können – nur eine schmale Matten- und Felsregion erhebt, dort weichen die Gams dem Winter in umgekehrte Richtung aus – hinunter an die Waldgrenze, in die Kampfzone des Bergwaldes und bis hinunter in die oberen Lagen des wirtschaftlich genutzten Bergwaldes. Dort lassen sie sich unter mächtigen Schirmfichten einschneien, bringen sich mit Baumflechten durch und nehmen die Knospen und Triebe von Weißtanne, Eberesche, Bergahorn und Buche, äsen das Kraut von Heidel- und Preiselbeere – alles in allem ein doch recht gut gedeckter Tisch, vor allem an sonnseitigen Waldhängen. Wolf und Luchs haben die Gams bei uns ja nicht mehr zu fürchten – und so fühlen sie sich wohl in den Waldhängen, in denen sie auch weniger von Menschen belästigt werden als oben auf den Matten und Karen, wo der Wintersport regiert.

Daß sich Gams auch in reinen Waldgebirgen gut halten können, zeigen die durch Aussetzung entstandenen Bestände in höheren Mittelgebirgen, bei uns vor allem im Hochschwarzwald, ebenso wie in den französischen Vogesen, und sogar einzelne kleinere Vorkommen in niedrigen Jura- und Sandsteinformationen (Schwäbischer Jura, Elbsandsteingebirge). Immer wieder verirren sich einzelne Gams – meist junge Böcke – auch weit in die Wälder des Alpenvorlandes. In solchen klimatisch milderen Lagen erreichen Waldgams höhere Zuwachsraten, weil sie schon im zweiten oder dritten Lebensjahr fortpflanzungsfähig werden und die Jugendsterblichkeit weitaus geringer ist als im Reich der Gipfel und Lawinen. Waldgams tragen auch stärkere, höhere Krucken, weil sie in ihrer Jugendentwicklung mehr Kraft in das Wachstum dieser Stirnwaffen investieren können. Dafür wächst der Gamsbart, die vom Jäger begehrte Trophäe des Brunftbockes, in der warmen Stube des Waldes meist weniger ansehnlich als oben auf den sturmumbrausten Graten. Anpassung an veränderte Lebensbedingungen.

Waldgams sind ins Gerede gekommen, seit uns die Erhaltung des Bergwaldes Sorgen macht, vor allem die Verjüngung der greisen Schutzwälder. Waldgams treten – wo sie ganzjährig den Bergwald bewohnen – in Äsungskonkurrenz zu Reh und Rotwild. Wo sie erst im Winter in den Wald hintersteigen, wenn Rehe und Hirsche aus den Hochlagen weiter talwärts gezogen sind, verringern die Gams die Erholungspause für die Vegetation. Da genügen schon ein paar wenige Gams, die einige Wochen lang ständig auf einem sonnseitigen Waldrücken stehen, um allen Jungwuchs, der ihrem Äser erreichbar ist, zu stutzen. Es bleibt nichts anderes übrig, als daß der Jäger – zumindest an den örtlichen Brennpunkten der Schutzwaldsanierung – die alte Rolle von Wolf und Luchs übernimmt und durch scharfe Bejagung verhindert, daß sich allzu viel Gamswild in den Wald einstellt. Es gibt genug andere Gebiete, wo dieses Wild kaum oder gar nicht bejagt zu werden braucht, weil es das ganze Jahr über außer- und oberhalb des Waldes leben kann.

Am Gams stellt sich die Gewissensfrage vom Sinn der Jagd klarer als an anderem Wild, das wir in Wirtschaftswäldern und Nutzfluren bewirtschaften und hegen. Sein eigentlicher Lebensraum – das Hochgebirge oberhalb der Waldgrenze – hat das Wechselspiel von natürlicher Auslese und Anpassung noch nicht verloren. Der Heger mit dem Futtersack hat dort so wenig zu suchen wie der Jäger, der mit der Büchse Eugenik betreiben oder einen Wildbestand auf ein wirtschaftlich vertretbares Maß einregulieren möchte. Damit kann der Gamsjäger seine Leidenschaft nicht bemänteln. Er muß zugeben, daß er erntet, ohne gesät zu haben – und er steht damit noch am Ursprung des Jagens, der in unseren Kulturlandschaften ansonsten weitgehend verschüttet ist: einfach etwas nehmen vom Überfluß, den die Natur hervorbringt, und sich darüber freuen und dafür dankbar sein.

Nach einem harten Winter kommen unter dem Lawinenschnee oft so viele umgekommene Gams zum Vorschein, daß die Stückzahlen, die

Zwischen 1500 und 1515 entstanden die Jagdbücher Kaiser Maximilians I. Im »Theuerdank« werden ritterliche Abenteuer geschildert, unter denen ebenso wie im »Weißkunig« die jagdliche Ausbildung des jungen Fürsten großen Raum einnimmt. Auf dieser Abbildung ist die damals übliche Methode der Gamsjagd dargestellt: Der Jäger mußte so nahe an das Wild heransteigen, daß er es mit dem »Schaft«, einer 6–8 Meter langen Stange mit eisenbewehrter Spitze, aus der Wand stoßen konnte. Die Gams wurden zunächst mit Hunden gejagt, bis sie sich fest in eine Wand einstellten, wo sie der Jäger mit dem »Schaft« erreichen konnte. Von oben her wurde der »Schaft« auch auf Gams geworfen. Daneben wurde auch die Armbrust zur Gamsjagd verwendet. Kaiser Maximilian empfand die Jagd als sportliche Ertüchtigung und als Vergnügen. Es wurde gerühmt, daß er alle seine Gemsenjäger übertraf, im Klettern sehr vorsichtig war und keinen Schwindel kannte.

Wie Tewrdannck durch Fürwittig aber malen auf ein vast sorgklich Gembsen Geieid gefürt ward.

Steile Felsen sind kein Hindernis, wenn die Läufe nur den geringsten Halt finden. Die Läufe sind viel kräftiger als bei anderem Wild von vergleichbarer Größe, etwa Reh oder Damhirsch. Die Schalen (Hufe) haben harte Ränder und hartgummiartig zähe Ballen; sie wirken wie Steigeisen und Saugnäpfe gleichzeitig. Und natürlich kennen Gams kein Schwindelgefühl. Der Sommerbock liefert dem Jäger nur die Krucke als »Trophäe«; den Gamsbart gibt es nur im Winterhaar. Aber nur Sommerdecken lassen sich für die beliebte Lederhose gerben.

im gleichen Gebiet im Sommer und Herbst von Jägern erlegt wurden, dagegen verblassen. Auf Gamsjagd gehen heißt eigentlich kaum etwas anderes, als Winterverluste vorwegnehmen. Ob die Jäger viel oder wenig schießen – der große Hegemeister Winter gleicht es immer wieder aus. Tut er es nicht – weil in einigen milden Wintern die Fallwildzahlen hinter dem Zuwachs zurückblieben –, findet im anwachsenden Bestand die Gamsräude ihren Nährboden und kann zum verheerenden Seuchenzug anschwellen. Auf und Ab seit Jahrtausenden – wo der Mensch den Lebensraum nicht umgekrempelt hat, wo noch die Gesetze der natürlichen Auslese gelten, dort geht keine Wildtierart an ihrer natürlichen Umwelt zugrunde, dort wird sie aber auch nicht zum Schaden der Lebensgemeinschaft und der eigenen Lebensgrundlagen ausufern können.

Das würde auch für die Waldgams gelten, wenn nicht der Mensch Wolf und Luchs ausgerottet hätte – und wenn nicht der Mensch in unserer Zeit den gesamten Lebensraum der Gams vom Bergwald bis hinauf in die Gipfelregionen mit Aktivitäten überziehen würde, die in der tausendjährigen Besiedlungsgeschichte der Alpen absolut neu sind.

Es geht um die zunehmende Erschließung und Beunruhigung durch Tourismus und Wintersport. Im Winter bleibt den Gams oft nur noch die vereiste Lawinenschlucht als letzte Zuflucht oder der Wechsel hinunter in den Wald. Und sogar dort wird das Wild durch Skiabenteurer abseits von Loipen und Pisten immer stärker beunruhigt. Ruhe aber ist das Allerwichtigste, wenn ein Wildtier – gleich ob Gams, Hirsch oder Auerhahn – bei Frost und hoher Schneelage mit karger Äsung auskommen muß. Jede Flucht zehrt an der lebenswichtigen Energiebilanz. Der Zugriff des starken Raubwildes war als Einzelschicksal in das System von Auslese und Regulation einprogrammiert. Die ständige Beunruhigung durch Menschen ist es nicht. Der pirschende Luchs, der hetzende Wolf haben ihre Beutetierbestände gesund erhalten, ausgelesen, was schwach oder unaufmerksam war, und im übrigen Ruhe gegeben, bis sie wieder Hunger bekamen. Die fröhlich durch Wald und

Berg sportelnden Menschen dagegen machen die Wildtiere in aller Ahnungslosigkeit krank und geben nie Ruhe.

Fuschlberger schrieb schon vor 50 Jahren: »Seit dem Aufkommen des Skisports sind die Berge auch im Winter von Menschen belebt. Dieser Sport nimmt dem Gams einen Teil seiner Wintereinstände und drängt ihn in Lagen, die ihm von Natur aus nicht zusagen und wo ihm Gefahren drohen... Es ist richtig, daß alle, nicht nur der Jäger, das Recht haben sollen, über die Berge zu wandern und Gams anzuschauen. Das ist aber nur möglich, wenn dieses Wandern in geordneter Weise, also auf bestimmten Wegen erfolgt.«

Was würde der alte »Gamsvater« Fuschlberger heute sagen? Es war ja erst der Anfang, der sich 1939 abzeichnete. Ordnung, Einschränkung, Selbstdisziplin standen seither nicht hoch im Kurs, wenn es den Menschen um ihr Vergnügen und den damit verbundenen Profit geht. Doch ein neues Umweltbewußtsein, aus der Not der sterbenden Wälder geboren, läßt hoffen. Rücksicht auf Wildtiere ist nicht mehr unzeitgemäß, auch wenn sich die meisten Menschen noch eher für ferne Elefanten und Pelzrobben einsetzen als für die Geschöpfe vor der eigenen Haustür. Schutzgebiete, Wegegebote sind nicht mehr utopisch, seit immer mehr Naturfreunde und sogar ihre Organisationen wie der Alpenverein einsehen, daß Wildtieren und natürlichen Lebensgemeinschaften eigenständige Lebensrechte zustehen müssen, und sei es auch nur deshalb, damit den Menschen die große »Einsamkeit des Herzens« erspart bleibt.

Einsicht in ökologische Zusammenhänge wächst und wird von den Verantwortlichen bereitwilliger aufgenommen als noch vor wenigen Jahren. Wildlife Management ist zu einer angewandten Wissenschaft geworden, die vielversprechende Pläne entwickelt, wie sich die Ansprüche des Menschen an die Nutz- und Erholungslandschaft mit der Erhaltung von Wildtieren unter naturnahen Lebensbedingungen vereinbaren lassen. Ob solche Einsichten und Bestrebungen noch rechtzeitig genug wirken, ob sie noch etwas retten können unter den noch größeren, weltweiten Bedrohungen von Klima, Luft, Wasser und Boden, das wird sich am extremen Lebensraum unserer Gams deutlicher erweisen als in den Kulturlandschaften. Wir haben in Mitteleuropa nur noch diesen einzigen Lebensraum, der großflächig in den letzten tausend Jahren seinen Urzustand nur langsam und wenig verändert hat. Deshalb fallen uns die schwerwiegenden Eingriffe der letzten Jahrzehnte hier besonders deutlich auf.

Das Wappentier dieser Bergwelt ist der Gams – vertraut mit ihm sind seit alters her die Bergjäger. Vor allem die gelernten Berufsjäger haben – gemeinsam mit Wildbiologen und Naturschützern – zur Zukunft des Gamswildes und der alpinen Wildbahn einiges beizutragen – mehr jedenfalls, als sich die gängige Ganghofer- und Jennerwein-Romantik träumen läßt.

Die junge Geiß freut sich über die Kühlung auf dem Schneefeld an einem warmen Sommertag. Nicht nur Gamskitze tollen bei solchen Gelegenheiten übermütig herum und »rodeln« über Schneehänge. Auch »Halbstarke« und jüngere Erwachsene lassen sich vom Frohsinn anstecken. Die angenehmste Temperatur suchen sich Gams aus, indem sie sich je nach Wetter und Jahreszeit auf Sonn- oder Schatthänge einstellen.

Von süßen Reben zum ewigen Eis

Unser mitteleuropäisches Hochgebirge, die Alpen, ist für uns heute zum Inbegriff »unberührter Natur« und zur beliebtesten Erholungslandschaft geworden. Tourismus wird groß geschrieben, die Freizeitindustrie ist zum wichtigsten Wirtschaftsfaktor der ganzen Region geworden. Diese stürmische Entwicklung hat in wenigen Jahrzehnten nachgeholt, was vorher durch viele Jahrhunderte kaum vorhanden war: das Interesse des Menschen an der Bergwelt, das Empfinden für die Großartigkeit und Einmaligkeit der Erscheinungsformen der Natur, die wir dort erleben können.

Wenn wir eine Übersichtskarte der Alpen betrachten, dann sehen wir, daß unsere Bundesrepublik mit ihrer südlichen Grenze gerade nur einen schmalen Randstreifen der Nördlichen Kalkalpen umfaßt: Von Berchtesgaden im Osten bis nach Garmisch-Partenkirchen im Westen gehört der größte Teil davon nach Oberbayern; bis an den Bodensee schließt sich daran ein kurzes Stück bayerisches und württembergisches Allgäu an. Trotz Watzmannmassiv und Zugspitze gibt das alles erst einen Vorgeschmack von den Urgewalten, die uns in den Zentralalpen beeindrucken. Die Hohen Tauern mit dem Großglockner; die Dolomiten, Ötztaler und Silvretta; das Engadin und das Berner Oberland mit Eiger und Jungfrau; Matterhorn, Mont Blanc und Gran Paradiso – Begriffe für Urlaubsfreude und Naturgenuß. Und doch, wer das alles nicht nur so konsumiert, wie es die bunten Prospekte wollen, wer Land und Leuten hinter den Fassaden der Fremdenverkehrswerbung nachspürt und wer nicht nur als flüchtiger Besucher und staunender Betrachter kommt, sondern zeitweilig in und mit dieser Bergnatur lebt – der versteht heute noch, wie Menschen früher ganz anders zu dieser Natur und ihren Gewalten eingestellt waren.

Keine Spur von romantischer Bewunderung – statt dessen Furcht und Abscheu vor den unwirtlichen Höhen, die man nur notgedrungen und unter Lebensgefahr auf wenigen Pässen durchquerte, um auf Handelsreise oder Kriegszug die

In den unteren Lagen des Bergwaldes herrschen von Natur aus Laubbäume vor, vor allem die Buche, gemischt mit Bergahorn, Bergulme, Esche und nur wenig Nadelholz. Reine Fichtenbestände auf talnahen Hängen sind von der Forstwirtschaft künstlich begründet, oft nach vorhergehendem Raubbau am Naturwald.

Barriere zwischen Süd und Nord zu überwinden. Die Alpen blieben lange ein weißer Fleck auf der kulturellen Landkarte Europas. Die antike römische Kultur machte an ihrem südlichen Fuß ebenso halt wie später die mittelalterliche germanisch-christliche an ihrem nördlichen. Um die tausend Jahre erst reicht die Besiedlungsgeschichte der Alpen zurück, ausgehend von den wenigen Pässen und ihren Einzugstälern.

Die Täler waren ebenso unwirtlich wie die Hänge und Höhen. In Ortsnamen verbergen sich bis heute das »Gries«, das »Ried« und der »Plaus« (palustris = Sumpf): Geröllanschwemmungen und Sumpfwälder, mit denen die Wildwasser die Talböden prägten. Da war es oft besser, an den Bergflanken karges Land aus dem unwegsamen Wald zu roden, sicherer auch vor Mord und Totschlag als unten an der Heerstraße. Bergbauernhöfe, Bergdörfer im hintersten Winkel, Trutzburgen an Taleinschnitten, Klöster auf urbar gemachtem Land im Talboden – armes, karges Leben durch Jahrhunderte.

Früh entstand die Besonderheit alpiner Landeskultur: die Almwirtschaft. Die natürlichen Grasmatten an und oberhalb der Waldgrenze boten sich an als Sommerfrische für das Vieh; mit Rodung der lichten Hochlagenwälder konnte nachgeholfen werden – leichter und gesünder, als die Fiebersümpfe in den Talböden zu kultivieren. An steile, steinige Steige waren Mensch und Vieh gewöhnt.

Der Mensch mußte sich der übermächtigen Bergnatur anpassen, konnte ihr nur mühselig und in engen Grenzen das Lebensnotwendigste abringen. Auf so manchem südtiroler Bergbauernhof läßt sich noch eine Ahnung erspüren, wie es früher war, als es da noch keine Jausenstation für Bergwanderer gegeben hat und der drei Stunden weite, grobsteingepflasterte Karrenweg der einzige Zugang war. Oder vielleicht besser noch in irgendeinem entlegenen Graubündener Bergnest, zwischen dessen grauem Gemäuer die Zeit seit Jürg Jenatsch stehengeblieben zu sein scheint.

Von solchem Schein karger Vergangenheit ist im Leben und Treiben unseres schmalen deutschen, bayerischen Nordalpengürtels am wenigsten erhalten geblieben. Seit vor hundert Jahren die Alpenromantik modern wurde, bläht sich hier auf allzu engem Raum der Freizeitanspruch zwischen Alpenglühen und Bauerntheater, Autobahnstau und Skizirkus zum kulturellen und ökologischen Infarkt.

Die Alpennatur, seit Jahrtausenden gefürchtetes

Bollwerk gegen Menschenwerk, droht in wenigen Jahrzehnten zugrunde zu gehen, seit die Menschen sie zu lieben gelernt haben. Sie wird freilich nicht nur von der Masse ihrer wenig vernünftigen Bewunderer zu Tode geliebt, sondern mehr noch von denen zu Tode geschunden, die ihren Profit davon haben. Und mit der alten Kultur ist der neue, bescheidene Wohlstand in Gefahr, dem schnellen, schamlosen Profit geopfert zu werden.

Seit der Mensch bei allem, was er in und mit der Natur anstellt, seine ökologische Unschuld verloren hat, dürfen wir diesen Hintergrund nicht verdrängen, wenn wir in den Berg hinaufsteigen, um noch ein Stück der ältesten Ursprünglichkeit zu erleben: als Jäger.

Auch die Jagd war in den alten Zeiten kein romantisches Vergnügen. Sie war Teil des ärmlichen Lebensunterhalts und blieb es länger als in den reicheren Kulturlandschaften, bis hin zum Wilderertrotz gegen späteres Herrenrecht oder – aus der gleichen Wurzel – der bewahrten Patentjagdfreiheit in den Bergkantonen der Schweiz.

Kaum etwas mit Naturgefühl und Romantik in unserem Sinn hat die abergläubische Bewunde-

Natürliche Nadelholzbestände – je nach Standort Fichte mit Weißtanne oder Lärchen- und Zirbenwälder – lösen in den Hochlagen den Laubmischwald ab.
Das »lebendige Wasser« der Wildbäche trägt viel zum urwüchsigen Charakter der Bergwelt bei.
Im Bergwald können von Natur aus wegen der harten Winter nur wenige Rehe leben. Dafür haben die einzelnen viel Platz und können sich kräftig entwickeln. Nur wenn sie im Übermaß gehegt und durch jeden Winter gefüttert werden, können Rehe den Bergwald durch ihren Verbiß schwer schädigen – die zarten jungen Tannen und Ahorne sind ihre Leckerbissen!

Nach oben hin löst sich der geschlossene Wald allmählich zur »Kampfzone« auf. Einzelnen, uralten Wetterbäumen (hier eine Lärche) sieht man den Kampf gegen Wind und Wetter an. Im lockeren Verband stehen tief beastete Bergfichten, wo sich ihre Wurzeln noch zwischen Felsen und Geröll festkrallen können. Zwischen und über ihnen haben sich Latschenkiefern als »Krummholz« dem Schneedruck angepaßt.

rung einzelner berühmt-berüchtigter Alpenjäger zu tun, von denen die Bauern und Hirten glaubten, sie ständen mit unholden Geistern im Bund. Einer der letzten und bekanntesten war der Graubündener Gian Marchet Colani noch zu Beginn des 19. Jahrhunderts – und vielleicht einer der ersten, die die Bergwelt und ihr Wild mit den Augen der aufkommenden Naturwissenschaft sahen – ohne Furcht und mit Wißbegier und gerade deshalb den Unwissenden unheimlich.

Das war schon 300 Jahre nach der Blütezeit des feudalen Jagens der Herren und Fürsten, in Tirol unauslöschlich repräsentiert durch Kaiser Maximilian I., den »letzten Ritter«. Ihm ging die Gamsjagd über alles, Jagd als ritterliches Kampfspiel mit waghalsigem Risiko. Kaiser Max in der Martinswand – der erste Fall für die Bergwacht, Übermut aus Lust zur Selbstbestätigung?

Kühne Alpenjäger und Wilderer, in den Grenzbergen auch Schmuggler waren gewiß die ersten, die über die ausgetretenen Nutzpfade zu Berghof, Alm und Holzschlag hinaus die wilde Unwegsamkeit erkundeten. Als dann gegen Ende des 19. Jahrhunderts der Alpinismus entdeckt wurde, waren seine Pioniere auf die Hilfe der wenigen Einheimischen angewiesen, die bergkundig und wagemutig genug waren, um in die seit Jahrhunderten abergläubisch gefürchteten Höhen vorzudringen. Es war ja noch längst keine Massenbewegung, und man schüttelte den Kopf über die spleenigen englischen Lords, die das Gipfelstürmen als neuen Sport kreierten. Doch das Interesse war erwacht, junge Akademiker aus den Alpenländern selbst folgten den Kletterspuren der sportiven Engländer, und die Sache wurde immer populärer.

Im heutigen Massen-Bergtourismus mischen sich die Motive, die von Anfang an Beweggründe waren: die sportliche Leistungsbestätigung, von der extremen Kletterei bis zum Skizirkus, mit und ohne technische Hilfen; das ästhetische Schwärmen für Naturschönheiten und grandiose Naturgewalten; mit Zunahme der naturkundlichen Kenntnisse nicht zuletzt die Freude,

eine noch so wenig vom Menschen umgeformte, urwüchsige und eigenartige Landschaft zu erforschen, aus erster Hand Einblicke in die Werkstatt der Evolution zu gewinnen, wie sie uns anderswo kaum möglich sind. Die »letzte Urlandschaft Europas« gewann umso schneller und intensiver an Freizeitwert, je weiter sich die Menschen der Industriegesellschaften in ihrer Alltagswelt von den eigenen Ursprüngen entfernten – und je leichter es ihnen der industrielle Wohlstand machte, massenweise einer Sehnsucht – und bald auch Mode – nachzugehen, die längst nichts Exklusives und Abenteuerliches mehr hat.

Wettlauf im Teufelskreis unserer Natursehnsucht: Kann es dem Wissen, der Einsicht noch gelingen, genügend Verantwortungsgefühl aufzubauen gegen den egoistischen Anspruch, Natur unüberlegt als Objekt und Kulisse für sportliche Selbstbestätigung zu gebrauchen oder sich in ihr einfach zu erholen und wohlzufühlen, ohne an die Folgen zu denken?

Als Jäger wollten wir in den Berg hinaufsteigen und begegnen dabei auf Schritt und Tritt den vielen anderen, die ihre eigenen Ansprüche an die Landschaft stellen. Ansprüche, die der Jäger oft als feindlich empfindet, weil sie seine eigenen Kreise stören, die noch viel ursprünglicher mit den natürlichen Lebensgemeinschaften verbunden sind. Und doch sind wir Jäger Kinder der gleichen Zeit und müssen uns die gleichen Fragen gefallen lassen. Fragen, die sich der Kaiser Max in der Martinswand noch nicht zu stellen brauchte und vor denen wir nicht in Ganghofers Bergjägerromane ausweichen können. Nämlich:

Geht es noch an, nur die Erfüllung eigener Lust und Begierde, die Freude an der eigenen Leistung als Maßstab für unser Verhalten zu setzen? Ob die »Beute«, der wir nachjagen, die Bezwingung eines schwierigen Gipfelgrates ist oder der Gamsbock im Rucksack, macht nicht viel Unterschied, wenn die Natur hauptsächlich Kulisse, der Berg, das Wild nur Objekte unserer Lust sind.

Geht es noch an, den Kopf in den Sand von bloßer Ästhetik und Naturschwärmerei zu stecken, womit wir der Natur ja auch einen ganz einseitigen, egoistischen Maßstab aufzwingen; umso gefährlicher, weil wir uns damit keine persönliche Härte und Leistung zumuten?

Es wird nichts anderes übrigbleiben, als auf die Spaßverderber zu hören, die Einsicht und Verantwortung predigen; die den Maßstab für unser Verhalten nicht aus eigener Lust und Laune schnitzen, sondern aus dem Wissen um die Entwicklung des Lebendigen, aus der Rücksicht auf die Lebensbedürfnisse unserer Mitge-

Auf der Alm, da gibt's koa Sünd' – oder doch: Wenn allzu viel Vieh auf den Almen weidet, schädigt es durch seinen Tritt die Grasnarbe und drückt durch seinen Verbiß die Waldgrenze nach unten. Nur die Hochalmen sind natürliche Matten; tiefer gelegene Almen sind durch Waldrodung entstanden. Gepflegte Almen werden auch von Rotwild und Gams zur Äsung geschätzt – und natürlich auch von den Murmeltieren, die dort ihre Baue anlegen. Auf den Almen wird heute vorwiegend Jungvieh geweidet, das nicht gemolken und weniger betreut zu werden braucht. Viele kleinere Almen wurden verlassen und verfallen allmählich, weil sie sich im Kampf der Bergbauern um ihre wirtschaftliche Existenz nicht mehr rentieren.

Über der Baumgrenze dehnen sich die offenen Matten und Geröllhalden – eiszeitliche Tundra unter den Gipfeln. Viele Zwergsträucher, Gräser und Kräuter haben sich den extremen Bedingungen angepaßt. In der kurzen Vegetationszeit des Bergsommers müssen die Pflanzen viel nachholen und Reserven für den langen Winter sammeln. Formenvielfalt und Farbenpracht zeichnen die Alpenflora aus – Schönheiten im Verborgenen. Sie sind Lebensgrundlage für viele Insekten, die sich ebenfalls den kargen Höhen angepaßt haben. Und so niedrig sich die Alpenpflanzen auch ducken – mit ihren Wurzeln, Polstern und kriechenden Trieben hemmen sie die Erosion an den Geröllhängen.

schöpfe, aus dem wachsenden Einblick in ökologische Zusammenhänge – und aus der Überzeugung, daß der Mensch nicht willkürlicher Despot, sondern bescheidenes Glied, bestenfalls Nutznießer und Treuhänder seiner belebten Umwelt ist. Doch Spaßverderber ist nicht das richtige Wort für die ökologischen Bußprediger unserer Zeit. Der Abschied vom Übermut muß kein Abschied von der Freude sein. In der Entbehrung spiegelt sich Freude glänzender als in Überfluß und Überdruß. Das galt schon früher, als die naturgegebene Härte des Bergbauernlebens soviel Frohsinn zuließ, den Lebensmut der Spielhahnbalz in Tanz und Jodler zu übernehmen. Das könnte auch für die bewußte, verantwortliche Selbstbescheidung gelten, die heute nottut.

Ein aufgeschlagenes Buch der Erd- und Lebensgeschichte ist die Bergwelt. In wenigen hundert Höhenmetern durchwandern wir Lebensregionen, die wir sonst nur kennenlernen könnten, wenn wir eine weite Reise vom Bodensee bis über den Polarkreis unternehmen würden. Die Klimazonen der Erde, und eng mit ihnen verbunden die verschiedenen Lebensgemeinschaften von Pflanzen und Tieren, sind im Hochgebirge eng übereinander geschichtet.

In den Tälern sind die Flüsse längst gezähmt. Nur noch in Resten und Andeutungen sind die einst so unwegsamen, wilden Talsümpfe und weiten Auwälder erhalten, in denen Elch und Auerochs ihre Fährten zogen und Biber ihre Burgen bauten. Die Landwirtschaft ist aus dem Vorland eingedrungen, Grünlandwirtschaft zumeist, Milchviehwirtschaft, die sich heute auf die Talböden konzentriert. Dieses bäuerliche Bild der Alpentäler wird zunehmend überlagert vom Siedlungsbrei der Hotel- und Zweitwohnungslandschaft, durchsägt von Autobahnen. Die Glanzpapierprospekte suchen sich die Winkel, die die alte Lieblichkeit bewahrt haben. Vor allem dort, wo dem Roden und Trockenlegen nicht nur der Hafer, das Gras und die Kuh gefolgt sind, sondern wo in südlich mildem Klima die Trauben reifen und wo im Frühjahr die Blütenpracht der Obstgärten vergessen läßt, daß mittlerweile auch diese Monokultur von der Agrarchemie Gnaden kaum etwas anderes bedeutet als anderwärts ein Maisacker.

Von den Talböden zieht sich die Landwirtschaft die Hügel hinauf, verzahnt mit den talnahen Wäldern, die meist nicht mehr die ursprüng-

30

Gutschein

89

Bitte senden Sie mir kostenlos
und unverbindlich zwei Probehefte der
Jagdzeitschrift »DIE PIRSCH«

Meine Anschrift:

Name

Straße

PLZ/Ort

Jeder Absender kann dieses Angebot nur einmal
in Anspruch nehmen. Der Gutschein kann nicht mit
bestehenden Abonnements verrechnet werden.

Bitte mit
Drucksachen-
gebühr
freimachen

DRUCKSACHE

die **PIRSCH**

Postfach 40 03 20

8000 München 40

SCHARF GESCHLIFFEN

Lesen Sie doch einmal zwei aktuelle Probehefte dieser Jagdzeitschrift. Diese Karte ist ein Gutschein dafür!

die PIRSCH
Magazin für Jagd·Wild·Natur

sollte nicht nur das Jagdmesser sein – auch einer Jagdzeitschrift darf die Schärfe nicht fehlen.

Vorbei ist die Zeit der sentimentalen Schilderungen vom ersten Bock, vom letzten Hirsch. Die Jagd muß sich behaupten, dafür braucht sie eine andere Art von Jagdpresse: kämpferisch, voll praktischer Informationen, durchpulst von der Freude am Waidwerk, wie es sich uns heute bietet. So ist »Die Pirsch«!

lichen Laubwälder dieser milden und fruchtbaren Standorte sind. Die schnell ertragreiche Fichte bestimmt das Bild, wo von Natur aus das Reich der Buche wäre.
Schroffer und rauher werden die Hänge um 700, 800 Meter Höhenlage. Wir treten in die Region der eigentlichen Bergwälder, die geschlossen und dicht die Bergflanken bedekken. Der karge Standort, die Steilheit lohnte nicht die Rodung zu Acker und Weide.
Refugien, Rückzugsgebiete sind die Bergwälder für viele Tiere, die der menschlichen Zivilisation im Vorland weichen mußten. Doch was dem Gast aus den ebenen Nutzforsten so urwüchsig erscheint, ist doch seit Jahrzehnten von intensiver Bewirtschaftung geprägt. Vor allem dort, wo der Bergbau nach Erz, Edelmetall oder Salz, wo Eisenhämmer, Glasbläserei und Kalkbrennerei frühen industriellen Aufschwung in manche Bergregionen gebracht hatten. Leidtragend war immer der Wald, einzige Rohstoff- und

Mit Aufwind unter den Schwingen kommt die Alpendohle bis hinauf zum ewigen Eis der Gletscher. Hier können nur noch wenige Lebensformen – Algen und primitive Insekten wie der Gletscherfloh – überleben.

Wo der Bergwald geschädigt ist, müssen aufwendige technische Verbauungen seine Schutzfunktion gegen Erdrutsch und Lawinen zu ersetzen versuchen. Ohne Schutzwald lebt es sich in den Tälern unter steilen Berghängen gefährlich.

Energiequelle. So folgte in weiten Gebieten die einförmige Fichte oder gar die ärmliche Kiefer dem frühen Raubbau. Aber auch dort, wo Holzwirtschaft allein den Wald veränderte, war das Nutzdenken der ursprünglichen Vielfalt abträglich.

Das Leben des Waldes hat einen langen Rhythmus, das des Bergwaldes einen doppelt so langen. Es hält nicht Schritt mit dem schnellen Bedarf der emsigen Menschen. Die Fichte wächst schneller nach als die empfindlichen Mischbaumarten, sie widersteht eher dem Hunger des Weideviehs und des im Übermaß gehegten Wildes. Deshalb sind die echten, die naturnah standortgemäßen Bergmischwälder im letzten Jahrhundert rar geworden mit ihrer naturgewollten Mischung aus Fichte und Buche mit der Weißtanne, die im schattigen Unterstand aufwächst, mit dem lichthungrigen Bergahorn, mit Bergulme und Esche in feuchten Bachschluchten oder gar mit der düsteren Eibe. Es sind bewirtschaftete Nutzwälder, deren Funktion heute aber nicht mehr allein die Holznutzung ist, seit wir erkannt haben, wieviel wichtigere Aufgaben der Wald im Naturhaushalt für Boden, Wasser und Klima hat, um so dringlicher, je steiler die Hänge sind, auf denen er steht. Deshalb ist heute nicht mehr der höchste Holznutzen erstes Wirtschaftsziel, sondern die optimale Wahrung der Vielfalt der Funktionen, voran der Schutzfunktion gegen die Erosion des Bodens. Je mehr die alte Vielfalt der Baumarten wiederkehrt, desto mehr bleibt der Bergwald auch Heimat für die vielfältige Tierwelt, die sich an ihn angepaßt hat. Sind seine unteren Lagen noch vergleichbar mit der Pflanzen- und Tierwelt der höheren Mittelgebirge, so gewinnt der alpine Bergwald umso mehr Eigenart, je höher wir in ihm hinaufsteigen. Um 1200, 1400 Höhenmeter weicht die Buche zurück; Fichte, Weißtanne und Bergahorn prägen das Bild in unseren Kalkalpen. Aus den Zentralalpen kennen wir die eindrucksvollen Baumgesellschaften der Lärchen- und Zirbenwälder. Hier singt nicht mehr die Amsel, sondern die Ringdrossel; Weißrücken- und Dreizehenspecht hämmern im morschen Holz, und der weißgefleckte Tannenhäher mit seinem rauhen Rätschruf nimmt die Stelle ein, die weiter unten der bunte Eichelhäher ausfüllt.

Unter dem Einfluß von Wetter, Wind und Schnee wird der Bergwald nach oben hin lichter; mühsamer wird sein Dasein in der subalpinen »Kampfzone«, wo sich die Baumwurzeln in

Felsspalten krallen und sich die Stämme unter Sturm und Schneedruck beugen. Der Wald gelangt an die Grenze seiner Lebensmöglichkeit. Nur einzelne Bäume kämpfen sich als Vorposten noch über die Waldgrenze hinauf. Von oben her dringen mit Lawinen, Steinschlag und Erdrutsch die Pflanzengesellschaften der offenen Matten und Schuttfluren in die Waldgrenze ein. Jeder Blick auf diese vielfach verzahnte Grenzlinie mit der Vielfalt ihrer Formen und Erscheinungen ist eine Momentaufnahme im Fluß von Ereignissen von höchster Dramatik – und wohl deshalb, auch unbewußt, für jeden Bergwanderer so eindrucksvoll.

Über der Wald- und Baumgrenze dehnt sich das Reich der Latschenfelder und offenen Matten; die Welt der Zwergstrauchheiden und Alpenblumen in der kurzen, stürmischen Vegetationszeit des Bergsommers. Tundra, wie sonst nur im hohen, subarktischen Norden. Wir haben die Eiszeit eingeholt. Und wenn die Berge hoch genug sind, brauchen wir nicht abzuwarten, bis mitten im Hochsommer ein Wettersturz Schneestürme um die Wände und Schrofen heulen läßt: Wir können beim klarsten Sonnenschein weitersteigen bis in die Region des ewigen Schnees und der Gletscher. Im Zeitraffer einer vier-, fünfstündigen Bergtour können wir zehntausend Jahre Lebensentwicklung unserer Heimat mit eigenen Augen erleben.

Je weiter oben, desto ursprünglicher, desto weniger vom Menschen beeinflußt erkennen wir die Anpassung von Pflanzen und Tieren an die Bedingungen des Standorts. Erkennen, wie sich das Leben gerade unter extremen Bedingungen im steilen Fels, unter Trockenheit, Sturm und Frost an jede Chance klammert. Wie die Chancen immer vielfältiger und günstiger werden, je weiter wir wieder hinuntersteigen in die Bergwälder bis in die fruchtbaren Talböden. Und wir sehen die Fichtenmonokultur und die Apfelbaumeintönigkeit und den Maisacker und die Fettgraswiese jetzt mit anderen Augen: Wie der Mensch drauf und dran ist, seine eigene Lebenschance zu verspielen, die in der Bewahrung der lebendigen Vielfalt liegt. Wie uns und unseren Mitgeschöpfen die Zeit zu knapp wird, sich an die Öde anzupassen, zu der wir weithin die ursprüngliche Vielfalt verdorben haben.

Die imponierende Gewaltigkeit der Bergwelt täuscht darüber hinweg, wie empfindlich ihre Lebensgemeinschaften an extremen Standorten sind. Der Mensch wird zum Störenfried, wenn er in Massen auftritt: Rummel und Technik an den Freizeittummelplätzen schlagen der Bergnatur Wunden. Pisten und Bahnen durchschneiden den Bergwald und fördern die Erosion. Viele Füße trampeln Pfade, viele Hände werfen Abfälle weg. Abenteuersportarten wie Tiefschneefahren im Winter, Drachenfliegen im Sommer machen Gams und Berghirsche verrückt, bringen Birk- und Auerhühner ums Überleben. Wer Erholung sucht und Natur erleben will, muß Rücksicht nehmen. Die Natur in unseren Bergen ist zu kostbar, als daß sie aus Gedankenlosigkeit, Übermut und Gewinnsucht zugrunde gerichtet werden darf! Nur Einsicht und Selbstdisziplin machen Verbotstafeln überflüssig.

Echte Gebirgler und Flüchtlinge

Der Erlebniswert einer Naturlandschaft wird ganz erheblich mitbestimmt von den Wildtieren, die der erholungsuchende Mensch dort zu Gesicht bekommt. Freilich betrachten die meisten Menschen die Tiere in ihrem Lebensraum weder mit den Augen des Forschers noch des Jägers, was beides intime Kenntnisse und geduldiges Beobachten voraussetzt. Der Eindruck bleibt flüchtig und oberflächlich, gleich ob es ein Steinadler oder ein simpler Mäusebussard ist, der da vor der Bergkulisse am Himmel kreist. Viele von den Menschen, die Freude am Anblick von Wild haben, können nicht unterscheiden, ob es Rehe sind oder Rotwild, die da auf einer Waldwiese äsen, und sie sind enttäuscht, daß dieses Wild vor ihnen flüchtet und nicht so vertraut ist, wie sie es im Winter an einer Schaufütterung kennengelernt haben.

Am beliebtesten sind eben diejenigen Wildtiere, die sich zutraulich füttern lassen: die Bergdohlen an der Seilbahnstation genau so wie unten am See die futterzahmen Enten, und unter man-

Die unwirtlichen Höhen sind der ganzjährige Lebensraum für das Alpenschneehuhn. Im Winter sind sie schneeweiß gefiedert; hier bahnt sich bei Hahn (rechts im Bild) und Henne bereits die Mauser ins braungraue Sommergefieder an, während sich der Frühling erst zögernd zwischen Schnee und Fels bemerkbar macht. Jetzt ist die Balzzeit der kleinen Berghühner. Das Paar hält das Jahr über zusammen und zieht die Jungen gemeinsam auf. Der Hahn duldet keinen Artgenossen im Brutrevier.
Nah verwandt mit unserem Alpenschneehuhn ist das ganz ähnliche Nordische Schneehuhn in Skandinavien. Und im kahlen Schottischen Hochland lebt das Moorschneehuhn, das im atlantisch milden Klima kein weißes Winterkleid anlegt. Das weiße Wintergefieder ist eine spezielle Anpassung an lange, harte Winter im Hochgebirge und im hohen Norden.

chen Gipfeln haben sogar Murmeltiere gelernt, um Semmeln und Schokolade zu betteln. Doch auch solche Wildtiere, die dem Menschen aus dem Weg gehen, sind im lichten Bergwald und auf den offenen Hängen und Matten, in Wänden und Karen leichter zu beobachten als verborgene Waldtiere, und so spielt die Tierwelt der Berge eine besondere Rolle.

Viele von diesen »Bergtieren« sind gar keine echte Gebirgler. Sie kommen auch in den Wäldern und Fluren außerhalb des Hochgebirges vor, sind aber so universell anpassungsfähig, daß sie ebenso in den Bergwald und über ihn hinaus vordringen. Das gilt für Fuchs, Marder und Hermelin, für Reh und Feldhase, Habicht und Mäusebussard und manche andere.

Keine echten und ursprünglichen Gebirgler sind auch einige Wildtiere, die heute fast nur noch in den Alpen zu Hause und geradezu zu Sinnbildern der Bergwelt geworden sind: Steinadler, Kolkrabe, auch der Auerhahn leben hier in Rückzugsgebieten, weil sie der Mensch aus den Kulturlandschaften vertrieben hat. Die rauhe Bergwelt, einst das weniger günstige Randgebiet der Gesamtverbreitung, ist als letzte Zuflucht übrig geblieben.

Erben der Eiszeit

Eine ganze Reihe von Tieren finden wir aber nur in den Alpen (und auch in anderen Hochgebirgen) – es sind die »echten Gebirgler«, die sich speziell an die harten und extremen Lebensbedingungen, meist über der Waldgrenze in den Hochlagen, angepaßt haben. Neben der Steilheit des Geländes sind es vor allem die klimatischen Bedingungen, die dort das Leben schwer machen: der lange, kalte Winter mit hoher Schneelage, die entsprechend kurze Vegetationszeit, die extremen Temperaturunterschiede, das alles erfordert besondere Überlebensstrategien. Das Gamswild haben wir schon kennengelernt, und wie dieses sind auch die anderen Alpentiere »Erben der Eiszeit«, Eiszeitrelikte, die sich hier am wohlsten fühlen.

Der Alpenschneehase – einmal im weißen Winterkleid und daneben im Übergang zum braungrauen Sommerhaar. Er ist etwas kleiner als der Feldhase. Die höheren Lagen des Bergwaldes sind seine Heimat; im Winter kommt er auch tiefer an den Talhängen hinunter, doch nicht bis in die flachen Talböden und ins Vorland. Der Feldhase dagegen dringt im Sommer vereinzelt bis ins Bergwaldrevier des Schneehasen vor. Auch in Nord- und Nordosteuropa überschneiden sich die Vorkommen von Feldhase und Nordischem Schneehasen. Der »weiße Hase« fühlt sich wohl, wo noch eiszeitliche Lebensbedingungen herrschen.

Ein kleiner Hühnervogel gehört dazu, das Alpenschneehuhn. Es gehört zu den Rauhfuß- oder »Waldhühnern«, und seine Verwandten, das Hasel- und das Auerhuhn, sind ausgesprochene Waldvögel. Das Schneehuhn tanzt aus der Reihe. Es meidet den Wald und lebt ganzjährig hoch oben auf den offenen Matten und Schuttfluren. Von der Balz im Frühjahr an lebt das Paar gemeinsam. Der Hahn bewacht das Brutrevier, während die Henne brütet, und die Familie bleibt bis über den Winter beisammen. Im Herbst legen die Schneehühner ihre Tarnkappe an: Sie mausern in das schneeweiße Wintergefieder. Dazu gehört auch eine besonders üppige, steife Befiederung an den Zehen, womit sie wie auf Schneereifen über lockeren Pulverschnee laufen können. Sie laufen aber gar nicht so oft auf, sondern mehr unter dem Schnee. Sich tief einschneien zu lassen und unter der schützenden Schneeschicht Gänge zu scharren, um an Knospen, Triebe und Samen am Boden zu gelangen, das ist eine bei Hühnervögeln weit verbreitete Strategie. Das Schneehuhn hat sie unter extremen Lebensbedingungen perfektioniert. Als echter Hühnervogel hält es mehr vom Laufen und Scharren als vom Fliegen. Wenn es aber sein muß, startet es wie aus der Kanone geschossen, so daß seine natürlichen Feinde – der Adler auf seinem Pirschflug und der Fuchs – oft ebenso das Nachsehen haben wie der menschliche Jäger, der ihm mit der Flinte nachstellt. (Im deutschen Alpenbereich hat das

Jeder Bergwanderer kennt die hübschen Bergdohlen, die ausgeprägtesten Hochgebirgsspezialisten unter den Rabenvögeln. Sie haben nie schlechte Erfahrungen mit Menschen gemacht und werden daher leicht futterzahm. Faszinierend sind ihre gewandten Flugspiele im Aufwind der Felswände. Bei der Gipfelrast lassen sich die zierlichen lackschwarzen Vögel mit ihren leuchtend gelben Schnäbeln und roten Ständern ganz aus der Nähe betrachten. Wie ihre Verwandten im Flachland, die grauschwarzen Turmdohlen, leben sie gesellig. Ihre Brutkolonien sind in Spalten und Höhlen der Felswände.

Schneehuhn ganzjährig Schonzeit; in anderen Alpenländern darf es teilweise bejagt werden.) Das Schneehuhn hat einen »Vetter« im Haarkleid, der den Winter ganz ähnlich übersteht; nicht so weit droben, mehr in den oberen Waldlagen: der Alpenschneehase. Er ist mit unserem Feldhasen nah verwandt und im Sommer schwer von ihm zu unterscheiden, wenn man nicht aus der Nähe sieht, daß er etwas kleiner und mehr graubraun behaart ist. Im Herbst zieht er wie das Schneehuhn ein »Schneehemd« an; nur die dunklen Seher und die schwarzen Löffelspitzen bilden einen Kontrast, der das Auge irritiert und die weiße Körperkontur noch mehr verbirgt.

Obwohl kleiner und leichter als der Feldhase (der sich im Winter nie so hoch in den Bergwald wagt), bewegt sich der Schneehase »auf großem Fuß«; ihm wachsen dickwollige Schneereifen an den Pfoten. Wenn es stürmt und schneit, sitzt er sicher wie der Eskimo in seinem Iglu. Er hält es tagelang in seiner Schneehöhle aus,

Geleitzug auf einem kleinen Bergfluß: Mama Gänsesäger führt ihre sieben Küken aus. Säger sind mit den Enten verwandt, sind aber tauchende Fischjäger mit schmalen, scharf gezahnten Hakenschnäbeln. Ihre Jagdreviere sind klare Bergseen und Bergflüsse, mit denen sie auch ins Alpenvorland vordringen. Der große Vogel (deutlich größer als die Stockente) brütet sein Gelege in Uferhöhlen oder in geräumigen Baumhöhlen aus; auch künstliche Nistkästen nimmt das Sägerweibchen gern an. Wie bei den Enten, kümmert sich der Säger-Erpel nicht um die Jungenaufzucht.

*Der Bergwald hat seine eigene Vogelwelt. In Anpassung an die klimatischen Verhältnisse werden manche Vogelarten, die uns aus den tieferen Wäldern vertraut sind, durch verwandte Arten ersetzt. Es sind meist solche Arten, die als »Eiszeitrelikte« ebenso im hohen Norden vorkommen. So ist es mit der Ringdrossel (oben links), die im Bergwald die »Planstelle« der Amsel besetzt. Und anstatt des bunten Eichelhähers treffen wir den weißgepunkteten Tannenhäher an (oben rechts).
Der Bergwald ist auch die Heimat unserer kleinsten Eule: Der Sperlingskauz (rechte Seite) schaut neugierig aus seiner Nisthöhle, die ihm wohl der Dreizehenspecht gehämmert hat. Der kleine Kauz, der knapp so groß ist wie ein Star, jagt bei Tag vorwiegend auf Kleinvögel wie Meisen und Goldhähnchen, auch große Insekten erbeutet er. Nachtjagd kann er sich nicht leisten, denn er muß seinem großen Vetter Waldkauz aus dem Weg gehen.*

38

wo er nach Knospen, Trieben und Weichholzrinde scharrt. So schafft es der Schneehase, in den Hochlagen zu überwintern, obwohl er sich keinen Erdbau gräbt und obwohl er sich als Einzelgänger auch keinen Winterschlaf leisten kann; denn für diese Idealstrategie des Überwinterns muß man sich in wärmender Tuchfühlung zusammenkuscheln, wie es die Murmeltiere machen.

In vielen Alpenländern ist der Schneehase ein beliebtes Jagdwild. Im Spätsommer steigen die Bergjäger mit ihren spursicheren Bracken hinauf, und wer weiß, wie der Hase läuft, wenn der feinnasige Hund weit hinten die Spur ausbuchstabiert, und wer zu deuten weiß, was der Klang des Hundelautes über die Richtung der Hasenspur, über das Lösen von Knöpfen, Knoten und Wiedergängen verrät, der kann mit einem Schneehasen aus dem Bergwald erlebnisreichere Beute heimtragen als mit einem ganzen Wildwagen voller Feldhasen bei einer Treibjagd unten in der Ackerflur. Die Schweizerischen Bergjäger vor allem wissen diese feine Jagd mit ihren guten Laufhunden zu schätzen. Bei uns sind die spärlichen Schneehasen-Vorkommen im schmalen deutschen Alpenbereich ganzjährig geschont.

Ein echtes Eiszeitrelikt ist auch ein schöner großer Schwimmvogel, den viele einfach für »irgendeine Ente« halten, wenn sie so einen Konvoi von flaumigen Küken hinter der Mutter auf einem kleinen Bergsee oder Fluß schwimmen sehen: der Gänsesäger. Diese zu geschickten Tauchjägern entwickelten Verwandten der Enten mit dem scharfgezähnten Hakenschnabel sind ansonsten hochnordische Vögel. Doch die Alpen bilden eine kleine »Eiszeitinsel«, und hier brüten die großen Säger in Uferhöhlen. Sie kommen aber bis weit ins Alpenvorland, entlang der Flüsse, und sie zeigen sich fast so anpassungsfähig wie die Stockenten, wenn es um Brutplätze geht.

Der wohl kurioseste Fall: Eine Gänsesäger-Brut auf dem Dachboden des Polizeipräsidiums in der Innenstadt von München, nicht weit von der Isar. Sechs oder sieben flaumige Küken segelten eines Vormittags fünf Stockwerke tief in den Innenhof. Ein Polizist sammelte die vermeintlichen Entchen in seine Dienstmütze und brachte sie einem Kollegen, der als Tierpfleger bekannt ist. Der stellte gleich die richtigen Personalien fest...

Innsbruck ist eine andere große Stadt, in der spezialisierte Alpenvögel zu Hause sind: Die hübschen Bergdohlen, glänzend schwarz gefiedert mit leuchtend gelben Schnäbeln und roten Ständern, sind jedem Bergwanderer vertraut. Elegant nützen sie die Thermik des Aufwindes an Wänden und Gipfeln für ihre Flugspiele aus. Nie verfolgt, werden Bergdohlen schnell futterzahm, und als gelehrige Rabenvögel lernen sie auch die Nahrungsquellen im Tal zu nutzen. Vogelkundler warten gespannt darauf, wann der menschenfreundliche Hochgebirgsvogel auch

an Gebäuden übernachten und brüten wird. Sogar das Kleinod unter den alpinen Singvögeln, der schmetterlingsbunte Mauerläufer, holt sich im Winter Spinnen und Larven aus Innsbrucker Mauerwänden. Die Hochtäler, heute vom Menschen dicht besiedelt, gehören zum ursprünglichen Lebensraum der Bergtiere.

Des Steinbocks Wiederkehr

*Der Steinbock (*Capra ibex*) soll vor Zeiten in unserem Wettersteingebirg vorgekommen seyn, sonst aber scheint es, daß er in den Bergen des heutigen Bayern niemals heimisch gewesen, im angrenzenden Tyrol dagegen war bis zu Anfang des vorigen Jahrhunderts ein Hauptstand von Steinwild (damals auch Fahlwild, Falbwild genannt) im Zillerthal an der Floite, Stillupe etc. Auch am Steinberg, zu Brandenberg und in einem Theil der Riß soll es vorgekommen seyn... Die ältesten Nachrichten finden sich darüber im Weißkunig. Es heißt, daß sie der Kaiser Maximilian hegen ließ, daß sie aber schon damals, um das Ende des fünfzehnten Jahrhunderts, fast ausgerottet waren und seyen nicht über vier Stück mehr da gewesen, als der Kaiser das Hegen befahl; sie hätten sich aber bald vermehrt...*
Die starke Verminderung des Steinwildes, heißt es weiter, sey durch das Aufkommen der Handbüchsen veranlaßt worden »dann als die handpuxen aufkummen sein, hat man angefangen damit die Stainpöck zu schießen... So sein die Stainpöck soliche Thier, daß Sy in den hochen gepirgen scharf in die höchen stainen wendt geen und springen und steen still; vor den armprusten weren Sy woll sicher, aber die pawren, die in den gebirgen steigen kunden, erreichen und schießen die Stainpöck mit den Handtpuxen.«
Neben der Jagd- und Schießlust war es auch der Eigennutz, der zur Verfolgung des Steinwildes beitrug, denn das Gehörn war geschätzt und den Körpertheile manche arzneiliche Wirkung zugeschrieben. ...Auf Befehl des Erzbischofs Marcus Sittich wurden 1616 mehrere Stück Steinwild gefangen und nach Hellbrunn bei Salzburg ge-

bracht. ...Dieses Fangen der Steinböcke wurde während des ganzen 17. Jahrhunderts fortgesetzt und die Thiere an auswärtige Höfe verschenkt oder ins Lammerthal, zwischen Abtenau und Rastatt, ausgesetzt, weil man sie da besser zu schützen hoffte als im Zillerthal, wo die Wildschützen immer mehr zunahmen und der Stand um 1666 nur mehr 60 Stück betrug. ...1706 wurden 12 Stück gefangen. Nach dieser Zeit hat man keine Kunde mehr von dem Steinwild im Zillerthal.
Erzbischof Hieronymus erließ 1772 ein Mandat, worin es hieß, daß wer einen Steinbock »welche mit so großen Kösten, Mühe und Sorgfalt hierlands wieder eingeführt worden«, schieße oder fange, solle auf 10 Jahre in Hohenwerfen eingesperrt werden und an jedem Jahrestag der That 50 Prügel erhalten. ...Gegenwärtig findet sich Steinwild nur noch im Piemontesischen zwischen Val Locana und Val d'Aosta auf den Gletschern, deren südliche Gehänge gute Weideplätze sind...

Soweit Franz von Kobell in seinem »Wildanger« 1859. Er kannte das Steinwild in freier Wildbahn nur mehr vom Hörensagen. Was er schreibt, umreißt zutreffend die Geschichte der Ausrottung der größten alpinen Schalenwildart während des 17. und 18. Jahrhunderts. Auch die Hegebestrebungen des Kaisers Maximilian und später der Salzburger Erzbischöfe konnten daran nichts ändern. Zu verlockend war, trotz schärfster Strafen, die Wilderei. Es ging nicht nur, wie beim Gamswild, um den Braten; fast jeder Körperteil des Steinbocks wurde in der Zaubermedizin mit Gold aufgewogen. Das Horn, die Schalen, das Herz mit dem »Herzkreuzl« (der kreuzähnlich verknorpelten Einmündung der großen Aorta) und vor allem auch die Bezoarkugeln aus dem Pansen (verklumpte Magensteine aus Haaren und anderen Fremdkörpern, die im Pansen aller Wiederkäuer vorkommen), sogar die Losung waren begehrte Zauber- und Heilmittel. Ein so großes und schweres Tier, das mit so fliegender Leichtigkeit durch die steilsten Wände setzt, wo sogar die Gams nicht mehr weiter können, das mußte mit

übernatürlichen Kräften ausgestattet sein und mit dem Gottseibeiuns im Bund stehen. – Ziegenhörner und Bocksbart sind nicht umsonst die Attribute böckischer Naturgeister von Pan bis Satan.

Die Waffentechnik des Menschen überwand schließlich mit den Feuerwaffen, den »Handpuxen«, auch das unwegsame Gelände, das die Steinböcke früher vor Pfeil und Bolzen schützte. Das Ende war unausweichlich. Es blieb zu Beginn des 19. Jahrhunderts noch ein einziger kleiner Restbestand in dem von Kobell zitierten Val d'Aosta, damals Hofjagdrevier der italienischen Könige und entsprechend scharf vor Wilderei bewacht. Es ist das gleiche Gebiet, das heute als Nationalpark Gran Paradiso weltweit

Der Alpensteinbock imponiert mit seinem mächtigen Gehörn. Er wäre beinahe ausgerottet worden. Jäger und Naturschützer haben ihn in vielen Bergrevieren wieder eingebürgert.

Wie bei allen Hornträgern, wachsen die Hornschläuche über den knöchernen Stirnzapfen in den ersten vier bis fünf Lebensjahren fast zur vollen Länge heran. Dann ist der Bock voll ausgereift und nimmt an der Brunft teil. Hier zwei halbwüchsige Jungböcke. Die Steingeißen haben nur kurze, viel schwächere Hörner.

bekannt ist. Es wurde zur Wiege für die Wiederkehr des Steinbocks im ganzen Alpenraum.

Die ersten Anfänge hundert Jahre nach der fast völligen Ausrottung waren illegal: Aus dem streng geschützten Bestand wurden einige heimlich gefangene Jungtiere über die Grenze in die Schweiz geschmuggelt, um in einem Tierpark bei St. Gallen mit ihnen zu züchten. Ihre Nachkommen waren die Stammeltern für alle Steinwildkolonien, die es heute wieder gibt, sogar in Gebieten, wo Steinböcke von Natur aus nie vorkamen. »Kolonie« – das Wort sagt schon, daß sich Steinwild nicht »flächendeckend« über ganze Gebirgszüge verteilt wie etwa die Gemsen. Es bleibt auf einzelne Bergstöcke begrenzt, die ihm besonders günstige Lebensbedingungen bieten, und es neigt auch nicht zu weiten pionierhaften Wanderungen.

Über hundert Steinwildkolonien gibt es wieder in den Alpen, von den französischen Seealpen bis zur Steiermark. Der Gesamtbestand kann mit knapp 30 000 Stück angenommen werden. Die größten Bestände leben im Gran Paradiso und in Graubünden. Viele Kolonien sind auch klein geblieben und kommen nicht über einige Dutzend Tiere hinaus, manche sind nach hoffnungsvollen Anfängen sogar wieder erloschen. Das gilt vor allem für Ansiedlungsversuche im östlichen Teil der Alpen (Salzburg markiert etwa die Grenze) sowie am nördlichen Alpenrand. Erst in letzter Zeit sind Wildforscher den Zusammenhängen auf die Spur gekommen, warum sich Steinböcke in einigen Gebieten besonders wohl fühlen und anderswo nicht, obwohl die Berge ganz ähnlich aussehen.

Es scheint hauptsächlich auf die Niederschläge anzukommen, und zwar auf die Schneehöhe. Steinböcke sind schwere und verhältnismäßig »kurzbeinige« Tiere. So gewandt sie klettern und steigen – im tiefen Schnee sind sie hilflos. Sie fühlen sich am wohlsten, wo die Schneefälle allgemein geringer sind, und wenn schon zeitweilig viel Schnee fällt, dann muß das Gelände so geformt sein, daß das Steinwild genug sonnseitige Steilhänge hat, an denen sich der Schnee nicht halten kann, die aber auch nicht vereisen und an denen es Äsung findet. Die ersten Ansiedlungen geschahen noch ohne Kenntnis dieser Ansprüche; die Entwicklung der Kolonien zeigte dann, daß sich die Steinböcke genau »erinnern«, wie einst der Lebensraum ihrer natürlichen Verbreitung aussah.

Das Steinwild hat sich als ein anderer »Erbe der Eiszeit« noch spezieller als das Gamswild an bestimmte alpine Lebensbedingungen angepaßt. Seine Wiedereinbürgerung ist ein besonders frühes und eines der ansehnlichsten Beispiele, daß der Mensch wiedergutmachen kann, was er früher gesündigt hat. Für das Steinwild war es kurz vor der endgültigen Ausrottung.

Es war nicht in erster Linie die Absicht, sich das einst so begehrte Jagdwild wieder zu verschaffen, warum sich gerade Jäger so eifrig um die

Wiederkehr des Steinbocks bemühten. Es war klar, daß die kleinen Kolonien sehr lange keine Bejagung vertragen würden. Aber die Jäger hatten um die Jahrhundertwende umgedacht vom früheren »Eigennutz« und ebenso wie andere Naturfreunde ein Gefühl für Wiedergutmachung an der Natur entwickelt.

In einigen Gebieten, wo das Steinwild besonders zahlreich gedeiht, ist es heute wieder möglich, bescheidene Jagdbeute zu Tal zu tragen. Nicht nur einzelne überalterte Böcke werden für die Jagd freigegeben (und zum Teil für teure Devisen an zahlungskräftige Trophäenjäger verkauft), sondern sogar eine allgemeine Regulierung der Bestände ist, zum Beispiel im Engadin, nötig geworden. Dort hat sich das Steinwild so vermehrt, daß es den Gams den Lebensraum streitig macht. Auch in südtiroler Hochtälern beobachten die Gamsjäger, daß das genügsamere Steinwild den Gams in der Konkurrenz um die besten Wintereinstände überlegen ist. Und sieht man gar die Steinwild-»Herden«, die in den letzten 20 Jahren im Schweizerischen Nationalpark herangewachsen sind, so kommt einem gleich der Wolf in den Sinn, der dafür sorgen würde, daß sich die Rudel auf steile Felseinstände verteilen, wo sie hingehören, anstatt bis in den Berglärchenwald hinunter nach Ziegenart den Rothirschen Nahrungskonkurrenz um den Jungwuchs des Waldes zu machen. Die Jagd auf den Steinbock ist mit modernen Büchsen kein technisches Problem mehr. Eine allgemeine Jagdzeit wäre besonders dort zu gefährlich, wo die Jagdausübung nicht an einzelne Reviere gebunden ist, sondern in freier »Patentjagd« jedem Bürger offensteht. So mußte sich auch das traditionelle Graubündener Jagdsystem den neuen Verhältnissen anpassen und für das Wappentier des Kantons eine Ausnahme machen: Die geplanten Abschüsse werden unter den Jagdberechtigten nach einem bestimmten System verlost, und auf das ungewohnte Wild gepirscht darf nur in Begleitung eines ausgebildeten Wildhüters werden. Jedes erlegte Stück wird eingehend für die Wildforschung ausgewertet. Die Bergjäger dort, sonst jeder Beschneidung traditioneller Freiheiten abhold, sind stolz darauf, mit dieser disziplinierten Jagd ihren Beitrag zu leisten, das Steinwild zu erhalten.

Bewahrender Schutz und nachhaltige Jagdnutzung sind kein Widerspruch, wie das Beispiel zeigt. Wenn es die Lebensbedingungen zulas-

Je steiler, desto lieber. Unvorstellbar, wie so ein Steinbock – fast so groß wie ein Rothirsch – durch steilste Felswände steigt. Hier ist er vor allen Verfolgern sicher.

sen, ist es nur erfreulich, wenn sich der Bestand so lebenskräftig entwickelt, daß er aus der Intensivstation des reinen Artenschutzes entlassen werden kann. Wo er so gut gedeiht, gehört auch der Steinbock zu denjenigen Wildarten, für die der Mensch planvoll erfüllen muß, was einst die natürliche Funktion des Wolfes war.

Die Alpen sind voller Adler

Der »König der Lüfte« gilt als das Urbild des stolzen und kühnen Wappenvogels – und jedermann weiß, daß er selten und bedroht ist wie das Edelweiß, das an den Hängen wächst, über denen der Adler einsam seine Kreise zieht. Beides stimmt nicht. Die raubritterliche Kühnheit dichtet unsere Einbildung dem Adler an; in Wirklichkeit ist der große Greif eher so etwas wie ein riesiger Mäusebussard, der sich als Asylant ins Hochgebirge zurückgezogen hat, seit ihn die Menschen aus den Wäldern der Ebene vertrieben haben. Und wie der Bussard nimmt er die Beute, die er am bequemsten haben kann, aus pirschendem Suchflug oder von einer Ansitzwarte aus; nur eben einige Nummern größer, vom Murmeltier bis zu Fuchs, Reh und Gamskitz, vom Tannenhäher bis zum Spielhahn. Deshalb vom Menschen als Beutekonkurrent, ja als Lämmer- und Kinderräuber erbittert verfolgt, war der Adler vor einigen Jahrzehnten noch tatsächlich am Rand der Ausrottung. Waghalsige Adlerjäger á la Ganghofers »Schloß Hubertus«, der legendäre »Adlerkönig Leo Dorn« aus Hindelang und anderes Jägerlatein ließen die Volksseele schaudern. Die erbärmliche Wahrheit war zumeist das Schlageisen, in dem sich der Adler kinderleicht fangen läßt; denn der kühne Räuber ist, genau wie sein kleiner Vetter Bussard, ein bequemer Aasfresser und geht an jedem Gamsaufbruch leichter als Fuchs oder Marder ins Eisen.

Seit gut 50 Jahren (in Deutschland) völlig geschont, auch in den benachbarten Alpenländern zumindest nicht mehr hemmungslos verfolgt, hat uns der Steinadler gezeigt, daß bei Tieren von einer gewissen Größe an eben doch die

Steinadler auf seinem Suchflug über den Hängen und Karen. Die weißen Abzeichen an Schwingen und Stoß verraten den Jungvogel. Erst mit drei bis vier Jahren trägt der Adler das volle Alterskleid ohne Weiß im Gefieder. Sein Jagdrevier ist meist über der Waldgrenze. Der Horst steht weiter unten in einer Felsnische im Schutz des Waldes. Am Horst ist ein Adlerpaar gegen Störungen sehr empfindlich; deshalb sollten Horststandorte geheimgehalten werden. Alte Schauergeschichten, wie Adler ihr Junges im Horst verteidigen, sind Jägerlatein.
Der Steinadler ist nicht nur ein geschickter Jäger, sondern auch ein genügsamer Abfallverwerter: Fallwild, besonders Lawinenopfer im Spätwinter und Frühjahr, und die Wildaufbrüche des Jägers teilt er sich mit anderen Aasfressern. (Bild linke Seite: Steinadler und Kolkrabe an einem Luderplatz, den sich der Wildfotograf an günstiger Stelle angelegt hat.)

direkte Verfolgung durch den Menschen die entscheidende Ursache für Verschwinden oder Wiederkehr ist. Es gibt wieder Adler in den Alpen; es gibt sogar so viele, daß sie aus den Alpen überquellen. Erste erfolgreiche Steinadlerbruten werden aus dem südlichen Schwarzwald, aus den Vogesen und aus dem Schweizer Jura gemeldet, aus Kulturlandschaften also, wo Hasen, Füchse und streunende Hauskatzen seine Hauptbeute sind.

Der Verfolgung im vorigen Jahrhundert entgingen nur wenige, besonders unzugängliche Horste. Die letzten Brutpaare hatten große Gebiete für sich, die Nachbarn waren weit, und die flüggen Jungadler konnten weit umherstreifen, ohne einem ansässigen Brutpaar ins Gehege zu kommen. Steinadler brauchen drei, vier Jahre, bevor sie sich verpaaren; so lange sind sie auch an den weißen Flecken an Schwingen und Stoß als Jungvögel zu erkennen. So bleibt die Zuwachsrate gering. Ein brütendes Paar kann höchstens zwei Junge aufziehen, von denen – auch ohne Zutun des Menschen – im Durchschnitt der Jahre drei Viertel das erste Jahr nicht überleben. Kein Wunder, daß der starke Verfolgungsdruck einen solchen Vogel an den Rand der Ausrottung bringen kann.

Der Schweizer Wildbiologe Heinrich Haller hat 1980/81 untersucht, wie sich die Schonung der Adler im Kanton Graubünden ausgewirkt hat. Er stellte auf 5500 km² 52 Brutpaare fest, das entspricht einer Brutreviergröße von je 110 km². Ähnliche Befunde gibt es aus anderen Gegenden. Die Adlerdichte ist dort am höchsten, wo er oberhalb des Horstplatzes – meist eine Felsnische innerhalb der Waldgrenze – weite offene Jagdgebiete hat, wo es reichlich Murmeltiere und Gemsen gibt. Dort kann der Adler erfolgreich jagen und auch relativ schwere Beute im Gleitflug zum tiefer gelegenen Horst tragen. In stark zerklüfteten Bergen ohne weite, übersichtliche Hochmatten oder in dichten Wäldern hat es der Adler schwerer, seine Brut aufzuziehen.

So lange die Adler noch selten waren, konnten die Paare optimale Brutreviere besiedeln und ihre Jungen ungestört großziehen. Doch allmählich wurde der Lebensraum ausgefüllt. Gute Brutreviere wurden knapp, es gibt Konkurrenzstreitigkeiten, und manche Adler bleiben länger Junggesellen, obwohl sie schon ins Alterskleid vermausert sind. Die noch unreifen Jungvögel und die Junggesellen, die ohne festes Revier umherstreifen, kommen immer öfter den ansässigen Brutpaaren ins Gehege. Die »Hausher-

Ihr Flugbild soll künftig wieder öfter zu sehen sein: Gänsegeier (oben) und Bartgeier (unten) leben als Aasfresser von Fallwild und verunglücktem Weidevieh.

ren« müssen sich ärgern und die Eindringlinge vertreiben, und dadurch leidet die Sorgfalt der Brutpflege. Heinrich Haller hat herausgefunden, daß seit 20 Jahren der Bruterfolg der Steinadler zurückgeht. Obwohl es jetzt viel mehr Adler gibt, macht der Bruterfolg eines Paares nur noch ein Zehntel der Rate von vor 60 Jahren aus. Manche Paare bringen es in zehn Jahren nur noch auf zwei erfolgreiche Bruten.

Das liegt nicht an Nahrungsmangel, sondern eindeutig an den Störungen durch Artgenossen, die den Brutpaaren das Leben schwer machen. Sollen wir deshalb wieder Adler schießen? Das ist wohl mehr eine philosophische Frage, zumal so ein Greifvogel nicht sinnvoll verwertbar ist, abgesehen von ein paar schönen Federn. Die Adler selbst sorgen jedenfalls am besten dafür, daß keine »Übervermehrung« eintritt. Wer die hohe Jugendsterblichkeit von 70 bis 80 Prozent überlebt, hat Aussicht alt zu werden, denn der Steinadler hat keinen natürlichen Feind, abgesehen vom horstplündernden Kolkraben. Wenn alle Brutreviere besetzt sind, genügt eine sehr geringe Zuwachsrate, um den Bestand der langlebigen Vögel zu erhalten. Theoretisch genügen dazu zwei Junge im Leben eines zwanzigjährigen Paares.

Ein eindrucksvoller Fall also von »innerartlicher Regulation«, die bei großen Beutegreifern dafür sorgt, daß sie nicht zum Schaden der eigenen Lebensgrundlagen – das heißt bis zur Gefährdung ihrer Beutetiere – überhandnehmen können. Die Natur hat es so eingerichtet, damit »Spitzenregulatoren«, die selbst keine stärkeren Beutegreifer über sich haben, im Gleichgewicht mit ihrer Umwelt bleiben. So ähnlich wie beim Steinadler funktioniert das zum Beispiel auch bei Wolf und Bär. Nur dem Menschen selbst, dem hat die Natur keinen solchen Mechanismus eingebaut; sie hat ihm statt dessen Vernunft verliehen – aber die scheint längst nicht so gut zu funktionieren!

Ein anderer Vogel kehrt in unseren Tagen in die Alpen zurück, der mit fast drei Metern Flügelspannweite den Steinadler noch um ein gutes

Viertel übertrifft. Er wurde um die Jahrhundertwende mit Blei und Gift endgültig ausgerottet – schneller und radikaler, als das beim Steinadler gelang. Dabei war der eigenartige Bartgeier noch viel unschuldiger an den ihm zugeschriebenen Untaten als der Adler, der ja immerhin ein schneidiger Jäger ist. Der Bartgeier dagegen ist einer der erstaunlichsten Nahrungsspezialisten unter den Greifvögeln.

Daß Geier hauptsächlich Aasfresser sind, ist bekannt. Ihre plumpen Fänge taugen nicht zum Jagen, Greifen und Töten. Doch der Bartgeier verschmäht die saftig mürben Kadaver von Fallwild und abgestürztem Weidevieh. Er gönnt sie dem Fuchs, dem Adler und dem Raben. Erst was sie übriglassen, die groben Knochen, verleibt sich der Bartgeier ein. Er ist imstande, große Röhrenknochen eines Hirsches oder Schafes zu verschlingen und mit seinem scharfen Magensaft restlos zu verdauen. Auch das Junge – immer ist nur ein einziges im Horst, obwohl das Weibchen meist zwei Eier legt – wird ausschließlich mit Knochennahrung geatzt, freilich mit zarteren und im Schnabel zerkleinerten Knochen von Lawinenopfern unter dem Bergwild. Weil dieser Tisch gerade im Winter gut gedeckt ist, beginnt die Brut oft schon mitten im Winter.

Der Bartgeier kann noch mehr für einen Greifvogel Erstaunliches: Übersteigt ein Knochen, etwa von einem Rind, das Fassungsvermögen seines dehnbaren Schlundes, so trägt er ihn in den Fängen hoch in die Luft und läßt ihn auf Felsen hinunterfallen, bis er zersplittert. »Knochenbrecher« nennen ihn deshalb die Spanier, wo er in den Pyrenäen noch überlebt hat.

Vor 150 Jahren war der Bartgeier in allen süd-, mittel- und südosteuropäischen Gebirgen weit verbreitet. Heute gibt es nur noch Restvorkommen in den Pyrenäen, in Griechenland und der Türkei. Weiter verbreitet ist er noch in Nordafrika und Südostasien, überall eng an Hochgebirge gebunden. Der letzte deutsche Bartgeier wurde 1885 bei Berchtesgaden erlegt. So verhängnisvoll der Mensch mit Gift und Schußwaffen auch diesem großen, harmlosen Vogel den Garaus gemacht hat, so ist doch wahrscheinlich, daß in den klimatisch rauhen Alpen noch ein anderer Umstand dazu beigetragen hat, daß sich der Bartgeier in unserem Jahrhundert nicht mehr halten konnte, nämlich der Rückgang der Viehweide, besonders der großen Schafauftriebe.

Wie dem auch sei, der Bartgeier soll in den Alpen Österreichs, Bayerns, der Schweiz und Frankreichs wiederkehren. In Gefangenschaft wurde er schon seit einiger Zeit erfolgreich gezüchtet; nun nimmt sich die Wissenschaft im Rahmen eines WWF-Projekts der Auswilderung an. Für die Bayerischen Alpen ist der Nationalpark Berchtesgaden als Freilassungsgebiet vorgesehen – dort, wo sich die Art bis ins 19. Jahrhundert am längsten gehalten hatte.

Die Alpen als Rückzugsgebiet: Hier überlebte auch der Wanderfalke besser als in den Mittelgebirgen und im Flachland. An steilen, von Felswänden durchzogenen Bergwaldhängen gibt es noch genug unzugängliche Felsnischen als Horstplätze. Offenes Gelände als Jagdgebiet findet der rasante Luftjäger unten über den Talböden und oben oberhalb der Waldgrenze – auf schnellen Schwingen leicht zu erreichen.

Der Uhu ist bei gleichen Ansprüchen an den Horstplatz der Nachbar und zugleich auch ein Feind des Wanderfalken. Trotz aller Konkurrenz überlebten beide Arten unter den harten, aber natürlichen Lebensbedingungen in vielen Alpentälern. Außerhalb der Alpen ging es erst wieder aufwärts, als intensive Schutz- und Bewachungsaktionen durchgeführt wurden.

Der Kolkrabe (rechte Seite) drängt aus den Bergwäldern ins Vorland hinaus. Ihm ist der Schutz besonders gut bekommen, und er profitiert von den genießbaren Abfällen der Menschen. Als Nesträuber ist er der einzige natürliche Feind des Steinadlers, vor dem er sich aber auch in acht nehmen muß.

In Österreich sind es die Salzburger Tauern, in der Schweiz Graubünden und das Berner Oberland, in Frankreich Savoyen, wo der größte Segelflieger Europas bald wieder seine Kreise ziehen soll.

Seit 1986 werden die ersten freifliegenden Neubürger in den Hohen Tauern beobachtet. Die Wiedereinbürgerung des Bartgeiers kann auch bei den Menschen keinen Widerstand wecken, die sonst bei jedem geschonten oder wiederkehrenden »Räuber« um Wild und Weidetiere, sogar um die eigene Sicherheit fürchten. Und Sorgen um die Nahrungsgrundlage – bei den hohen Gams- und teilweise auch Rotwildbeständen in den Aussetzungsgebieten eher unwahrscheinlich – lassen sich durch Auslegen von Wild-, Schaf- und Rinderknochen leicht beheben. Mehr braucht der »Knochenbrecher« nicht.

Etwas mehr, nämlich mehr fleischliches Aas als bloße Knochen, braucht der Gänsegeier, der aus unseren Bergen noch gar nicht ganz verschwunden ist. Eine Schar von ihnen, unverpaarte Jungvögel zumeist, übersommert nämlich regelmäßig im Rauris-Gebiet in den Salzburger Tauern, und einzelne streifen von dort bis in die Bayerischen Alpen um den Königssee. Es sind Sommergäste vom Balkan, die hier ihr Stammquartier haben, und die Erwartung, daß es wieder einmal zu Brutversuchen und erfolgreicher Jungenaufzucht kommen könnte, hat etwas für sich.

In den Balkangebirgen kommt der Gänsegeier noch zahlreich vor. Anders als der Einzelgänger Bartgeier brütet er gern zu mehreren Paaren gesellig in Felswänden. Seine Siedlungsdichte kann also höher werden als die der einsamen Bartgeier-Paare, und während dieser in seinem weiten Revier mit den Knochenresten von Wildtieren auskommt, die andere »Totengräber« gar nicht mehr mögen, steht der Gänsegeier eher in Konkurrenz mit anderen Aasverwerten, vom Adler bis zum Fuchs. Vielleicht ist das der Grund, weshalb er sich in den Tauern noch nicht zum Brüten entschlossen hat; denn es stürzen längst nicht mehr so viele Schafe und Rinder ab wie in früheren Zeiten, als die Hochalmen zahlreicher und unter primitiveren Bedingungen genutzt wurden.

Wie der Steinadler am Tag, ist der Uhu bei Nacht ein »König der Luft«. Die große Eule, die fast das gleiche Beutespektrum bewältigt wie der Adler (von Gams, Reh und den nur tagaktiven Murmeltieren einmal abgesehen), hatte in den Bergwaldhängen der Alpen ihr letztes größeres Refugium, als sie in den Mittelgebirgen bereits fast ausgerottet war. Schutz vor Verfolgung hat dazu geführt, daß es auch mit den Uhus wieder etwas aufwärts geht.

Teilweise hat dazu auch beigetragen, daß sehr viele in Gefangenschaft gezüchtete Uhus zur Unterstützung von Restbeständen ausgewildert wurden. Doch diese Sache ist strittig, auch bei anderen Wildtieren. Naturschützer haben anfangs in bester Absicht viel Lehrgeld bezahlt. Das Grundproblem ist: Wenn schon die bodenständige Wildpopulation sich nicht mehr aus eigener Vermehrungskraft halten kann, wie sollen dann gezüchtete Vögel mit den offenbar gar nicht guten Lebensbedingungen zurecht kommen? Der Verschleiß an Zuchttieren ist hoch, und ob die Überlebenden sich so in die Wildpopulation eingliedern, daß sie diese wirklich »stützen«, ist unsicher. Aussetzen hat nur Sinn, wenn man die Gründe kennt, die zum Rückgang führten, und wenn man sie beseitigen kann. So etwa, wenn es eindeutig nur die Verfolgung durch Menschen war, die zur lokalen Ausrottung führte, wie etwa beim Steinbock und beim Bartgeier oder auch beim Luchs. Wenn in solchen Fällen keine Aussicht mehr besteht, daß sich noch vorhandene Reste oder Nachbarbestände allmählich ausbreiten, dann ist Aussetzen sinnvoll. Aber auch nur, wenn die Tiere aus Beständen stammen, die an ähnliche Lebensbedingungen angepaßt sind, wenn sie in Gefangenschaft nicht auf den Menschen geprägt wurden und wenn man sie möglichst gut auf das Freileben vorbereitet hat.

Das ist eine Fülle von Bedingungen, die je nach Tierart mehr oder weniger schwer zu erfüllen sind. Das Züchten selbst ist der am wenigsten problematische Teil, und deshalb hat mit der Zunahme von Gefangenschaftszuchten geradezu eine »Aussetzungs-Euphorie« der verschiedensten Arten eingesetzt. Durch die harten Realitäten des Überlebens unter oft noch ungeklärten Gefährdungsfaktoren sind so manche Erwartungen gescheitert.

Die Alpen-Uhus hatten das zum Glück nicht nötig. Sie profitieren allenfalls am Rande von dem leichten Aufschwung ihrer Artgenossen im ganzen Land, und ihre abwandernden Jungvögel finden auch anderwärts wieder mehr Verständnis bei den Menschen. Das hilft freilich wenig gegen die tödlichen Drähte der Stromleitungen und den rasenden Straßenverkehr, dem viele Uhus zum Opfer fallen.

Wie der Uhu, waren auch der Wanderfalke und der Kolkrabe seit jeher in den Hochlagen des Bergwaldes heimisch.

Der Edelfalke wird immer selten bleiben; sein beutereiches Revier sind eher das Vorland und felsklippenreiche Mittelgebirge. Seit Horstschutz und teilweise auch Auswilderung die Bestände halbwegs sichern, sind die Alpen für ihn wieder mehr Randbereich als letztes Refugium.

Der große Rabe, vielseitig anpassungsfähiger Alleskönner, profitiert am Berg und im Tal von der menschlichen Abfallflut. Noch mehr als für den Adler gilt für ihn, daß die Alpen voller Raben sind und überquellen. Zwar funktioniert auch hier die Selbstregulation durch begrenzte

Im Morgengrauen fallen die Birkhähne auf dem Balzplatz ein, eine offene Almfläche, oft noch mit Schnee bedeckt. Alles am Hahn ist auf Imponieren ausgerichtet: die dick geschwollenen roten »Rosen« über den Augen, der zum Resonanzboden geblähte Hals, aus dem das dumpf rollende »Grugeln« und das hell fauchende »Blasen« kommen, die gespreizten Schwingen und der gesträubte Stoß mit den krummen »Sicheln« und den weißen Unterstoßfedern. Mit Balzgesang und Flattertanz raufen die Hähne ihre Rangordnung aus und werben um die Hennen, die am Rand der Arena abwarten. Ein Vorgeschmack davon ist oft schon an klaren Herbsttagen zu hören, wenn mancher Hahn bereits den Reviergesang fürs Frühjahr probt.

Brutreviere und den Druck der vagabundierenden Nichtbrüter. Was zu weit geworden ist, das ist der »Flaschenhals« winterlicher Notzeit. Bergwirtshäuser und Müllkippen steigern die Überlebensrate, und Jungraben schwärmen weit ins Vorland hinaus, ernsthafte Konkurrenten für die Rabenkrähen. Seit diese nirgends mehr vergiftet und nur noch begrenzt geschossen werden dürfen, steht dem Vordringen des Kolkraben wenig entgegen.

Vom Spielhahn die Federn...

»Vom Spielhoh' die Federn,
vom Hirschn das Gweih,
vom Gamserl die Kruckn,
vom Dirndl die Treu.«

Volkslieder und alpenländische Gstanzln spiegeln die Popularität vieler Wildtiere wider, die einst häufig und allgemein bekannt waren. Ganz besonders dort, wo das »Jagern« so im Volk verwurzelt ist wie in den Alpenländern.

»Und bal' der Hoh' falzt
is a gar schöne Zeit,
und a paar krumme Federn,
die san halt mei Freud!«

Tschuhui! Auf geht's! Eine lustige Tanzmusik spielt, die schneidigen Burschen in den Lederhosen stampfen und klatschen ihren Schuhplattler, schwenken die Dirndl im Kreis, daß die Röcke fliegen, und juchzen lauthals dazu. Jeder Tourist und Sommerfrischler kennt die frohen Volkstänze der Alpenbewohner, zumindest in ihrer Darbietung auf dem »Heimatabend« für die gehobenen Ansprüche des Fremdenverkehrs. Denn das ganz Wurzelechte und Unverfälschte ist auch da bereits selten geworden. Fast so selten wie das Urbild solcher Tänze: der Spielhahn mit seinem rauflustigen Balztanz zwischen letztem Schnee und erstem Grün droben auf der Alm und drunten in den Mösern und Filzen um die Voralpenseen.

Übrigens bemerkenswert, daß es nur die Bewohner der Alpen dem Spielhahn auf dem Tanzboden gleichtun. Die Tiroler sind lustig – aber können Sie sich einen schuhplattelnden Ostfriesen vorstellen?! Doch der Birkhahn – und natürlich auch seine Hennen, um die sich das ganze dreht – sind in den Heiden und Mooren des Nordens und Ostens ebenso daheim wie in der Heimat des Watschentanzes. Daß der Vogel hier nach der Birke genannt wird, von deren Blütenknospen er sich im Winter ernährt, dort aber

50

nach Spiel und Schneid seines Balztanzes, das kann nur an Temperament und Mentalität der Menschen liegen; der Vogel selbst ist hier wie dort der gleiche.

Was waren das noch für Zeiten, als die Moore im Morgengrauen vom Zischen und Kullern von Hunderten von Birkhähnen widerhallten; als auch hoch am Berg bei den letzten Wetterfichten noch ein halbes oder ganzes Dutzend Spielhahnen auf einem Balzplatz getanzt und gegrugelt haben! Alte Jäger erzählen noch oft davon. Heute führt durch das Moor die Autobahn, auf den Berg die Gondelbahn. Der Jäger hält »Hahn in Ruh'«: Der seltene Vogel ist zu schade, um als ausgestopfter Staubfänger zu enden. Zu Ende aber, so ist zu fürchten, geht es mit ihm so wie so, wenn es nicht gelingt, seine letzten Zufluchtsinseln vor der Zerstörung zu retten.

Der Deutsche Bund für Vogelschutz wählt jedes Jahr einen »Vogel des Jahres«, symbolisch für seine Sorge um alle Vogelarten, die durch unsere Zivilisation in Bedrängnis geraten sind. Für 1980 war es das Birkhuhn, eine der am stärksten bedrohten größeren Vogelarten unserer Heimat. Bemerkenswert an dieser Wahl war, daß die Vogelschützer damit erstmals eine Vogelart herausgestellt haben, die nicht unter Naturschutz steht, sondern in die Zuständigkeit des Jagdrechts fällt. Symbol auch dafür, daß alle Freunde und Hüter der Natur eng zusammenstehen müssen, wenn es gilt, eine bedrohte Tierart zu bewahren. Gesetzeskompetenzen oder Verbandseifersüchteleien dürfen nicht zu Trennschranken für Rettungsaktionen werden.

Zu retten wird das Birkwild bei uns nur noch sein, wenn zweierlei erreicht werden kann: Die letzten Lebensräume, wo noch Restbestände vorkommen, zu erhalten; das Heidemoor nicht mehr weiter abzutorfen und zu entwässern; die Streuwiese nicht zu düngen; den Erdweg durchs Moor nicht zu asphaltieren; die geplante Straße durch die Heidewiesen nicht zu bauen. Und zweitens dort überall nicht länger zu dulden, daß Menschen nach Belieben zu allen Zeiten und abseits aller Wege ihr Freizeitvergnügen suchen. Eine Familie, die im Frühsommer dort ein paar Stunden lagert, wo die Birkhenne ihre Küken ausführen möchte, ein Skiläufer, der im Winter die Hühner zwingt, aus den Birken abzustreichen, wo sie dringend ihren Kropf mit Knospen füllen müssen, um die lange kalte Nacht zu überleben – ein paar solche Störungen im Lauf des Jahres können genügen, um dem letzten halben Dutzend Birkhühner, die es dort noch gibt, den Garaus zu machen. Ganz zu schweigen von den Hobbyfotografen, die unbedingt den vorletzten Birkhahn auf dem Film haben wollen.

Jäger und Naturschützer wissen, was auf dem Spiel steht. Forscher haben herausgebracht, was getan und was verhindert werden müßte. Es liegt an den Politikern, Entscheidungen zu tref-

Strecke eines Balzmorgens – es war einmal. Aus einem Schirm von Latschenzweigen, in dem er sich noch im Dunkeln versteckt hatte, bevor die Hähne einfielen, hat der Jäger die Balzgesellschaft beobachtet und Beute gemacht. Den Überfluß, der das erlaubte, gibt es längst nicht mehr. Seit das Birkwild aus den Mooren und Heiden verschwunden ist, bleibt das Hochgebirge fast seine einzige Zuflucht.

fen – für einen schönen Vogel, der nicht zur Wahl geht, und gegen manche Wähler, denen sie vor der Wahl mehr versprochen haben, als unsere geschundene Natur ertragen kann ...

Seit das Birkhuhn 1980 »Vogel des Jahres« war, sind zehn Jahre vergangen. Sie haben kaum Positives für die bedrohte Art gebracht. Außerhalb der Alpen ist es weiter bergab gegangen. Nur in der Hohen Rhön, dem bayerisch-hessischen Grenzgebirge, hat sich einer der früheren Mittelgebirgs-Bestände unter intensiver Betreuung einigermaßen gehalten. Ein paar gibt es noch – schwacher Abglanz einstigen Überflusses – in den offenen Hochlagen des Bayerischen Waldes am Rand des ungestörten tschechischen »Niemandslandes« zum Böhmerwald. In den flurbereinigten Kulturlandschaften ist es überall aus, vom Vorland des Bayerischen Waldes bis zu den oberbayerischen und schwäbischen Hochmooren und auch in den weiten Niedermooren der Norddeutschen Tiefebene. Diese sind flächenmäßig auf ein knappes Zehntel der Ausdehnung geschrumpft, die Hermann Löns noch vor 90 Jahren kannte; ihre Lebensqualität für Birkwild macht wohl kein Hundertstel der früheren Eignung mehr aus.

So sind wieder einmal die Alpen letztes Rückzugsgebiet für eine Wildtierart, die hier ursprünglich nur eine kleine »Filiale« ihrer Gesamtverbreitung hatte. Das Gebiet zwischen oberer Waldgrenze und Latschenfeldern hat ähnliche Struktur wie unten die schütter bewachsenen Moore und Heiden: offene Flächen mit vereinzelten Busch- und Baumgruppen, reicher Bodenbewuchs mit Zwergsträuchern, Beeren im Sommer, Knospen für den Winter. Der

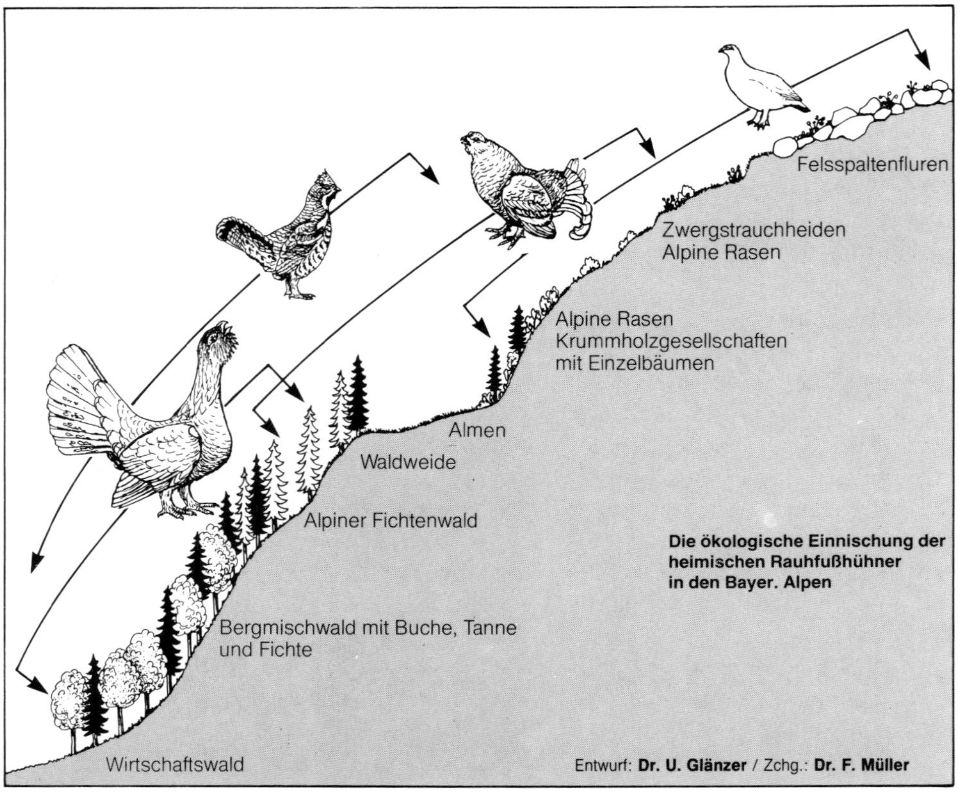

Schematische Darstellung, wie sich die Vorkommen der vier heimischen Rauhfußhühner auf die Lebensräume in den Alpen verteilen. Von unten nach oben: Auerwild, Haselwild, Birkwild, Alpenschneehuhn. Die Vorkommen überschneiden sich nur teilweise. Während Auer-, Hasel- und Birkhuhn auch in geeigneten Biotopen in Mittelgebirgen und im Flachland leben können, ist das Alpenschneehuhn ausgesprochener »Hochgebirgler«.
(Aus BIV-Jagdlexikon)

Felsspaltenfluren

Zwergstrauchheiden
Alpine Rasen

Alpine Rasen
Krummholzgesellschaften
mit Einzelbäumen

Almen

Waldweide

Alpiner Fichtenwald

Bergmischwald mit Buche, Tanne und Fichte

Wirtschaftswald

Die ökologische Einnischung der heimischen Rauhfußhühner in den Bayer. Alpen

Entwurf: **Dr. U. Glänzer** / Zchg.: **Dr. F. Müller**

Bergwinter schreckt die Birkhühner so wenig wie das kalte, schneereiche Kontinentalklima Osteuropas oder die harten Winter Skandinaviens, wo sie nach wie vor ihre ungefährdete Hauptverbreitung haben. Sie lassen sich gern einschneien und scharren unter dem Schnee ihre Gänge durchs Heidelbeerkraut.

Der Lebensraum um die Waldgrenze ist bei aller Härte noch weitgehend naturbelassen. Daß das Birkwild hier – wo es nie besonders zahlreich war – weit besser überlebt hat als im milderen Tiefland, zeigt deutlich, daß die menschliche Landeskultur der entscheidende Faktor ist. Viel schlimmer als der »Feinddruck« von Adler, Kolkrabe, Fuchs, Marder und Dachs, der im alpinen Bereich immer selbstverständlich war. So haben auch im Tiefland Beutegreifer wie Fuchs und Habicht nur deshalb eine verderbliche Chance, weil sie als »Opportunisten« selbst von der Zivilisation profitieren, und weil andererseits die Birkhühner, angeschlagen und verunsichert, auf dem Präsentierteller des Existenzminimums sitzen. Weshalb die heute so oft geforderte »Räuberkontrolle« – sprich: intensives Kurzhalten der Beutegreifer – allenfalls eine zeitweilige flankierende Maßnahme im Rahmen von Rettungskonzepten sein kann, keinesfalls aber Ersatz für das Bemühen, Lebensräume zu bewahren oder wieder zuträglich zu gestalten.

Auf kaum einem anderen Gebiet reden die Verfechter der reinen Lehren von Naturschutz und traditioneller Jagd so haarscharf aneinander vorbei, obwohl der pragmatische Kompromiß so nahe liegt. Aber eben auch die unumgängliche Konsequenz in Sachen Landeskultur, die wesentlich unbequemer zu vertreten ist als der Ruf nach Habichtskorb und Schwanenhals oder deren entrüstete Ablehnung.

Die traditionelle Jagd auf den Spielhahn, die so fest im alpenländischen Volkstum verankert ist, gehört der Geschichte an. Es hat viele Debatten darum gegeben, ob nicht doch eine beschränkte Jagd erhalten werden soll, wo – wie gerade in manchen Bergrevieren – der Bestand durchaus noch eine spärliche Nutzung ertragen würde. Wäre es nicht noch schlechter, wenn die Bergjäger jedes Interesse an diesem Wild verlieren würden? Man kann darüber geteilter Meinung sein. Die Jagd war ja wirklich nicht die entscheidende Rückgangsursache.

Die Hennen der Waldhühner sind kleiner als die bunten Hähne und schlicht braungrau gefiedert. Die Birkhenne hebt sich von den flechtenbewachsenen Ästen der alten Lärche kaum ab. Sie brauchen die Tarnung; denn als Bodenbrüter müssen sie fast fünf Wochen lang vor den Augen vieler Feinde verborgen bleiben. Ein Kuriosum: Wo Auer- und Birkwild gemeinsam vorkommen, gibt es manchmal Kreuzungen zwischen Birkhahn und Auerhenne (seltener umgekehrt): die Rackelhühner. Das ist so etwas wie ein »Maulesel im Federkleid« – einer der seltenen Bastarde zwischen getrennten Tierarten.

Berghirsch im Asyl

Fahrt zur Wildfütterung! Eine winterliche Attraktion Münchner Reisebüros. Vollbesetzte Omnibusse rollen über die Salzburger und über die Garmischer Autobahn hinaus in die Bergreviere, halten auf einem Waldparkplatz, wo schon viele Personenwagen parken, deren Insassen alle das gleiche Ziel haben. Der Schneepflug hat den Weg geräumt; eine Viertelstunde Fußwanderung ist es nur noch bis zur Schaufütterung. Die Menschen drängen sich erwartungsvoll hinter einer Barriere oder nehmen auf Bänken in einer überdachten Schautribüne Platz, mit Blick auf die Futterstelle. Ein großer Vorratsstadel mit Heuraufen an den Außenwänden; einzelne kleinere Raufen und Futterkisten in weitem Halbkreis verteilt. Der Berufsjäger werkt mit der Heugabel, steckt Heu in die Raufen, belädt einen Schubkarren nach dem anderen mit Grassilage aus dem Silo, der an den Futterstadel angebaut ist, und verteilt das würzig duftende Gärfutter auf die Tröge. Noch ist kein Wild zu sehen. Dort oben vom Waldhang müßte es herunterkommen; tief ausgetretene Wechsel furchen den Schnee. Der Jäger ist fertig mit seiner Arbeit. Ein paar Futterrüben wirft er noch aus, dann nimmt er einen Blecheimer, in dem Eicheln und Kastanien scheppern, schüttelt ihn und ruft dazu lauthals »Kooomm, kooomm!«

Das Rudel läßt sich nicht lang zu Tisch bitten. Es hat schon auf das bekannte Signal zur gewohnten Zeit gewartet. Zwischen den Stämmen am Hang erscheinen zuerst zwei, drei jugendlich vorwitzige Spießer. Hinter ihnen drängen die anderen nach, weibliche Tiere mit ihren Kälbern, Junghirsche mit sechs- und achtendigen Geweihen, zuletzt dann einige »bessere Herren«, reife, schwere Hirsche. Sie können es sich leisten, vorsichtig als Letzte den Speisesaal zu betreten. Denn wohin sie sich auch wenden, ein leichtes Senken ihres Hauptes, das selbstbewußte Präsentieren ihres starken Geweihs verschafft ihnen augenblicklich Platz an Raufe und Trog.

Es gibt so viele Raufen und Tröge, daß sich die etwa 30 Stück Rotwild, die schließlich den Futterplatz beleben, weit verteilen können. Auch die Schwachen sollen zu ihrer Ration kommen. Doch ganz ohne Futterneid und Gerangel geht es doch nicht ab. Immer wieder einmal geraten zwei Halbstarke mit den Geweihen aneinander. Das weibliche Wild hält sich möglichst von den Hirschen fern und ficht untereinander Futter-

54

streitigkeiten aus, indem es mit den Vorderläufen aufeinander einschlägt. Öfter noch als derartige Handgreiflichkeiten ist das Drohgebaren zu sehen: das böse Geschau mit angelegten Lauschern; das »Eckzahndrohen«, wobei die Lefze hochgezogen wird, als ob der verkümmerte, stumpfe Eckzahn im Oberkiefer, das Grandel, noch ein langer, spitzer Fangzahn wäre. Das war er wirklich einmal in grauer Vorzeit, bevor den Vorfahren unserer Hirsche Geweihe gewachsen waren. Der Eckzahn ist verkümmert, die Drohgebärde ist geblieben, obwohl sie jetzt eine leere Drohung ist.

Das Wild, das jetzt hier an der Fütterung beisammen lebt, kennt sich gegenseitig ohnehin genau oder lernt sich in den ersten Winterwochen kennen, so daß jedes genau weiß, was es vom anderen zu halten hat. Soziale Rangordnung

Ein Rudel Rotwild auf dem Wechsel zur Fütterung. Vor 200 Jahren wäre das Rudel rechtzeitig vor dem Bergwinter weit ins Vorland hinausgezogen, um in Auwäldern und Mooren zu überwintern.

Im Wechsel der Jahreszeiten. Im Sommer ist das Hochgebirge eine »Sommerfrische« für die Rothirsche. Wenn sie Ruhe haben, halten sie sich lieber auf freien Almflächen und Matten auf als im dichten Wald. Hier gibt es reichlich Grünäsung, und was für Basthirsche besonders wichtig ist: Kühler Bergwind vertreibt blutsaugende Insekten von den empfindlichen, reich durchbluteten Bastgeweihen. Auch zur Brunftzeit im Frühherbst werden Freiflächen gern aufgesucht. Doch wenn der Winter kommt, muß das Rotwild talwärts wechseln.

wird beim gesellig lebenden Rotwild groß geschrieben. Schon die Kälber kennen ihren Platz im Rudel, der sich nach Rang und Würde der Mama richtet. So hält sich Streit in Grenzen, frischt nur die längst eingeübte Hierarchie auf. Die Zuschauer sind begeistert.

Viele Forstämter haben solche Schaufütterungen eingerichtet. Ihre Betreuer können viel erzählen von der Freude der Besucher aus den Städten und von ihren neugierigen Fragen. Da stellt sich dann gar nicht so selten heraus, daß das weibliche Rotwild für Rehe gehalten wird, und daß es die Menschen kaum glauben können, daß so ein gewichtiges Gebilde wie das Hirschgeweih jedes Jahr im Vorfrühling abgeworfen und bis zum Hochsommer wieder neu gebildet wird. Im Februar/März kann aber jeder selbst sehen, daß immer mehr Hirsche – die alten und starken zuerst – kahlköpfig zur Fütte-

rung kommen. Sie sind dann zunächst gar nicht mehr so selbstbewußt und müssen jüngeren Rivalen nachgeben, die noch ihr Geweih tragen. Doch bald ist der Respekt vor dem Alter wiederhergestellt; denn ebenso wie das ganzjährig geweihlose »Kahlwild« (die weiblichen Tiere) fechten jetzt auch die vorübergehend »kahlen« Hirsche ihre Rangordnung mit »Fußtritten« aus. Und warum wohl läßt sich das sonst so scheue Wild jetzt von drei geballten Omnibusbesatzungen am hellen Nachmittag aus der Nähe betrachten? Auf diese Frage gibt es eine lehrreiche Antwort, wenn einmal ein unbedachter Besucher, ein Kind vielleicht, das den lieben Tieren noch näher kommen möchte, über die Absperrung steigt. Der einzelne Mensch nur wenige Meter außerhalb der gewohnten Abgrenzung wird sofort als Gefahr empfunden, löst Fluchtverhalten aus. Wildtiere lassen sich nur dann

ungestört beobachten, wenn der Mensch in seinen Grenzen bleibt, die ein so scharfsinniges und lernfähiges Tier wie der Rothirsch als ungefährlich kennengelernt hat.

Ihren täglichen Betreuer kennen sie sogar persönlich und nehmen ihm längst nicht soviel übel wie den fremden Besuchern. Es gibt Futterplätze, da kann der Jäger sogar mit seinem Hund zwischen dem Rudel umhergehen, und es gibt Hirsche, die ihm Eicheln aus dem Kübel und Heu aus der Hand nehmen. Solche Futterzahmheit ist im Grund das gleiche, als wenn in Parkanlagen zutrauliche Meisen und Eichhörnchen Sonnenblumenkerne aus der Hand von Spaziergängern nehmen. Wenn wir die spontane Freude an derartigen Begegnungen mit Wildtieren hinterfragen, bleiben Bedenken: Wildtiere auf dem Weg in die Abhängigkeit vom Menschen.

Das Rotwild gehört im Winter von Natur aus gar nicht dorthin, wo wir es an der Schaufütterung besuchen. Das Hochgebirge war immer nur seine Sommerfrische. Rechtzeitig vor dem harten Bergwinter wanderten die Rudel zu Tal und den Flüssen entlang weit hinaus ins Vorland.

Wintereinstände waren die üppigen Auwälder, die weiten wilden Moore, die Schilfwildnisse, Erlen- und Weidendickichte an den Ufern der Seen. Dort waren im Herbst die Früchte der Buchen und Eichen zu Boden gefallen, dort gab es Beerkraut und Heidekraut, Schößlinge und Rinde von Weichhölzern im Überfluß. Weite jahreszeitliche Wanderungen gehören zum natürlichen Verhalten des Rotwildes. Auch, daß es sich in günstigen Wintereinständen in größerer Zahl zusammenfindet und sich im beginnenden Sommer wieder in kleineren Rudeln über größere Räume verstreut. Fast so, wie wir das von einer anderen Hirschart, dem Ren des hohen Nordens, das in Nordamerika Caribou heißt, heute noch in viel gewaltigerem Maß kennen.

Doch so frei in Raum und Zeit kann sich unser Rotwild längst nicht mehr bewegen, seit der Mensch mit Ackerbau und Forstwirtschaft, mit Siedlung und Verkehr die Talböden beansprucht, die Moore kultiviert, die Flüsse verbaut und alle alten Wechsel ins Alpenvorland hinaus verlegt und versperrt hat. So ist die Sommerfrische im Bergwald mit der Zeit zum Winterasyl geworden. An der Fütterung muß dem Wild der

Lebender Schneepflug. Wenn früher Schneefall Rotwild in Hochlagen überrascht, kann es gefährlich werden. Tief eingeschnittene, meterhoch mit Schnee verwehte Gräben sind schon zum Grab manchen Rudels geworden. Die Natur hat das Rotwild nicht zum Überleben in diesen Lagen eingerichtet. Es gibt Ausnahmen: Unter günstigen Geländebedingungen, wo Schnee bald abtaut oder abrutscht, überstehen manche kleinen Rudel den Winter hoch in der Kampfzone des Waldes. Als »Steinhirsche« ist dieser seltene Ökotyp des Rothirsches bekannt – für ihn zählen Zähigkeit und Genügsamkeit mehr als Geweihstärke.

Heutzutage bietet der Futterstadel Ersatz für den verlorengegangenen natürlichen Winterlebensraum für das Rotwild. Das ist so etwas wie »extensive Stallhaltung« über fast ein halbes Jahr – aber die einzige Alternative zum völligen Verzicht.

verlorene Winterlebensraum, die Nahrungsgrundlage »künstlich« ersetzt werden. Die Alternative hieße, in klimatisch rauhen Bergwäldern überhaupt auf Rotwild zu verzichten, auch im Sommer. Denn nur ein zu allen Jahreszeiten vollständiger Lebensraum bietet alles, was zum Überleben nötig ist. Und wo das nicht immer auf gleichem Raum verfügbar ist, müssen Wildtiere wandern. Was uns bei Zugvögeln selbstverständlich ist, wird bei Tieren, die sich zu Fuß bewegen müssen, zum Problem.

Zuerst war auch jagdlicher Egoismus mit im Spiel. Als die Hirschjagd im Gebirge für hohe Herrschaften interessant wurde, sahen sie es nicht gern, daß das Wild, das im Herbst abwanderte, drunten und draußen von den Bauernjägern dezimiert wurde. Das hatten zwar schon in Urzeiten die Wölfe genau so getan, aber inzwischen war die Landeskultur fortgeschritten, die Wintereinstände im Vorland waren enger geworden, und die Waffentechnik hatte Fortschritte gemacht. Es kamen im Frühjahr nicht

mehr genug Hirsche in die Berge zurück für den gehobenen Anspruch fürstlicher und königlicher Waidmänner. Da fütterte man die Rudel lieber im Tal über den Winter und zog gleich einen Wildsperrzaun am Fuß des Bergwaldes. Heute fällt es uns schwer, uns vorzustellen, daß es damals noch keine Barrieren in Form von Verkehrsstraßen zwischen Bergwald und Talauen gab, bis hin zu wilddicht eingezäunten Autobahnen. Und die unregulierten Wildflüsse waren noch echte Lebensadern. Im wilden Bett der Isar zum Beispiel wechselte Rotwild aus dem Gebirge mitten durch München bis hinunter in die Auwälder um Garching und Freising. Dort lebt übrigens noch immer ein kleiner, heute völlig isolierter Bestand von »Auhirschen«.

Was vor mehr als hundert Jahren auf diese Weise eher aus jagdbetrieblichem Kalkül als aus Sorge um den Wildlebensraum begann, ist heute längst zur echten Nothilfe geworden. Allerdings nach wie vor mit jagdlichen Hintergedanken. Denn wenn schon Kosten und Mühen, um das Rotwild in den Bergwäldern zu erhalten, dann gleich auch unter dem Aspekt, die Hirschjagd als ein Stück traditioneller Jagdkultur und wirtschaftlicher Nutzung bestmöglich zu bewahren. Das ist vor allem eine Frage der Zahl und der räumlichen Verteilung des Wildes, seiner Lebensansprüche im Verhältnis zur Belastbarkeit des Waldes und zu den Erholungs- und sonstigen Nutzungsansprüchen vieler Menschen. Menschen, denen oft gar nicht bewußt ist, wie bedrohlich die Lage dieser hochentwickelten und sensiblen Wildart mit ihrem ausgeprägten Sozialverhalten und ihrem großen Raumanspruch im Asyl des Bergwaldes ist.

Der rücksichtslose Bergwanderer oder Skifahrer, der kein Wildschutzgebiet respektiert und sich sträubt, auf vorgezeichneten Wegen und Loipen zu bleiben, ist dabei nicht besser als der Jagdromantiker, der den Reiz der Hirschjagd als so etwas wie ein Indianerspiel nach Urväterart genießen möchte, oder der knallharte Trophäenjäger, der den Repräsentationswert eines starken Hirschgeweihs über alle Rücksicht auf

Wald, Wild und Lebensgemeinschaft stellt. Ob es dem einen oder anderen gefällt oder nicht, es geht nicht mehr ohne großräumige, überlegte Planung, die das Ganze sieht und alle Teile sinnvoll einordnet. Dazu gehören auch die vielerlei materiellen und ideellen Interessen der Menschen am Wild und seinem Lebensraum.

Sich dem Ganzen einordnen, heißt manche Einzelwünsche zurückstellen. Es müßte doch mit dem Teufel zugehen, wenn es nicht gelingen würde, das Rotwild in unseren Bergwäldern zu erhalten und die Notwendigkeiten dazu den Menschen schmackhaft zu machen, die für ferne Wildtiere wie Elefanten und Pelzrobben, Wale und Bambusbären auf die Barrikaden gehen und tief in die Tasche greifen. Es gibt bereits gute, wenn auch noch zu wenige Ansätze für eine derartige Strategie. Da muß sich auch mancher Jagdvertreter vom hohl gewordenen Sockel alter Herrlichkeit herunterholen lassen. Nicht mehr die Furcht hütet Wald und Wild, sondern nur das Verständnis der Öffentlichkeit, die auf neugierige Fragen nicht immer eine glaubwürdige Antwort bekommt. Es wäre gut, wenn jede Schaufütterung im winterlichen Bergwald zu einem kleinen Informationszentrum werden könnte.

Nicht immer ist der alte Pascha so verträglich am Futtertrog. Auch unter natürlichen Lebensbedingungen würde sich Rotwild rudelweise auf Wanderschaft begeben und sich in großer Zahl auf schmalem Raum einiger guter Wintereinstände einfinden. Der Hang zur Geselligkeit macht es leichter, die Wildart mit ihrer ausgeprägten sozialen Rangordnung »künstlich« an Fütterungen zu überwintern. Hier findet sich oft das Wild von mehreren Tausend Hektar Sommerlebensraum zusammen. Rotwildhege ist kostspielig und nur bei großräumiger Planung erfolgreich – denn Schäden am Wald müssen möglichst gering gehalten werden.

Bergmanndl, Tatzelwurm und Wolpertinger

Die spielenden Jungmurmel erinnern an Wichtelmännchen und Kobolde. Aufmerksam wacht die Mutter, ob nicht Gefahr im Verzug ist. Das ausgeprägte Familienleben der Murmeltiere steht in engem Zusammenhang mit dem Winterschlaf: Je mehr Familienmitglieder sich im Winterbau zusammenkuscheln, desto sicherer überstehen sie den sieben Monate langen Schlaf, in dem sie oft dem Tod näher sind als dem Leben. Weil sie ihr halbes Leben verschlafen, werden Murmeltiere aber auch gut doppelt so alt wie vergleichbare Nagetiere ohne Winterschlaf: mehr als 15 Jahre, wenn ihnen erst einmal die Familiengründung gelungen ist.

Wo Menschen ihr Leben unter harten Bedingungen, im Kampf mit feindlichen Naturgewalten fristen, dort blüht der Aberglaube. Oder vielmehr: uralte naturreligiöse Vorstellungen haben sich länger gehalten. Not lehrt beten, auch zu den Göttern und Dämonen, die bis heute hinter so manchem christlichen Schutzpatron stecken. Wer einmal ein Gewitter, einen Wettersturz, einen schweren Steinschlag im Hochgebirge erlebt hat, der kann nachfühlen, wie sich den Bergbauern und Almhirten früherer Jahrhunderte die Abwehr personifizierter Geisterwelten mit Zauber, Beschwörung und Amuletten aufdrängte.

Erst recht legte die Beobachtung der tierischen Mitgeschöpfe den Glauben an übersinnliche Mächte und Fähigkeiten nahe. Wie sonst könnten Wildtiere so viel besser mit manchen gefährlichen Unbilden von Gelände und Wetter fertigwerden als der Mensch. Und sehen nicht manche Tiere aus wie kleine, verwunschene Menschen, die Zugang haben zu den unterirdischen Geheimnissen der Bergwelt?

Besuch bei den Unterirdischen

Steigen wir zu dem Almboden hinauf, wo die Murmeltiere wohnen! Die geselligen Nager ge-

hören zu den volkstümlichsten Tieren der Alpen, das verraten schon die vielen Volksnamen: Mankei heißen sie im Bayrischen, Murmele im Alemannischen; der Steiermärker sagt Murmanndl, der Schweizer Mungg, und die Romanen nennen sie Marmotte. Das wieder leitet sich wie auch der wissenschaftliche Artname *Marmota marmota* vermutlich vom lateinischen »mus montis« ab und bedeutet »Bergmaus«.

Eine recht große »Maus«, die freilich keine Maus ist, sondern ein Hörnchen und damit mit dem Eichhörnchen verwandt; allerdings aus dem unterirdischen Zweig der Familie, die sich in Baumhörnchen – das sind die Kletterer – und Erdhörnchen teilt. In Europa gibt es weiter keine Vertreter dieser Gruppe (wenn wir vom Ziesel in der ungarischen Pußta absehen). Aber in Asien und auch in Nordamerika leben zahlreiche Erdhörnchen, von den kleinen flinken Streifenhörnchen, die wir bei uns in Zoohandlungen kaufen können, bis zu offensichtlich sehr engen Verwandten unseres Murmeltiers. Sie gibt es nicht nur in Hochgebirgen, sondern als Wald- und Steppenmurmeltiere auch in den Ebenen.

Wer seinen Karl May gelesen hat, kennt die »Präriehunde«, die manchem Pferd und Reiter zu Hals- und Beinbruch verholfen haben, wenn der galoppierende Mustang einen Fehltritt in ihre Erdbaue tat. Wie kommt ein Nagetier namentlich auf den Hund? Einfach durch seinen durchdringenden Warnlaut, der wie das schrille Kläffen eines kleinen Hundes klingt.

So begrüßen uns auch die Wachtposten auf unserem Almboden. Sie »pfeifen«, und auf das Warnsignal stürzt alles Hals über Kopf in die Baue. Vor ihrem Hauptfeind, dem Steinadler, ist das die einzig wirksame Zuflucht. Doch wenn wir genau hinhören und dazu noch das wachsam aufgerichtete Mankei mit einem scharfen Fernrohr beobachten, dann hören wir und erkennen an dem weit aufgerissenen Äser, daß der »Pfiff« eigentlich eine rasche Folge sehr hoher Bell-Laute ist.

Es dauert eine Zeit, bis hier und dort wieder ein braunes Köpfchen vorsichtig aus der Bauein-

fahrt erscheint. Wenn die Luft rein ist, tummeln sich die Sippen bald wieder im Freien. Die Mitglieder einer Familie entfernen sich nie allzu weit von ihrem Bau. Es wächst ja auch in der näheren Umgebung genug saftiges Grünzeug für den Hunger. Wenn nicht gerade die kräftigen Nagezähne in nahrhafter Tätigkeit sind, ruhen die Tiere gern flach ausgestreckt auf einer Felsplatte. Jungtiere und Halbstarke balgen sich im Spiel – aus dem bei den Erwachsenen leicht bitterer Ernst werden kann, wenn sich Angehörige verschiedener Familien zu nahe kommen. Die Baukolonie an den Almhängen kann ein Dutzend Baue und mehr zählen, aber jedes Paar bewacht eifersüchtig sein Territorium gegen die Nachbarn. Nur von der Wachsamkeit profitieren alle gemeinsam. Irgendwo sitzt immer ein Wachtposten auf den Keulen und mustert die Umgebung. Alle verstehen, was sein Warnschrei bedeutet. »Fliegeralarm« ist Alarmstufe I; mit dem Adler ist nicht zu spaßen. Ein herumstrolchender Fuchs wird

Immer auf der Hut. Obwohl sich die einzelnen Murmeltierfamilien gegenseitig nicht ausstehen können, wissen sie den Vorteil des Zusammenlebens in einer Baukolonie zu schätzen. Irgendeiner hat immer den Luftraum im Blick und gibt Fliegeralarm, wenn der Adler einschwebt.

schon lässiger angekündigt, und vor Menschen zeigen Murmeltiere oft wenig Scheu, wenn sie keine schlechten Erfahrungen gemacht haben. Solche zu machen, hatten sie früher kaum Gelegenheit. Denn obwohl das Murmeltier mit seinem Braten, seinem heilkräftigen Fett, seinem hübschen Fell und seinen als Amulett und Schmuck begehrten großen, orangeroten Nagezähnen viel verfolgt wurde, geschah das meist durch Ausgraben der Winterschläfer aus den Bauen; vielleicht auch mit Schlingen und Fallen. Keine Gelegenheit also, den Artgenossen etwas weiterzuerzählen von der Heimtücke des Menschen. Erst mit dem Aufkommen weithin treffsicherer Feuerwaffen und Zielfernrohre hat es sich in Mankeikreisen herumgesprochen, daß nicht jeder Zweibeiner ein harmloser Senn oder Wanderer ist.

Beim munteren Treiben um die Sommerbaue muß man sich nur rote Zipfelmützen dazudenken, um sich das Reich der Wichtelmänner auszumalen. Das eigentlich Zauberische aber ist, wie es die Murmeltiere verstehen, den langen Bergwinter von Oktober bis April/Mai zu überleben, wenn der Almboden meterhoch unter dem Schnee liegt. Murmeltiere wandern nicht fort, sie tragen keine Vorräte ein, und sie können auch nicht wie der Schneehase in Schneehöhlen mit holziger Rindennahrung durchkommen. Sie schlafen wie ein Murmeltier – mehr als die Hälfte ihres Lebens.

Der Winterschlaf ist eine geniale, aber auch gefährliche Überwinterungsstrategie. Ein Zustand, der dem Tod näher ist als dem Leben. Um ihn zu überstehen, müssen sich die Tiere im kurzen Bergsommer einen fetten Ranzen als Energiereserve anmästen. Dann tragen sie im Spätsommer fleißig Heu zu Bau, um den Schlafkessel auszupolstern. Das wird manchmal als Eintragen von Futtervorräten mißverstanden und zu Jägerlatein ausgesponnen: Ein Murmeltier legt sich auf den Rücken, die anderen häufen Heu auf seinen Bauch und ziehen dann den beladenen Artgenossen hauruck zum Bau! Wer's glaubt...

Oder die andere Geschichte, mit der Bergjäger dem Neuling buchstäblich einen Bären aufbinden: Wenn er auf Pirsch nach einem »Bären« geht (so heißt das männliche Murmeltier in der Jägersprache), müsse er unbedingt Nadel und Faden dabei haben. Denn wenn das Mankei erlegt ist, müsse man sofort hinspringen und die Schußlöcher vernähen – damit das wertvolle Fett, das »Mankeischmalz«, nicht ausrinnt! Wahr daran ist nur, daß das ausgelassene Murmelfett immer dünnflüssig bleibt und vielleicht deshalb seine geschätzte Heilkraft gegen Rheumatismus entfaltet.

Beides, den warm ausgepolsterten Schlafkessel und den Brennstoff im eigenen Körper, braucht die Murmelfamilie, wenn sie vor dem ersten Schnee in den Winterbau einzieht und den Eingang von innen mit Erde und Steinen verschließt. Gute Nacht für sieben Monate!

Wie der Winterschlaf mit dem auffälligen Familienleben der Murmeltiere zusammenhängt, hat vor einigen Jahren der Zoologe Walter Arnold näher erforscht. Winterschläfer in klimatisch milderen Gegenden sind oft Einzelgänger, doch in den Hochlagen schläft es sich sicherer, wenn sich eine ganze Familie zusammenkuschelt. Deshalb bleiben junge Murmeltiere zwei, drei Jahre im Familienverband – und in dieser Zeit ist ihre Sterblichkeit nur gering. Beides ist für ein so kleines Tier, besonders für ein Nagetier ganz außergewöhnlich. So besteht die Großfamilie aus dem Elternpaar und zwei oder drei Generationen von je drei bis fünf Jungtieren. Die Halbstarken dienen den jüngsten Geschwistern als lebende Wärmflaschen. Je größer die Familie, in desto besserer Verfassung kommt sie im Frühjahr wieder ans Licht der Bergwelt, und desto besser übersteht sie die ersten kargen Wochen, wenn es noch kaum Grünzeug gibt.

Warum schlafen sie dann nicht einfach noch drei Wochen länger, bis die Alm wieder grün ist? Offenbar aus Konkurrenzneid nicht; denn wer zuletzt aufwacht, läuft Gefahr, daß Frühaufsteher unter den Nachbarfamilien einen Teil seines Territoriums beschlagnahmt haben.

Kleinfamilien haben deutlich schlechtere Überlebenschancen. Am schlimmsten sind Jungtiere dran, die sich im dritten oder vierten Lebensjahr von den Familien trennen müssen und dann einzeln oder paarweise ihren ersten Winter selbständig überleben wollen. Bei ihnen schlägt – mit einigen Jahren Verzögerung – die hohe Jugendsterblichkeit voll zu. Erst wenn ein junges Paar ein günstiges Territorium erobern konnte und wenn glücklich der zweite Nachwuchsjahrgang heranwächst, hat es Aussicht,

Das von Aberglaube umwitterte »Bergmanndl«, der Alpensalamander (oben). Er bringt im kurzen Bergsommer nur ein oder zwei lebende Junge zur Welt. Der Feuersalamander (unten) hat in feuchten Waldschluchten keine Sorgen mit Frost und Trockenheit wie sein kleiner zäher Vetter in den Hochlagen.

Der Fischotter ist noch immer das am unmittelbarsten vom Aussterben bedrohte größere Säugetier Europas. Der Wassermarder ist an eine hoch spezialisierte Lebens- und Ernährungsweise angepaßt. Er kann sich nicht umstellen und muß verschwinden, wo es keine naturnah sauberen, fischreichen Wildwasser mehr gibt.

eine neue Großfamilie zu gründen. In ihr haben die Alttiere dann eine recht hohe Lebenserwartung bis zu fast 20 Jahren.

Eine andere Verlustursache droht auch Großfamilien, wenn ein Familienmitglied während des Winterschlafs stirbt. Das bedeutet meist den Tod für alle. Daraus wurde schon versucht, Argumente zu konstruieren, daß die Bejagung einem Murmeltierbestand förderlich sei: Weil nämlich der Jäger heute nur auf alte, starke »Bären« aus ist, die mächtige Nagezähne haben und sich eindrucksvoll für das Jagdzimmer präparieren lassen, beuge ein solcher Abschuß der Überalterung vor und nehme den Tod alter Tiere im Winterbau vorweg.

Das Argument steht auf schwachen Füßen. Alte »Katzen« (die Weibchen), die durch die Jungenaufzucht beansprucht sind, sind viel eher in Gefahr, nicht aus dem Winterschlaf aufzuwachen; vor allem dann, wenn der Familienvater fehlt und dadurch auch unter den »Affen« (Jungtieren) Unruhe und Rangordnungsstreitigkeiten aufgekommen sind, die schon vor dem Winter am Energievorrat zehren. Der Abschuß eines alten »Bären« dürfte meist das Todesurteil für die ganze Familie bedeuten, und wer weiß, wie lange er noch bis zum natürlichen Alterstod gelebt hätte? Wenn schon Jagdnutzung – die sich in kopfstarken Kolonien durchaus vertreten läßt –, dann erscheint es sinnvoller, es dem Adler

und dem Fuchs nachzumachen, die hauptsächlich unerfahrene »Affen« erbeuten, die für das Überwintern der Familie erst geringen »Heizwert« haben. Wer aber nur den starken »Bären« im Sinn hat, der sollte sich zumindest nicht über die alten Sennen erhaben fühlen, die den Bau ausgegraben und so wenigstens den größten Nutzeffekt aus dem Tod einer ganzen Murmelfamilie erzielt haben.

»Wer die Einsamkeit zu durchwandern hat, wo nichts mehr zu sehen als öde Felskuppen und Steinfelder, der hört wohl gern einen frischen Mankeipfiff, und wer in solcher Scenerie diese Thiere in dunklem Geklüfte sitzen oder einen Block ersteigen sieht, der kann sich ohne viel Phantasie ein Untersberg-Mannl mit einer zottigen Kutte daraus machen und beruht vielleicht die bekannte Sage von diesen Mannln ursprünglich auf dergleichen Vorstellungen...« (Franz von Kobell, 1859).

Als »Bergmanndl« ist noch ein ganz anderes Wesen bekannt, das an feuchtwarmen Tagen den Weg des Bergjägers kreuzen kann oder zum Vorschein kommt, wenn der Jäger einige Steinplatten aufhebt, um einen Sitz am Steilhang daraus zu schichten. Es ist der schwarze Bergsalamander, der bis weit über die Waldgrenze vorkommt. Sein nächster Verwandter ist der etwas größere und plumpere Feuersalamander mit seinen leuchtend gelben Flecken und Streifen auf schwarzem Grund. Der Feuersalamander ist in den Wäldern zu Hause und verträgt keine Trockenheit. Seine vielen Larven, die im Mutterleib bereits aus den Eiern geschlüpft sind, setzt er im Wasser ab.

Sein Hochgebirgsvetter muß im Geröll mit Hitze und Frost fertig werden und unter Felsplatten Zuflucht suchen. Wassertümpel für seine Brut gibt es kaum, und wenn, können sie sogar im Hochsommer bis auf den Grund zu Eis gefrieren. Der Alpensalamander bekommt deshalb nur ein oder zwei Junge, aber er bringt sie lebendgebärend voll entwickelt zur Welt. Als Lurch in solchen Höhen zu leben, verlangt eben ganz spezielle Anpassungen.

Der Drache, der aus dem Wasser kam

Weit verbreitet ist die Sage vom »Tatzelwurm«; nach ihm ist sogar ein Berg bei Bayrischzell benannt, auf den heute eine beliebte Ausflugs- und Aussichtsstraße führt. Was steckt dahinter? Denn ganz aus der Luft der Phantasie gegriffen sind solche Volkssagen meist nicht, auch wenn sich der reale Hintergrund oft nur noch schwer deuten läßt.

Beim Tatzelwurm ist es so schwierig gar nicht. Der Name kommt von der Spur, die ein kleiner Drache im Schnee der Bergpässe hinterließ. Bei »Wurm« dürfen wir nicht an den Regenwurm denken, sondern an den Lindwurm, den sagenhaften Drachen. Und »Tatzel« sind die Abdrücke kleiner Tatzen. Echte Drachentatzen mit Schwimmhäuten zwischen den bewehrten Zehen haben sich da im Schnee abgedrückt und dazwischen die lange Schleifspur des Schwanzes. Ein Wesen aus übernatürlichen Welten? Ein Überlebender aus Saurierzeiten wie das Ungeheuer vom Loch Ness? Vielleicht ein kleiner Verwandter der schottischen Nessie; aus dem Wasser kommt er jedenfalls. Der geheimnisvolle Tatzelwurm ist niemand anders als der Fischotter!

Heute ist der Wassermarder so selten geworden, daß er keinen Stoff für Aberglauben mehr liefern könnte. In den Alpen kommt er über-

Von 1516 bis 1565 lebte in Zürich der Arzt und Physiker Conrad Gesner, der als »Vater der Zoologie« gilt. Seine »Historia Animalium« – später als »Thierbuch« ins Deutsche übersetzt – ist eine Fundgrube für frühe Naturforschung, aber auch für manchen überkommenen Aberglauben. So etwa könnte man sich den »Tatzelwurm« vorstellen: »... ist ein scheußlich ungestalt Thier... So es von Jägern gejagt wird, nimmt es seine Jungen auf seinen Rücken, deckt sie mit seinem langen Schwantz zu und fleucht also davon...« – Gesner siedelte dieses Fabelwesen in der »neu gefundenen Welt« (Amerika) an, wo sich die Eingeborenen mit seinem Pelzwerk bekleiden. Vielleicht spielt auch der Vielfraß mit hinein? Phantasie und Jägerlatein haben keine Grenzen.

Fabelwesen, die uns vertraut sind: Der Hasenkopf mit zwei aufgesetzten Rehbockspießen ist ein alter Präparatorenscherz, auf den manche Leute immer wieder hereinfallen. Conrad Gesner beschrieb ihn ernsthaft als »Lepus Cornutus« (gehörnter Hase) und meinte, »... daß solche Art Hasen in Sachsen gefangen und als eine große Rarität gehalten worden...«
Die moderne Weiterentwicklung solcher Phantasiegeschöpfe ist der bayerische »Wolpertinger« (rechte Seite). Dem Einfallsreichtum seiner Urheber hat das Deutsche Jagdmuseum in München ein eigenes Diorama gewidmet, und es gibt eine reichhaltige Wolpertinger-Literatur. Reine Gaudi, oder steckt doch mehr dahinter? Es ist vielleicht kein Zufall, daß sich die Sage von diesem Fabelwesen gerade in den Alpen erhalten hat.

haupt nicht mehr vor. Doch gerade seine Umdeutung in den Tatzelwurm beweist, daß er früher wohl häufig seine rätselhafte Spur hinterlassen haben muß. Er ist kein Gebirgstier, steigt nur so weit die Bergflüsse hinauf, wie er gute Beute an Bachforellen und Huchen findet. Doch abwandernde Jungotter, oder wenn die Beute zu spärlich wird auch Erwachsene, laufen weit über Land auf der Suche nach neuen Gewässern. Was unten in den Flußtälern mit ihren vielen Zuflüssen leicht möglich ist, ohne aufzufallen, das wird in den Bergen zur Hochtour über Pässe und Wasserscheiden. So haben die wandernden Otter mit »Tatzeln« und Schweif die Phantasie der Menschen auf drachenhafte Abwege gebracht.

Über das Vorkommen des Fischotters im bayerischen Voralpenland schreibt Franz von Kobell in seinem »Wildanger« (1859): »In den bayrischen Flüssen sind die Otter ziemlich verbreitet. Im Jahre 1857 sind sogar wegen bedenklicher Vermehrung der Fischotter die Distriktspolizeibehörden angewiesen worden, Maßregeln zur Beseitigung solchen Übelstandes zu ergreifen...« – Als Vorkommensgebiet nennt Kobell »...besonders am Lech, an der Amper, Loisach, Isar, in den Revieren Schongau, Weilheim, Tölz, München, Freising, Rosenheim...«

Hundertfünfzig Jahre später gibt es in ganz Bayern nur noch eine Handvoll Otter im Bayerischen Wald, in unserer ganzen Bundesrepublik vielleicht noch zweihundert in der Norddeutschen Tiefebene. In den Alpen hat die Sage vom Tatzelwurm ihren Urheber überlebt.

Noch eine Erinnerung an die Eiszeit?

»Bayern braucht Wolpertinger!« – Nicht erst seit Erscheinen dieses klassischen Werkes weißblauer Gaudi-Literatur ist ein seltsames Fabelwesen am Alpenrand bekannt, das allerdings in neuerer Zeit erst so richtig populär wurde. Das Deutsche Jagd- und Fischereimuseum in München präsentiert in einem Großdiorama die seltsamsten Spielarten des Wolpertingers samt wissenschaftlicher Systematik und raffinierten Fanggeräten.

Den modernen Wolpertingern ist allesamt ihre Herkunft aus der Werkstatt phantasiebegabter Präparatoren anzusehen. Man nehme den Balg einer Bisamratte oder eines Karnickels, setze ihn auf Entenlatschen oder Fasanenständer, montiere Eichelhäherflügel an die Schultern, Rehbockspieße auf den Kopf und Fangzähne vom Fuchs vampirhaft in die Mundwinkel, und fertig ist *Mustela alpina nonsensis*. Unverkennbar ein aufwendigerer Abkömmling des guten alten »gehörnten Hasen«, der noch in so mancher Wirtsstube Staub ansetzt.

Ursprünglich diente der Wolpertinger nicht leibhaftig, sondern als Gaukelbild der Phantasie dazu, leichtgläube Menschen hinters Licht zu führen, meist abenteuerlustige Sommerfrischler. Sie wurden von einheimischen Schlitzohren geheimnisvoll eingeweiht: Da gebe es ein marderähnliches Tier im finsteren Wald, das nur zu fangen sei, wenn man in einer Neumondnacht zur Geisterstunde eine Kerze vor seinem Bau anzünde. Dann fahre es erbost heraus und schnurstracks in den vom Fänger aufgehaltenen Sack. Der wertvolle Pelz der Beute lohne die Mühe. Der Haken dabei sei nur, daß der Förster scharf hinter Wolpertinger-Wilderern her ist. Aber die Gelegenheit ist günstig: Übermorgen ist Neumond, und der Förster liegt schon seit Tagen krank im Bett.

Man kann sich die Gaudi vorstellen, wenn jemand darauf hereinfiel und sich mit Sack und Kerze vor einen alten Dachsbau aufbaute. Worauf sich die Stammtischbrüder lautlos fortschlichen, bis auf den einen, der nach längerer Zeit als »Förster« aus dem Dickicht brach und den

verdatterten »Wilderer« festnahm. Dem stand dann ein feuchtfröhliches Strafgericht bevor.

Im Gegensatz zu den Präparatorenscherzen ist das Fangzeremoniell altüberliefert, und es schwingt dabei etwas mehr mit als Stammtisch-Ulk. Außerhalb Bayerns (wo die Wolpertinger in manchen Gegenden auch »Kreißen« genannt werden) ist die Kunde spärlich. Im alten linksrheinischen Bayern, im Pfälzerwald, treiben unter ähnlichen Lebensgewohnheiten die »Elbertritschen« ihr Unwesen. Wobei man gleich an die Alben = Elfen als urtümliche Naturgeister denken muß. Die Sache scheint also älter zu sein. Könnte, wie beim Tatzelwurm, ein reales Wildtier Pate gestanden haben?

Es gibt eines, auf das alle die geisterhaften, marderartigen, lichtscheuen und schier übernatürlichen Eigenschaften des Wolpertingers zutreffen. Das von den Menschen, die mit ihm leben, noch heute als Zauberwesen gefürchtet wird, dem kein Pulver und Blei und keine Falle gewachsen sind. Das sich auf unglaubliche Weise Zugang verschafft zum Vorratslager des Trappers und Waldsiedlers, das Haustiere tötet und mit seiner Gewandtheit und seinem starken Gebiß weder Wolf noch Bär fürchtet. Lappen, Eskimos und Indianer wissen uralte Geschichten von diesem Geistergeschöpf des hohen Nordens, dem großen, bärenstarken und wieselflinken Marder – dem Vielfraß.

Er heißt nicht so wegen seinem großen Appetit, sondern weil das norwegische »Fjellfras« soviel wie »Bergkatze« bedeutet. Funde und Quellen sind spärlich, aber den Vielfraß hat es ganz gewiß während der letzten Eiszeit in Mitteleuropa gegeben, genau wie Gams und Steinbock, Schneehase und Schneehuhn, Rentier und Wolf. Wie diese hat sich der Großmarder später in die Tundren des Nordens zurückgezogen, vom Hochfjell Norwegens über Lappland und Nordsibirien bis nach Alaska. Warum nicht auch, wie Gams und Steinbock, in die Alpen?

Vielleicht hat er es versucht und ist hier noch den ersten Menschen begegnet, die nach den zurückweichenden Gletschern die Täler als

wandernde Jäger durchstreiften? Ist uns die vage Erinnerung an dieses Geschöpf von unseren Vorfahren aus der Eiszeit überliefert, oder lebte der Vielfraß noch länger in unseren Bergen und verschwand erst in frühhistorischer Zeit? Nach allem, was wir über ihn wissen, wäre das nicht unwahrscheinlich. Merkwürdig nur, daß es kaum stichhaltige Überlieferungen darüber gibt, abgesehen eben von der uralten Fabel vom Wolpertinger, die heute zum Wirtshausklamauk verkommen ist.

In seinem Namen selbst steckt ein Hinweis auf solche Spekulationen. Die menschliche Sprache unterliegt ähnlichen Entwicklungsregeln wie die natürliche Evolution, sie bewahrt verborgene Zusammenhänge. Da ist der Gleichklang des bayerischen »Wolpertinger« mit dem angelsächsischen »Wolverine« doch verblüffend; so heißt der Vielfraß in Nordamerika. Also doch

noch eine Erinnerung aus der Eiszeit? Nicht mehr als ein Hauch aus dem Gedächtnis der Jahrtausende, aber wer weiß?!
Konrad Gesner, der »Vater der Zoologie«, mischt in seinem »Thierbuch« (um 1560) Mythen und Wahrheit. Vom Vielfraß hat er nur eine vage Vorstellung und bringt ihn mit dem »Grabthier« Hyaena durcheinander. Seine Abbildung zeigt eindeutig eine Hyäne und nicht den Vielfraß. Doch was er von »angeborner Art und Verschlagenheit dieser Thiere« berichtet, entspricht den Legenden der Nordvölker:
»Es ist der Vielfraß ein arglistig und räuberisches Thier... Welches Thier der Vielfraß zu dreyen mahlen ersehen hat, das kann sich nicht mehr bewegen, und welcher unter den nachjagenden Hunden von seinem Schatten überschattet wird, der erstarret auch und kann nicht mehr bellen...«

Geduld und Phantasie sind gute Begleiter für den einsamen Bergjäger, die ihm die Zeit auf manchem stundenlangen Vorpaß und an manchen langen Nebeltagen auf der Hütte verkürzen. So mag manche Fabel entstanden sein, an die weniger der Urheber selbst als diejenigen glaubten, denen der Bär aufgebunden wurde. Nicht alles Unerklärliche ist übernatürlich. Die Natur selbst ist oft unerklärlich, und was uns die moderne Wissenschaft offenbart, ist oft noch erstaunlicher als frühere Ausgeburten der Phantasie. Heute können wir auf guten Forst- und Almstraßen oft mit dem Auto bis ins höchste Gamsrevier fahren, und auf den Hütten gibt es elektrisches Licht. Seilbahnen baggern Menschenmassen auf die Gipfel. Doch ein paar Schritte abseits von den Fremdkörpern der Zivilisation lebt noch die alte Wunderwelt, die uns zurücksinnieren läßt bis in die Eiszeit.

Die Familie der Marder ist voller Überraschungen. Noch außergewöhnlicher als Dachs und Fischotter ist der größte aller Marder, der Vielfraß. Er lebt heute nur in subarktischen Wäldern und Tundren von Lappland über Sibirien bis Alaska. Ob ihn wohl unsere Vorfahren nach der Eiszeit in Alpentälern noch erlebt haben? Er könnte gut das Urbild des »Wolpertingers« gewesen sein.

Das Blut der Erde

Enten ohne Ende?

»Köpfchen in das Wasser, Schwänzchen in die Höh'« – der Kindervers beschreibt anschaulich die Art der Nahrungssuche bei den Gründel- oder Schwimmenten, zu denen die Stockente gehört. So nutzen sie den schlammigen Grund von Flachwasserzonen. Daneben »seihen« sie mit ihrem Lamellenschnabel Nahrung von der Wasseroberfläche und holen sich auch Grünzeug, Schnecken und Gewürm am Festland. Besonders die Stockente ist ein Allesfresser.

Das Wasser ist die Wiege allen Lebens. Alle Lebensformen – Pflanzen und Tiere –, die im Lauf der Erdgeschichte das Festland erobert haben, stammen von Urahnen, die im feuchten Element zu Hause waren, bis zurück zu den allerersten Schöpfungsspuren der Organismen. Zu allerletzt stiegen die Wirbeltiere an Land, indem einige Fische allmählich lernten, zeitweilig an der Luft zu atmen und über Schlamm zu kriechen, wenn das Wasser in flachen Lagunen versiegte. Es war dann noch ein jahrmillionenweiter Weg von den ersten Amphibien bis zu den Säugetieren. Doch alle Landbewohner tragen die Erinnerung an ihre Herkunft aus dem Wasser noch in sich.

Auch unser eigener Körper besteht, wenn wir ihn in die chemischen Elemente zerlegen, zu 70 Prozent aus H_2O; alle seine Lebensvorgänge sind abhängig vom Fließen des Blutes in den Adern – Nährstrom des Lebens. Unsere Embryonalentwicklung spiegelt wie in einem Zeitraffer die Jahrmillionen der Stammesgeschichte: Jeder Säugetier-Embryo macht ein Frühstadium durch, in dem Kiemenspalten an den Seiten des Kopfes an den gemeinsamen Ursprung mit den Fischen erinnern. Ohne Wasser kein Leben: Pflanzen verdorren, Tiere verdursten viel eher, als sie aus Mangel an anderen Nährstoffen zugrunde gehen.

Das Wasser ist das Blut der Erde. Wie das Blut in den Adern höherer Tiere den Lebenskreislauf des Individuums aufrecht erhält, so hängt alles Leben auf Erden vom Kreislauf des Wassers ab, der durch Bäche, Flüsse, Ströme wie durch Adern gelenkt wird, hin zu den Meeren, von wo das Wasser durch den Motor der Sonnenwärme verdunstend zu Wolken aufsteigt und im Regen zur Erde zurückkehrt, zu Quellen und Grund-

wasserströmen versickert und alles Leben nährt. Meere bedecken drei Viertel unseres Globus, bestimmen mit ihren Strömungen das Klima der Erde und bergen in ihren Tiefen Geheimnisse, die noch weniger erforscht sind als der Weltraum. Doch nicht davon soll hier die Rede sein, sondern von dem vielfältigen Leben auf und an den Gewässern des Binnenlandes. Auf uns Menschen selbst übt das Wasser besondere Anziehungskraft aus – und auch viele Säugetiere und Vögel haben vom Festland aus die feuchte Heimat ihrer Urahnen zurückerobert, haben sich an ein Leben im und aus dem Wasser angepaßt, zum Teil so erfolgreich, daß sie äußerlich fast wieder zum Fisch geworden sind, wie etwa die Wale unter den Säugern und die Pinguine unter den Vögeln. Auch hier geht allerdings hochgradige Spezialisierung stets auf Kosten vielseitigen Könnens. Wenn es auf Vielseitigkeit ankommt, sind diejenigen Schwimmvögel am besten dran, die gleichzeitig noch gute Flieger und auch an Land nicht allzu unbeholfen sind.

Dieses »Erfolgsmodell« finden wir vor allem bei den Entenvögeln verwirklicht. Manche von ihnen sind dabei so erfolgreich, daß sie sogar mit den Veränderungen, die der Mensch mit seiner technischen Zivilisation verursacht hat, ausgezeichnet zurechtkommen. Ansonsten müssen wir uns heute gerade um das Wasser große Sorgen machen. Allzu bedenkenlos hat der Mensch die Gewässer zu Kloaken für seine Abfälle und Gifte mißbraucht, sie als Energiequelle durch Turbinen gejagt, als Transportwege zwischen Betondämme gezwängt und dabei ihre Qualität als Lebensgrundlage für eine Vielfalt von Mitgeschöpfen zerstört. Und zu spät begriffen, daß verseuchtes Trinkwasser, verdorrende Auwälder, versiegendes Grundwasser, gestörtes Klima allmählich für ihn selbst lebensgefährlich werden. Da scheint es tröstlich, daß ein ansehnlicher Vogel wie die Stockente offenbar nichts von düsteren Prognosen hält. In jedem Frühjahr weckt sie neue Hoffnung.

Frühlingsboten gibt es mancherlei in Wald und Flur, die uns mit ihren Stimmen, Farben oder

Vielfältiges Leben in gesundem Wasser: Froschlurche (Bild oben) paaren sich im Wasser und leben als Larven (Kaulquappen) mit Kiemenatmung wie Fische. – Manche Insekten haben sich ans Wasser angepaßt wie der langbeinige, räuberische Wasserläufer aus der Gruppe der Wasserwanzen, der hier gerade eine Fliege erbeutet hat (Bild Mitte). – Andere Insekten, wie die große Libellen-Verwandtschaft machen ihre Larvenentwicklung unter Wasser durch.

Sogar ein Greifvogel hat sich als Fischjäger spezialisiert: der Fischadler. Er brütet nicht mehr bei uns, kommt aber regelmäßig als Durchzügler an Flüsse und Seen.

Düften erfreuen und das Herz mit Zuversicht erfüllen. Zart und bescheiden regen sie sich zumeist, wie die Anemonen unter dem Haselstrauch, wie der Gaukelflug des ersten Zitronenfalters oder der Gesang des Rotkehlchens. Am Wasser aber, vom Ufer des Sees über den Wiesenbach bis hinaus an die Altwässer des großen Stroms, naht der Frühling gewalttätig mit Saus und Braus – unübersehbar, unüberhörbar auf den klingenden Schwingen der Stockenten und mit dem Klatschen und Platschen der bunten Erpel im aufschäumenden Wasser.

Reihzeit ist jetzt im März, und von ihrem Hochzeitsmonat hat die Stockente auch ihren anderen Namen: Märzente. In pfeilschnell sausendem Flug »reihen« die Enten; das heißt, sie folgen und verfolgen einander »nach der Reihe« zu zweit, zu dritt oder mehr. Meist eine braune Ente vorweg, gefolgt von bunten Erpeln. Oder auch Erpel unter sich im Verfolgungsflug vor oder nach schwingenklatschenden Wassergefechten. Das ist ein unaufhörlicher Wirbel hin und her, Eifersucht auf schnellen Schwingen. Dabei hat alles so gutbürgerlich brav begonnen im Spätherbst. In unauffällig zierlichem Balzreigen haben sich die Paare gefunden auf stillen Wassern unter Schilf und Uferbüschen. Treu haben sie im Winter zu zweit zusammengehalten; auch inmitten hundertköpfiger Scharen auf

den Überwinterungsgewässern haben Erpel und Ente einander nie aus den Augen und aus dem Sinn verloren, wie sich das für Verlobte so gehört. Gemeinsam haben sie das Winterquartier verlassen und sich irgendwo ein Brutrevier ausgesucht. Doch jetzt ist es auf einmal nichts mit Familiengründung in aller Stille. Jetzt gibt es Streit um Reviergrenzen und um die Braut des Nachbarn. Freche Junggesellen drängen sich dazu, und die Enten haben ihre Not, sich der stürmischen Freier zu erwehren.

Wenn die tollen Tage dieses Luft-und-Wasser-Karnevals vorüber sind, kehrt wieder Stille ein an den heimlichen Brutplätzen, deren Grenzen nun von den Nachbarpaaren respektiert werden. Die Ente legt ein Ei ums andere zum Gelege, doch ein komplettes Familienidyll wird nicht daraus. Sein buntes Hochzeitskleid zeigt schon an, daß der Erpel nicht zum treusorgenden Familienvater taugt. Kaum beginnt die Ente zu brüten im gemeinsam erwählten Nest unter Ufergebüsch oder manchmal auch weitab vom Wasser an einem Feldrain, empfiehlt sich der Erpel als Strohwitwer in die Sommerfrische an schilfreiche Seen, wo er mit seinesgleichen die Mauser durchmacht, ein neues Prachtkleid anlegt, um im Herbst wieder als Bräutigam zu glänzen. Bei den Enten ist eben manches anders.

Die Mauser spielt bei Vögeln die gleiche Rolle wie der Haarwechsel bei den Säugetieren: Die alte, abgenutzte und ausgebleichte Körperbedeckung wird erneuert. Federn wie Haare sind vergängliche Gebilde aus Hornstoff, die in regelmäßigen Abständen ersetzt werden müssen. Nur mit dem Unterschied, daß es dabei bei den Vögeln nicht allein um den Schutz und die Wärmeisolierung der Haut geht, sondern zugleich – bei den Schwung- und Stoßfedern – um den »Flugapparat«. Das Problem, diese großen Federn zu erneuern, ohne Beweglichkeit und Sicherheit einzubüßen, wird auf verschiedene Weise gemeistert. Bei vielen Vogelarten verläuft die Mauser allmählich über längere Zeit; es fallen immer nur einzelne Schwungfedern aus, und die nächsten »warten«, bis die Vorgänger wieder nachgewachsen sind. An den Schwingen fliegender Krähen zum Beispiel kann man solche »Mauserlücken« im Sommer gut sehen.

Mißbrauch und Überbeanspruchung: Gewässer als Kloake und Müllkippe; Gewässer als technisch genormte Vorfluter, Transportwege und Energiequellen; Gewässer als Objekte für Wassersport und Erholung in der Freizeit. Wo es so aussieht, finden Wildtiere kaum mehr Lebensstätten im Wasser und an den Ufern.

75

Die Stockente ist nicht wählerisch mit ihrem Nistplatz. Hauptsache: gute Deckung. Unbedeckt läßt sie das Gelege nur, wenn sie rasch flüchten muß. Die flaumigen Küken schwimmen als Nestflüchter sofort mit der Mutter und lernen, was an Wasserpflanzen und Kleingetier genießbar ist.

Bei den Enten ist es anders: Sie verlieren ihr Großgefieder (das sind die Schwung- und Stoßfedern) auf einmal und sind daher einige Wochen flugunfähig. Als Schwimmvögel können sie sich das leisten, vorausgesetzt, sie finden in dieser Zeit auf deckungsreichen Gewässern Zuflucht. Deshalb also suchen die Erpel bereits im Frühsommer Mauserquartiere in Schilfdickichten auf. Mausergesellschaften von Erpeln der Tauchenten fühlen sich auch auf großen offenen Wasserflächen sicher. Die weiblichen Enten mausern etwas später, nämlich erst, wenn sie ihr Gelege ausgebrütet haben und die Küken betreuen. Diese sind in ihrem Dunenkleid von

Anfang an gute Schwimmer, jedoch noch flugunfähig, brauchen also ähnlich deckungsreiche Kinderstuben, wo dann auch die Entenmutter ihr Gefieder erneuern kann.

Nicht nur die Schwung- und Stoßfedern werden gewechselt, sondern auch die übrigen Federn, das »Kleingefieder«, und zwar gleich zweimal: Bei den weiblichen Enten ist das unauffällig, aber bei den bunten Erpeln sehen wir, daß sie zu Beginn der Mauser ein schlichtes »Ruhekleid« anlegen, in dem sie kaum von den Weibchen zu unterscheiden sind. Dieses »Schlichtkleid« tragen sie aber nur solange, bis sie das Großgefieder gewechselt haben; dann wird das schlichte Tarngefieder, das ihnen während der Flugunfähigkeit zugute kam, abermals in ein neues »Prachtkleid« gewechselt.

Bei Enten und anderen Wasservögeln sind diese Vorgänge komplizierter als bei den meisten anderen Vogelarten. Die Vielzahl der Arten, dazu das verschiedene Aussehen der Geschlechter und der Wechsel von Schlicht- und Prachtkleid machen vielen Jägern auch über die Ausbildungszeit und Prüfung hinaus Kopfzerbrechen – Bescheid wissen muß aber jeder, der auf Wasserwild jagt; denn die Entenarten haben zum Teil unterschiedliche Jagdzeiten, und manche Arten sind völlig geschont.

Die vielseitige Anpassungsfähigkeit macht besonders die Stockente auch für die Jäger beliebt und interessant, wo nur irgendein Gewässer im Revier ist. Alle klagen über den Rückgang des Niederwildes, doch die jährlichen Jagdstrecken an Wildenten haben sich in 25 Jahren verfünffacht. Woran liegt das? Können wir bei den Enten unbedenklich aus dem vollen schöpfen, oder müssen wir uns Gedanken machen, ob uns der Entensegen auch künftig erhalten bleibt? Wie weit man aus Streckenzahlen (die jährliche Jagdbeute) auf die wirkliche Bestandsentwicklung schließen kann, das ist bei Enten so ungewiß wie bei anderem Wild. Aber es steht fest: Weniger können es auf keinen Fall geworden sein in den letzten 50 Jahren. Im Durchschnitt der Jahre 1936 bis 1939 wird (bezogen auf das heutige Bundesgebiet) eine jährliche Entenstrecke von rund 135 000 angegeben. Im ersten Nachkriegsjahrzehnt waren es auch noch nicht mehr. Aber schon 1963 werden 236 000 erlegte Wildenten verzeichnet. Fünf Jahre lang blieb es ungefähr dabei, dann kam 1967/68 ein erster Gipfel mit mehr als 530 000. Das folgende Jahrzehnt erreichte mit Schwankungen von rund 310 000 bis 450 000 diese Höhe nicht mehr ganz, aber dann, von 1980/81 an, steigen die Ergebnisse abermals: 500 000, 550 000, 670 000 markieren neue Gipfelpunkte. In den letzten Jahren liegen die Zahlen um 550 000 – also weiter sehr hoch.

An den Zahlen ist kaum zu zweifeln. Sie können eher als zu niedrig angesehen werden. Für Niederwild gibt es keinen vorgeschriebenen Abschußplan, also fällt für die Jäger die Versuchung weg, nicht erlegtes Wild nur auf dem Papier zu erbeuten. Außerdem ist unwahrscheinlich, daß die statistische Neugier der Jagdbehörden exakt mit Angabe jeder erlegten Ente befriedigt wird. Die veröffentlichten Streckenzahlen wird man also eher kräftig aufrunden können.

Woher die wundersame Entenvermehrung in einer Zeit, in der so viele andere Sumpf- und Wasservögel in ihrem Bestand bedroht sind? Zunächst darf aus der fünffachen Jahresstrecke nicht ohne weiteres geschlossen werden, der

So ein Entenbrutkorb ist ein sicherer Nistplatz. Er steht auf einem Pfahl im Wasser, und die Umkleidung mit Blech oder glattem Kunststoff ist für kletternde Neströuber wie Wanderratte und Iltis unüberwindlich. Auch Schellente und Gänsesäger nehmen solche künstlichen Nisthilfen an, und ab und zu bezieht sogar ein Waldkauz-Paar so eine Entenwohnung am Schilfufer.

Stockenten ziehen weit über Land – nicht nur von einem Gewässer zum anderen, sondern auch zum Einfall an günstigen Nahrungsquellen: Reifes Getreide, das von Wind und Regen niedergedrückt ist, Stoppelfelder, Äcker mit Hülsenfrüchten und Waldränder mit fruchtenden Eichen werden im Sommer von Stockenten besucht, sobald sie nach der Mauser wieder »beflogen« sind. Andere Entenarten sind weniger vielseitig und halten sich mehr an Gewässer und Ufer.

Entenbesatz habe sich seit 1939 tatsächlich verfünffacht. Denn wir müssen noch einen anderen Faktor berücksichtigen, der an den Jagdstrecken beteiligt ist: die Intensität der Bejagung. Diese ist zweifellos gewachsen. Nicht allein die Zahl der Jäger hat sich in den letzten 50 Jahren gut verdoppelt. Auch die Möglichkeiten, der Enten habhaft zu werden, haben sich zugunsten der Jäger verändert, obwohl es auf den ersten Blick so aussieht, als ob kürzere Jagdzeiten und eine zunehmende Zahl von völlig geschonten Entenarten die Jagd eher erschweren würden.

Wie war es denn früher? In alten Jagdgeschichten lesen wir, mit welchem Aufwand manchmal Entenjagd betrieben wurde. Schon die noch flugunfähigen »Rauherpel« während der Mauser im Juli wurden an großen Schilfseen geradezu generalstabsmäßig angegriffen. Da wurden Schußschneisen ins Schilf gemäht, Treiber, Hunde und Boote bereitgestellt, und der Jagderfolg war entsprechend hoch. Aber das waren Ausnahmen, wenige herrschaftliche Gutsjagden, über die eben deshalb berichtet wurde. Ein Sonderfall, der ebenfalls nicht verallgemeinert werden darf, war der Massenfang in »Entenkojen« in den Küstengebieten. Der Alltag der Wasserjagd sah anders aus. Den Aufwand einer Treibjagd sparte man sich lieber für die einträglicheren Hasenjagden. Die Enten waren nicht so begehrt, mangels schneller Transportmöglichkeiten und Kühltechnik auch gar nicht in großer Zahl zu verwerten und abzusetzen. Da blieb es meist bei gelegentlichen Stöberjagden im Schilfrand oder bei Gelegenheitsbeute für die eigene Küche. Die Wege waren weit und mühsam, die Flußufer unwegsam, die weiten Moore oft unbegehbar.

Die Jagd schöpfte nur einen kleinen Teil des Zuwachses am Rand der großen Wasserwild-Lebensräume ab. Und die Enten waren noch alle wild, nicht futterzahm verstädtert, und auch der Jäger selbst sparte im Revier an übermäßigem

Futteraufwand. Lieber sparte er auch gleich die Schrotpatronen für Massenstrecken, die er gar nicht hätte verwerten können.

Hätten sich die Jäger um 1930 mit heutigem Aufwand an Menschen und Material, koste es was es wolle, auf ihre Enten eingeschossen – es wären bestimmt auch damals mehr als nur 135 000 auf der Strecke geblieben. Denn größer als nur ein Fünftel des heutigen muß der damalige Entenbesatz wohl gewesen sein, aber er wurde nur extensiv genutzt. Der Rückschluß von Jagdstrecken auf Bestandszahlen ist reichlich spekulativ, doch lassen sich Tendenzen ablesen. Die stark steigende Tendenz seit 1960 kann nicht allein von intensiverer Jagd abhängen, der Entenbesatz muß tatsächlich zugenommen haben.

Die Wildenten – vor allem die Stockente, aber nicht sie allein – haben auf die Veränderungen, die der Mensch ihrem Lebensraum zugefügt hat, anders reagiert als andere. Auch sie verloren zwar die weiten Moore, die unverbauten, naturnahen Flußufer, die Ungestörtheit der großen Schilfwälder, die Geborgenheit vieler kleiner Wiesenbäche. Aber sie haben dank ihrer Anpassungsfähigkeit auch dazugewonnen: Viele Staugewässer wurden künstlich angelegt; Speicherseen und Rieselfelder haben sich ausgedehnt; die Fütterung durch tierfreundliche Menschen an Stadt-, Park- und Ausflugsgewässern hat stark zugenommen und – zusammen mit der Jagdruhe an solchen Orten – bewirkt, die Scheu vor Menschen abzubauen. So haben sich vielen Enten neue Lebensstätten erschlossen. Die seit jeher »dankbare« Entenhege wurde zum Allgemeingut der Jäger. Wo Gewässer ihre alte, deckungsreiche Uferstruktur verloren haben, bieten künstliche Nisthilfen Ersatz. Und wenn schon nicht an Schrotpatronen gespart wird – an Futter wird erst recht nicht gespart.

Die in letzter Zeit eifrig betriebene Wiedergutmachung an den so lange mißachteten und vergewaltigten »Feuchtgebieten« ist ein neuer, kräftiger Schub zugunsten der Enten, an der Spitze die besonders vielseitige Stockente. Ein kleiner Feld- oder Waldtümpel mit Uferbewuchs genügt ihr schon als Brutheimat. Den Ausschlag aber gab die Tatsache, daß allesfresserisch veranlagte Enten – an der Spitze wiederum die Stockente – zu den wenigen Geschöpfen gehören, die von der »Eutrophierung« der Gewässer profitieren. Statt Eutrophierung kann man auch einfach Verschmutzung sagen, Belastung mit organischen Abfällen, die als Düngung für den Algenwuchs wirken. So wurde aus klaren Forellenbächen und Krebsflüssen eine nahrhafte Brühe, die zwar den Forellen und Krebsen die Kiemen verstopft, in der die Enten aber ergiebiger denn je nach Wasserpflanzen und Kleingetier gründeln und tauchen können. Daß diese Entwicklung wirklich positiv auf den Entenbesatz wirkte, zeigten die Gegenprobe in unseren Tagen: Löbliche Maßnahmen, den Dreck im Wasser endlich zu vermindern, den

Bei der Entenjagd ist ein gut ausgebildeter, wasserfreudiger Hund unentbehrlich und für jede Art Jagd auf Wasserwild gesetzlich vorgeschrieben. Ohne ihn wäre der Jäger hilflos, wenn die getroffene Ente ins dichte Schilf fällt und vielleicht gar nicht tödlich verletzt ist: Nachsuche mit dem brauchbaren Jagdhund ist eine Forderung des Tierschutzes. Für den nur angeschossenen Vogel ist das schnelle Ende mit Schrecken humaner als ein qualvoll langsames Sterben.

Ans Wasser gebunden sind auch die Möwen. Sie sind bessere Flieger als Schwimmer und gar keine Taucher, doch von der Wasseroberfläche holen sie einen Großteil ihrer Nahrung. Als Allesfresser lebt die große Silbermöwe (oben) auch räuberisch von Eiern und Nestjungen anderer Seevögel. Im Binnenland kennen wir die Schwärme der Lachmöwen (rechts), die hinter dem Pflug nach Würmern suchen und die im Winter bis in unsere Städte kommen, wo sie an Brücken um Futter betteln. Sie gehören zu den wenigen Wildtieren, die von Abfällen und Gewässerverschmutzung profitieren.

Fischen wieder mehr Sauerstoff an die Kiemen zu bringen, haben manchen Fluß und See wieder klarer werden lassen. Nur für die Enten (und auch für die Bleßhühner) ist die für Krebs, Fisch und Mensch bessere Wasserqualität nicht mehr das rechte Schlaraffenwasser; ihr Besatz geht auf solchen Gewässern zurück. Gut möglich also, daß die klaren, naturnahen Gewässer vor 60 Jahren vielleicht nur die Hälfte der allesfresserischen Schwimmvögel ernähren konnten, die sich heute auf ihnen tummeln.

Ohne Zweifel werden die heutigen Entenbesätze aber auch intensiver von Jägern genutzt. Es gibt mehr Jäger, die meist weniger Zeit zum Jagen und nicht allzu viel Auswahl unter anderen Wildarten haben. Da sind die »dankbaren« Enten gerade recht – und ein Jagdgesetz, das nichts dagegen hat, wenn Schießkirrungen für Wildenten angelegt werden. Auf ein paar Zentner Mais oder Weizen kommt es nicht an. Diesem Magneten können Enten nicht widerstehen, und so wird ein Feldtümpel oder ein Baggerloch zum beuteträchtigen Füllhorn für allwochenendliches Trommelfeuer. Es ist nicht allein Beuteneid, der Inhaber »klassischer« Wasserwildreviere in Au und Schilf scheel auf derartige Entenabschußrampen blicken und herbe Kritik üben läßt. Keine Statistik meldet, wie groß der Anteil der Strecke ist, der dabei erzielt wird. Sicher ist er nicht gering, wie sich aus den besorgten Stimmen schließen läßt, die den Aderlaß für zu hoch halten.

Dabei ist aber diese Art der Entenjagd – vom jagdlichen Stimmungsgehalt einmal abgesehen – nicht einmal die schlechteste. Nur eben das massive Kirren und das Übermaß der Ausbeute machen sie anrüchig. Im Grund ganz ähnlich, aber kunstreicher und vernünftiger, ist der Ansitz dort, wo Entenscharen allabendlich im Sommer »feldernd« ins Getreide oder auf die Stoppel einfallen und wo dann der Landwirt gern die Flinten an seinem Weizenfeld knallen hört. Beliebt ist auch die Jagd auf dem »Einfall«, wenn in der Abenddämmerung Enten von weit her auf ein Gewässer einfallen und der Jäger in einem versteckten Ansitzschirm auf sie lauert.

Das sind die richtigen Jagdarten für den Beginn der Jagdzeit auf Stockenten im September. Geschossen werden dabei nur Enten, die bereits – als flügge Jungenten oder nach Abschluß der Mauser – »beflogen« sind und weitab vom Brutgewässer oder Mauserquartier bejagt werden können. Könnte man die Jagd generell nicht nur zeitlich, sondern auch örtlich begrenzen – unsere Jagdzeitenverordnung könnte die Jagd auf Stockenten auf diese Weise getrost schon im August freigeben. Vor der Getreideernte würde das auch Wildschäden verhüten.

Das Hinausschieben des Beginns der Jagdzeit (für die Stockente auf den 1. September, für die übrigen Arten, soweit sie überhaupt bejagt werden dürfen, auf den 1. Oktober) hat seinen Grund in einer berechtigten Sorge: Bis in den September hinein gibt es im Uferschilf noch immer unbeflogene Jungenten und mausernde Mutterenten, die so lange flugunfähig sind. Manche selteneren Entenarten sind damit einige

Wochen später dran als die Stockente. Verfrühte Stöberjagden im Schilf könnten diese Kinderstuben stören, manche Mutterente ums Leben bringen. Überhaupt sind Schilfbestände schützenswerte, weil vielfach gestörte und bedrohte Lebensräume auch für viele andere Arten. So spannend das Stöbern mit einem guten Wasserhund in Schilf und Röhricht auch ist – gerade der Jäger muß dabei an mehr denken als an die paar Enten, die er dabei erbeuten will. Daher ist es die bessere Jagdstrategie, die Enten auf dem Schilfgewässer möglichst in Ruhe zu lassen und sie stattdessen hauptsächlich dort zu bejagen, wo sie landeinwärts zur Äsung oder auf offenes Wasser einfallen.

Der Jäger kann in seinem Revier den eigenen Brutbesatz an Enten am schnellsten ruinieren, indem er seine paar Schilftümpel und Bachufer vom 1. September an allwöchentlich bestöbert. Das fällt nur deshalb nicht gleich auf, weil die leergejagte Stätte bald neuen Zuzug erhält. Die

Bläßhühner leben fast so wie Tauchenten, doch sie sind weder Enten noch »Hühner«, sondern die größte und am meisten als Schwimmer und Taucher spezialisierte Art der Rallenvögel, die früher »Wasserhühner« genannt wurden. Sie haben die gleiche Jagdzeit wie die Stockente, sind aber wegen ihres tranigen Geschmacks als Jagdbeute wenig beliebt. Bläßhühner überwintern auf großen Seen oft in riesigen Scharen. Sie tauchen nach Algen und anderen Wasserpflanzen und gehen wie die Stockenten an Futterplätze.

Zierliches Menuett auf dem Wasser: Balzspiel eines Haubentaucher-Paares im Frühjahr. Taucher sind hochspezialisierte Unterwasser-Fischjäger, die ihr ganzes Leben auf dem Wasser verbringen. Ihre weit hinten stehenden »Steißfüße« taugen nicht mehr zum Laufen an Land. Beim Tauchen »fliegen« sie sozusagen unter Wasser, indem sie ihre schmalen Flügel flossenartig zum Rudern einsetzen. Selten, und nur um bei Nahrungsmangel oder auf der Flucht vor dem Winter andere Gewässer aufzusuchen, fliegen sie unbeholfen durch die Luft. Als Fischereischädling wurde der Haubentaucher früher stark verfolgt. Seit er ganzjährige Schonzeit hat, sind auf unseren größeren Gewässern Brutpaare im Sommer und Überwinterungs-Gesellschaften vom Herbst an wieder öfter zu beobachten.

als der Skiläufer an der Rotwildfütterung. Auch im Herbst und Winter sind deshalb Strich und Einfall abseits der großen Rastgewässer die weniger bedenkliche Möglichkeit. Und wenn schon Gesellschaftsjagd am Wasser, dann lieber einmal richtig ernten und dann wieder Ruhe. Enten kennen keine Reviergrenzen. Deshalb ist es gut, großräumige Jagdstrategien zu entwikkeln, wenn die Jäger Freude und Nutzen an der Entenjagd behalten wollen, ohne dauernd in Abwehrgefechten mit Wassersportlern und fütternden Vogelfreunden zu liegen. Gewässer sind nun einmal zu bevorzugten Erholungsgebieten geworden. Daß sich einige Arten von Schwimmvögeln so gut damit vertragen, ist für

Enten ziehen nach der Mauser weit umher, und allmählich kommen Durchzügler und Gäste aus dem Norden dazu. Damit füllen sich im Herbst die größeren Rastgewässer, auf denen Scharen von Wintergästen Zuflucht finden. Nordische Tauchenten fallen uns als Fremdlinge auf, aber auch unter den vertrauten Arten, die bei uns brüten, können nicht alle Stock-, Reiher- und Tafelenten, die wir jetzt sehen, Einheimische sein. Viele kommen von weit her, manche bleiben ihrer Brutheimat treu. Auf schnellen Schwingen können sie sich rasch entscheiden, je nach Wetter und Nahrung ihr Quartier zu wechseln.

Winterquartiere und Rastgewässer sind oft große, offene Stauseen. Vor allem Tauchenten und Bleßhühner können ihre Nahrung tauchend aus größeren Wassertiefen heraufholen, und manche Schwimmenten profitieren davon. Stockenten streichen auch im Winter oft weit über Land zu Äsungsplätzen, wenn die Felder noch schneefrei und Kleingewässer noch offen sind. Große Überwinterungsgewässer zu bejagen ist problematisch. Störung und Vertreibung stehen meist in keinem vernünftigen Verhältnis zum Nutzeffekt. Die tierfreundliche Bevölkerung ist dann gleich aufgebracht, und kundige Vogelfreunde üben fundierte Kritik. Schließlich wirkt der Schuß am Rastgewässer nicht anders

alle Beteiligten nur erfreulich, also soll auch dem Jäger sein Anteil gegönnt sein.

Vernünftig betriebene Jagd schadet den Enten nicht, das zeigen die steigenden Streckenzahlen. Vernünftig betriebene Hege kann ihnen gewaltig nützen, das zeigen die vielen »Lebensräume aus zweiter Hand«. Was sich mit großzügiger Gestaltung von Lebensstätten, Brut- und Rastgewässern erreichen läßt, beweist ein Beispiel aus den USA, wo eine große Organisation von Jägern und Naturfreunden sich dieser Sache annimmt. Ihr Name »Ducks Unlimited« ist mittlerweile auch in Europa bekannt und findet Nacheiferung. Von den unbegrenzten Möglichkeiten im Lande Donald Ducks auf unsere bescheideneren Möglichkeiten übertragen, bliebe immer noch genug zu erreichen, um die unnützen Reibungswiderstände zwischen Entenjagd und Vogelschutz in gemeinsame Zugkraft zur Gestaltung von Wasserwild-Lebensräumen umzumünzen.

Die Entenjagd war bestimmt schöner vor 60 oder 80 Jahren im einsamen Schilfwald oder im weiten Heidemoor, ganz ohne Strategie und Management. Aber die Zeiten kriegen wir nicht wieder; dafür müßten wir auf viel mehr verzichten als auf vier Fünftel der jetzigen Entenstrecke.

Nicht immer nur Stockenten

Die Stockente spielt nicht nur für die Jagd die Hauptrolle. Sie ist auch die wilde Stammform unserer Hausenten und kreuzt sich deshalb auch ohne weiteres mit Hausentenrassen. Dabei verwischen sich manchmal die Grenzen zwischen Wildtier und Domestikationsprodukt, wie wir an den vielen »fehlfarbenen« Enten auf unseren Parkgewässern sehen. Da gibt es alle möglichen Stadien der Weißscheckung bis zu fast weißen Exemplaren, aber auch übermäßig dunkle Formen und Abweichungen in der Körpergröße. Und wie das Aussehen, so wird auch das natürliche Verhalten des Wildtieres durch

Viel kleiner als der etwa entengroße Haubentaucher ist der Zwergtaucher (Bild oben) – kaum größer als eine Amsel. Wie alle Taucher, brütet er auf einer schwimmenden Insel aus verrotteten Schilfstengeln. Junge Taucher schlüpfen praktisch im Wasser aus dem Ei und folgen sofort schwimmend den Eltern. Wenn die Kleinen müde sind, nehmen sie auf dem Rücken der Eltern Platz (Bild links: Haubentaucher-Paar mit Jungen). So machen sie auch die Tauchpartien der Eltern mit. Die Brutplätze am äußeren Schilfrand der Seen sind durch unvernünftige Wassersportler gefährdet. Im Herbst wechseln die Taucher ihr buntes Prachtkleid (bei beiden Geschlechtern gleich) in ein schlichtgraues Ruhekleid.

Unter den Gründelenten ist die Löffelente (Bild oben) der Stockente am ähnlichsten. Sie hat den relativ größten und breitesten Schnabel unter allen Enten – der vollendete »Seihapparat«, um Nahrungspartikel aus Wasser und Schlamm herauszufiltern. Die Löffelente kommt weit verbreitet, aber nirgends häufig an unseren Binnengewässern vor. Sie hat ganzjährige Schonzeit. »Halbente« wird die Krickente (Bild unten) auch genannt, weil sie nur halb so groß ist wie die Stockente. Der nicht sehr große heimische Brutbestand bekommt im Herbst reichlich Zuzug von nordischen Wintergästen, so daß dann die Krickente an manchen Gewässern die zweithäufigste Gründelente gleich nach der Stockente ist. Der Jäger muß ein hervorragender Schütze sein, um die kleine Ente in ihrem reißenden Flug zu treffen.

die »Wohlstandsverwahrlosung« am stets gefüllten Futterplatz in Mitleidenschaft gezogen. Es fehlt die natürliche Auslese.

Ein Irrweg jagdlicher Entenhege ist es deshalb auch, freilebende Stockentenbesätze mit »Hochbrutflugenten« zu vermischen. Der Vogel mit dem komplizierten Namen ist eine kleine, der Wildform zwar sehr ähnliche, aber eben doch nicht mehr ganz »echte« Hausentenrasse. Sie läßt sich leicht züchten und in Massen auf kleinen Gewässern ansiedeln, weil sie gern künstliche Nisthilfen annimmt. Bei guter Fütterung lassen sich so Entenscharen in ganz unnatürlicher Dichte für die spätsommerliche Entenjagd heranziehen. Je kleiner das Gewässer, de-

sto mehr geht das zu Lasten der Lebensmöglichkeiten für andere Wasserbewohner, ganz abgesehen davon, daß das Heranzüchten von Flintenfutter nichts mit Wildhege zu tun hat, wenn wir unter Wild wirklich das Wildtier als Glied einer natürlichen Lebensgemeinschaft verstehen. Eine andere Definition kann sich die Jägerei heute kaum mehr leisten, und deshalb sind »Geflügelzuchten« dieser Art – seien es Enten oder Fasane – heute nicht mehr so im Schwang wie früher einmal.

Die Entenverwandtschaft ist so bunt und vielgestaltig, daß sie es nicht verdient, ins Hintertreffen zu geraten. Der Stockente am nächsten stehen die übrigen Schwimm- oder Gründelenten. Sie heißen so, weil sie ihre Nahrung nach der Methode »Köpfchen in das Wasser, Schwänzchen in die Höh« aus seichtem Wasser herausholen. Sie sind alle gute Flieger und, wenn sie vom Wasser auffliegen, »Senkrechtstarter« wie die Stockente, auch wenn sie nicht so oft und weit Nahrungsquellen weitab von Gewässern nützen. Löffelente, Schnatterente und Spießente sind nur wenig kleiner als die Stockente. Die schlichtbraunen Enten sehen einander recht ähnlich, nur die Erpel im Prachtkleid unterscheiden sich auf den ersten Blick. Als »Halbenten« eine Nummer kleiner sind Krick- und Knäkente. Sie alle sind bei weitem nicht so häufig wie die Stockente, doch ebenfalls Brutvögel an Binnengewässern und mehr in Mittel- und Osteuropa beheimatet als im Norden.

Nur die kleine Pfeifente macht eine Ausnahme; sie ist als einzige Gründelente hochnordischer Brutvogel und kommt nur im Winter, dann aber in großen Scharen, an die Nordseeküste. Darin gleicht sie den meisten Vertretern der zweiten Entengruppe, den Tauchenten, die hauptsächlich als Wintergäste aus dem Norden zu uns kommen. Mit Ausnahmen: Tafel- und Reiherente brüten weit verbreitet an unseren Binnengewässern und sind nächst der Stockente unsere häufigsten Wildenten. Auch sie bekommen im Herbst Zuzug von Wintergästen aus Norden. Auch die seltene Kolbenente kommt an süd-

deutschen Seen als Brutvogel vor. Ganz aus der Tauchenten-Art geschlagen ist die schlicht kaffeebraune Moorente; sie ist ein Südosteuropäer, der bei uns die Nordwestgrenze seiner Verbreitung erreicht.

Tauchenten sind gleich von Gründelenten zu unterscheiden, auch wenn wir sie auf weite Entfernung auf einem See durchs Fernglas betrachten. Sie sind kompakter gebaut, mit weniger langem Hals, liegen tiefer im Wasser, und weil sie keine so guten Flieger sind, müssen sie vor dem Auffliegen einen kleinen Anlauf übers Wasser nehmen. Dafür holen sie Nahrung tauchend aus tieferem Wasser, so daß ihr Tisch im Winter noch gedeckt ist, wenn die Flachwasserzonen zugefroren sind und Gründelenten deshalb weiterziehen müssen. Gründelenten können übrigens auch tauchen, aber sie tun es nicht zur Nahrungssuche, sondern nur als Fluchtverhalten vor Feinden, vor allem zur Mauserzeit, wenn sie flugunfähig sind.

Noch weiter fortgeschritten ist die Anpassung ans Wasserleben bei einer Gruppe der Tauchenten, die als Meeresenten fast nur an den Küsten von Nord- und Ostsee daheim sind, auch auf küstennahen Binnenseen, und die sich nur selten einmal als Wintergäste weiter ins Binnenland verirren. Zur hauptsächlichen Nahrung von Eiderente, Samtente, Trauerente und Eisente gehören Muscheln, die sie tauchend vom Meeresgrund holen, und ihre Mauserperiode verbringen sie auf offener See.

So zeigen die Enten bei allen Ähnlichkeiten doch ein erstaunlich weites Spektrum der Anpassung an die unterschiedlichsten Lebensbedingungen, und wenn sich auch keine an Vielseitigkeit und Verbreitung mit der Stockente messen kann, so gibt es doch keinen Gewässertyp, vom Wiesenbach bis zum Wattenmeer, der nicht von Enten erobert worden ist.

Vielfalt der Wintergäste: Tafelente (oben) und Reiherente (unten, dabei ein Bläßhuhn) sind unsere häufigsten Tauchenten; viele brüten auch an unseren Seen. Die Schellente (unten links) ist ein nordischer Brutvogel, der bis Schleswig-Holstein vorkommt. Bereits im Winterquartier macht der Erpel seiner Ente mit typischen Verrenkungen den Hof.

Weiße Riesen und graue Scharen

Auf den kleinen Unterschied kommt es an: Höckerschwan (rechts) und Singschwan (oben) unterscheiden sich am auffälligsten am Schnabel. Beim Höckerschwan ist er rot mit deutlich abgesetztem schwarzem Stirnhöcker; beim Singschwan (und auch beim ähnlichen, aber kleineren Zwergschwan) gelb mit schwarzer Spitze und ebenem Stirnprofil. Die Unterscheidung ist wichtig, wenn im Herbst Höckerschwäne bejagt werden, während bereits Singschwäne als Wintergäste aus dem hohen Norden eingetroffen sind. Denn nur der sehr häufige Höckerschwan darf in manchen Bundesländern bejagt werden.
Es gibt nur wenige Wildtiere, die wie die Schwäne ganzjährig ein rein weißes Kleid tragen – etwa Schneegans und Silberreiher unter den Vögeln, Schneeziege und Eisbär unter den Säugetieren. Sonst kommt Weiß nur in Winterkleidern oder als Abnormität vor. Der Schwan ist groß und stark genug, um sich die Auffälligkeit leisten zu können.

An unseren Gewässern gibt es außer den Stockenten noch andere Schwimmvögel, deren Entwicklung dem sonst allgemein zu beklagenden Artenschwund entgegenläuft. Eines der erstaunlichsten Beispiele ist der Höckerschwan. Der »weiße Riese« kam als Wildvogel ursprünglich nur auf osteuropäischen Seen vor; etwa die Ostseeküste war die Westgrenze seiner spärlichen Verbreitung. Als halbzahmer Parkvogel wurde er in ganz Europa gern auf Schloßteichen und in Parkanlagen gehalten. Von hier aus verwilderten die Höckerschwäne nach dem zweiten Weltkrieg mit verblüffender Schnelligkeit. Heute sind sie gewohnte Erscheinungen auf allen Gewässern vom Bodensee bis zu kleinen Flüßchen und Baggerweihern.

Ihre Anhänglichkeit an Menschen haben die verwilderten Schwäne bewahrt; im Winter kommen sie auf Flüssen und Seen in großen Scharen an die Futterplätze. Da so die harte natürliche Auslese durch Winterverluste ausfällt, müssen andere Engpässe die Bestandsregulierung übernehmen. Das sind in erster Linie die Konkurrenz um Brutplätze und die begrenzte Nahrungsgrundlage im Sommer. Die Konkurrenz der territorialen Brutpaare führt dazu, daß es in überbesetzten Beständen nur mehr wenig Nachwuchs gibt, und wenn die Schwäne die mit ihrem langen Hals erreichbaren Wasserpflanzen bis etwa anderthalb Meter Tiefe abgeweidet haben, müssen sie sich um andere Weidegründe umsehen. Doch beide Regulative grei-

Nur zwei Wildgansarten sind heimische Brutvögel: die altansässige Graugans (oben), von der unsere Hausgans abstammt, und neuerdings auch die aus Nordamerika eingebürgerte Kanadagans (unten). Die großen Scharen von Wintergästen – meist Saat- und Bläßgänse sowie an der Küste Ringel- und Nonnengänse – kommen aus ihren Brutgebieten um den Polarkreis zu uns. Ihre Nahrung suchen Gänse als »Weidetiere« auf Grünflächen.

fen erst, wenn der Lebensraum bereits überbeansprucht ist, zumal die Nahrungsbasis auch im Sommer an vielen Gewässern durch fütternde Tierfreunde aufgebessert wird.

Durch das radikale Abweiden der Unterwasserflora beeinträchtigen die Schwäne vor allem an kleineren und flachen Gewässern die Lebensgrundlagen für andere Glieder der Lebensgemeinschaft (Laichplätze für Fische, Nahrung für Enten), auch zum Mißvergnügen der Fischer. Der Angelpunkt der Misere ist das unvernünftig übertriebene Füttern, und deshalb dürften gerade solche Tierfreunde es dem Jäger nicht verargen, wenn er sein Recht wahrnimmt, einen Teil des Überflusses zu nutzen und dadurch auch etwas dazu beizutragen, die Überzahl der Höckerschwäne zu verringern.

Doch Schwanenjagd ist nicht beliebt, weil es auch den meisten Jägern widerstrebt, die zutraulichen Vögel zu schießen (und sich deshalb mit Tierfreunden herumzustreiten). Außerdem hat Schwanenjagd bei uns keine Tradition, und die Jagdbeute ist nicht besonders gut verwertbar. Genießbar sind eigentlich nur junge Schwäne, die zwei bis drei Jahre lang ein graues Jugendkleid tragen. Von den Altvögeln lassen sich Federn für Federbetten rupfen, ähnlich den Gänsedaunen. Doch wer macht sich schon die Mühe. So wird der große Kulturfolger, der bei uns außer gelegentlichen Eierdieben unter Ratten, Krähen und Füchsen keinen natürlichen Feind hat, wohl auch weiter seine Chance voll nutzen können, die darin liegt, daß Tierliebe bei den meisten Menschen nicht mit Verständnis für ökologische Zusammenhänge gekoppelt ist.

Echte Wildvögel dagegen sind seine hochnordischen Verwandten, der Singschwan und der Zwergschwan. Sie kommen nur als Wintergäste aus ihren subarktischen Brutgebieten an unsere Meeresküsten und größere Binnenseen.

Nächst den Schwänen sind die Gänse die größten Schwimmvögel. Unter ihnen ist nur die Graugans Brutvogel in Mitteleuropa, und auch sie hat nach dem zweiten Weltkrieg einen Aufschwung erlebt. Die Reste ursprünglichen Vorkommens an flachen, schilfreichen Seen der Norddeutschen Tiefebene waren stark bedroht. Viele Naturfreunde und Jäger machten sich Gedanken, wie sie die Graugans erhalten könnten. Der Vogel wurde populär; schließlich ist er die Stammform unserer Hausgänse, und durch Konrad Lorenz wurde er zum besterforschten Paradevogel der Verhaltensforschung. Graugänse in Gefangenschaft zu züchten ist also nicht schwer. Das war der Ausgangspunkt zahlreicher Aussetzungs- und Einbürgerungsaktionen. Weil die gezüchteten Vögel wenig Scheu vor Menschen haben und diese Erfahrung auch an ihre Nachkommen weitergeben, konnten viele neue Lebensräume besiedelt werden, die für »echte«

Wildgänse nicht mehr geeignet wären. Die Graugans zeigte sich ähnlich anpassungsfähig wie die Stockente.

Die Kehrseite der erfreulichen Medaille ist, daß viele der Neubürger ihr natürliches Zugverhalten eingebüßt haben und futterzahm den Winter über bei uns bleiben. Das ist vielleicht kein zu hoher Preis dafür, daß wir den herrlichen Vogel in der Kulturlandschaft überhaupt erhalten können. Aber es zeigt die Problematik auf, die darin liegt, daß anpassungsfähige und gelehrige Wildtiere leicht Gefahr laufen, ihre Wildtiereigenschaften einzubüßen, wenn sie intensiv von Menschen betreut werden. Nicht zufällig sind das vor allem solche Arten, aus denen früher Haustiere geworden waren.

In der letzten Zeit haben aber auch andere Wildgansarten einen Aufschwung erlebt. Nicht nur die aus Nordamerika bei uns eingebürgerte und ähnlich wie der Höckerschwan verwilderte Kanadagans. Auch die nordischen Gänse, die nur im Winter zu uns kommen, profitieren offenbar von günstigeren (klimatischen?) Bedingungen in ihren hochnordischen Brutgebieten. Die grauen Scharen der Saat- und Bleßgänse überwintern vor allem am Niederrhein, von Ostfriesland bis Holland. Die kleineren, schwarzbunten Meeresgänse – Ringel- und Nonnengans – drängen sich im Winter im Küstensaum des Wattenmeeres zusammen. Das bringt Ärger mit der Landwirtschaft. Gänse sind Weidetiere, die nur den Sommer über paarweise auf Gewässern ihre Brut großziehen. Nach der Brutzeit vagabundieren sie weit umher, die Familien schließen sich zu größeren Scharen zusammen, darunter auch viele »Nichtbrüter« (Gänse gründen kaum vor ihrem dritten Lebensjahr eine Familie), und schließlich versammeln sich alle aus dem riesigen nordischen Brutareal im engen Überwinterungsraum.

Dort brauchen sie flache Binnenseen nur als sicheres Nachtquartier; die Nahrung suchen sie ausschließlich auf Grünland und Saat, die sie intensiv abweiden. Dabei kennen wir von den Hausgänsen den lebhaften Stoffwechsel: Die Ausscheidungen der Hunderttausende wirken nicht nur als Dünger für das Grünland, sondern tun oft zuviel des guten und verderben dem Weidevieh den Appetit. Während Natur- und Vogelschützer darauf dringen, die überwinternden Scharen möglichst ungestört zu lassen, laufen Landwirte Sturm wegen der Wildschäden auf ihren Wiesen, Weiden und Saaten, und die Jäger stehen Gewehr bei Fuß zwischen den Fronten. Denn Wildgansjagd darf in den meisten deutschen Bundesländern nicht mehr stattfinden oder ist allein auf die einheimische Graugans beschränkt.

Die Sache ist nicht einfach, wie immer, wenn Wildtiere mit großräumigen und großzügigen Lebensgewohnheiten in unserer kleinkarierten Nutzlandschaft zurechtkommen sollen.

Naturnahes Gewässer mit seiner eigenen Pflanzen- und Tierwelt – seinem geheimnisvollen Reiz als Urquell allen Lebens können wir uns nicht entziehen. Längst bevor unsere Wissenschaft in seine Tiefen eingedrungen ist, hatten es unsere Ahnen mit Nymphen, Nixen und Quellgeistern beseelt.

89

Die Heimlichen in Bruch und Moor

Rückkehr des Wassers in die Landschaft ist der entscheidende Schritt, um wieder gutzumachen, was dem »ausgebluteten« Land seit Jahrzehnten angetan wurde. Oft genügt es schon, einen alten Entwässerungsgraben zuzuschütten, und ein sterbendes Waldmoor, ein ausgetrockneter Bruchwald lebt wieder auf. Birken, Kiefern und Fichten, die auf dem Trockenen Fuß gefaßt haben, sterben ab. Das sieht vorübergehend nicht schön aus, ist aber nötig, um den früheren Zustand wieder herzustellen. Birken, Kiefern und Fichten gibt es ringsum noch genug.

Der Kranich braucht das unwegsame Moor, um einen sicheren Brutplatz zu finden. Der große Vogel hat mit Reihern und Störchen nur einige Äußerlichkeiten gemeinsam, die Stelzbeine und den langen Hals. Verwandt ist er eher mit den Rallen. Seinen Horst baut das Kranichpaar am Boden in dichtem Bewuchs. Kraniche baumen nie auf. Der weithin schallende Trompetenruf kündet ihre Rückkehr ins Brutrevier. Der lockere Federbuschen am Hinterende hat nichts mit dem Stoß zu tun; es sind verlängerte Oberflügel-Deckfedern, imponierender Schmuck für den Balztanz.

Wasser prägt die Landschaften in verschiedener Weise. Quelle, Rinnsal, Bach, Fluß, Strom, Tümpel, Weiher, Teich, See – vielfältig sind die Formen fließender und stehender Gewässer. Sie alle bilden besondere Lebensräume, haben ihre charakteristischen Bewohner. Für viele Tiere, die nicht ausschließlich die Weiten und Tiefen der Gewässer bewohnen, haben die Rand- und Übergangszonen besondere Bedeutung. Der Bewuchs mit Schilf und Röhricht macht die ufernahen Flachwasserzonen erst für viele Gefiederte bewohnbar. Das Wasser schützt vor vielen Feinden, die an Land auf leisen Pfoten schleichen; der Schilfwald verbirgt Gelege und Küken vor den scharfen Augen der Luftjäger. Im Schilf, wo Wind und Wellen zur Ruhe kommen, wo sich Schlick und Treibgut sammeln, wo Fische laichen und sich Kaulquappen tummeln und Insekten schwärmen, gibt es Nahrung im Überfluß.

Randzonen, wo verschiedenartige Lebensräume aneinandergrenzen, bieten immer besonders

vielgestaltige Lebensmöglichkeiten. Das sehen wir schon an umbuschten Waldrändern, wo viel mehr Tiere ihr Auskommen finden als draußen in der offenen Flur oder drinnen im finsteren Wald. Wieviel mehr dort, wo Land, Schilf und Wasser zusammenstoßen und außerdem die Oberfläche und der flache Grund von Gewässern zur horizontalen noch eine vertikale Grenzlinie bilden. Das gilt ganz besonders für Landschaftsformen, wo sich das feuchte und das feste Element so vielgestaltig verzahnen wie in

So viele Kraniche auf einmal sind nur auf den Rastplätzen zu sehen, wo sie sich zur Zugzeit im Frühjahr und Herbst sammeln. Jetzt vereinigen sich die einzelgängerischen Paare und ihre Jungen zu ziehenden Scharen, die in keilförmiger Flugformation von Skandinavien bis nach Nordafrika ziehen. Unsere wenigen deutschen Kraniche schließen sich den Durchzüglern an. Bei der Rückkehr im Frühjahr regt sich Balzstimmung in der rastenden Schar.

den Bruchwäldern und Mooren und in den Überschwemmungszonen der Auwälder entlang der Flüsse.

Es sind allesamt höchst gefährdete Lebensräume. Während die offenen Gewässer wegen ihrer Nutzbarkeit zwar vom Menschen technisch gezähmt, verbaut und umgeformt wurden, aber als solche erhalten geblieben, ja viele sogar neu angelegt worden sind, galten die Moore und Bruchwälder lange Zeit als unnützes Ödland, das trockengelegt und nutzbringend kultiviert werden mußte. Die Landeskultur hat sich damit neben wenig ertragreichen Äckern und Wiesen, die ihren Besitzern längst keine sichere Existenz mehr gewähren, und der überholten Energiegewinnung aus Torfabbau allerhand Sorgen um Bodenfruchtbarkeit, Grundwasserschwund, Hochwasserregulierung und Kleinklima eingehandelt. Und außerdem viele seltene, eigenartige Tiere gefährdet, die in Erlkönigs spukumwitterten Gefilden zu Hause sind.

Fanfarenklänge und Flötentöne

In der ostelbischen Weite und Stille des Herzogtums Lauenburg, wo Schleswig-Holstein an das alte Mecklenburg grenzt, wird der Frühling von einem stattlichen Herold mit Fanfarenklängen empfangen: Die Kraniche trompeten schallend und führen dazu ihre graziösen Balztänze auf. Wenn man sie beobachten will, muß man dorthin in den nordöstlichen Winkel unserer Bundesrepublik fahren; denn nur noch dort – einschließlich einem kleinen Teil des nördlichen Niedersachsens – haben die großen grauen Stelzvögel überlebt. Einst waren sie in allen Niederungen so häufig, daß im 18. Jahrhundert sogar Verfügungen erlassen wurden, sie als gefräßige Kostgänger an Getreide und Kartoffeln zu vertreiben und zu verfolgen. Denn der Kranich ist keineswegs »Kulturflüchter«.

Nach der Brutzeit führt das Paar seine ein oder zwei flaumigen Küken auf Viehweiden zwischen

schwarzbunten Kühen nach Insekten und Gewürm aus. Später finden sich die Familien auf Stoppelfeldern und Kartoffeläckern zur Nachlese zusammen und sammeln sich zum großen Zug in die afrikanischen Winterquartiere. Wenn sie im Frühjahr trompetend zurückkehren, tanzen sie schwingenschlagend auf Wiesen und Saatfeldern und lassen sich nicht stören, wenn hundert Meter weiter der Straßenverkehr rollt oder ein Bauer seinen Acker pflügt. Die empfindliche Phase im Leben der Kraniche ist die Brutzeit. Ihr stattliches Nest aus Stengeln und Reisern bauen sie am Boden, möglichst unzugänglich im Schilf oder auf einer kleinen Insel im Moor. Dort wollen sie unbedingt Sichtdeckung und Ruhe haben. Heimlich schleichen sich die großen Vögel zur Brutablösung und nehmen jede Störung während der vierwöchigen Brutzeit übel. Dann machen die Altvögel auch ihre Mauser durch und sind flugunfähig.
Groß und einsam braucht das Moor nicht zu sein. Sogar in verblüffend kleinen Waldmooren brüten Kraniche erfolgreich, wenn sie nur vor unmittelbarer Beunruhigung sicher sind. Je unwegsamer und schwankender der Boden, desto besser; denn dann sind Eier und brütende Altvögel auch sicher vor Wildschweinen, Fuchs und Dachs. Solchen Nesträubern fallen Gelege in trockenen Jahren häufig zum Opfer. Deshalb heißt Kranichschutz vor allem: für Rückkehr des Wassers in Bruch und Moor sorgen, und zur Brutzeit Störungen fernhalten. In einer Gegend, die zwar zum Glück noch immer weit vom großen Rummel entfernt ist, aber doch land- und forstwirtschaftlich intensiv genutzt wird und einen »aufstrebenden Fremdenverkehr« pflegt, war das nicht so einfach. Daß es gelang, ist ein Musterbeispiel dafür, was sich erreichen läßt, wenn alle Beteiligten zusammenhelfen. Naturfreunde, Jäger, Landwirte, Forstverwaltung unterstützen gemeinsam das vom WWF geleitete Kranichschutzprogramm und freuen sich darüber, daß im August/September hier und da wieder Kraniche mit ihren Jungen auf den weiten Fluren stehen und sich im Morgengrauen mit lauten Fanfarenklängen begrüßen. Nicht sel-

Auf breiten, langen Schwingen ist der Kranich ein mächtiger Ruderflieger, aber kein Segler wie der Storch.
Im Spätsommer führt das Kranichpaar sein Junges (manchmal sind es auch zwei) zur Nahrungssuche auf Wiesen und Äcker. Jetzt sind sie bei weitem nicht mehr so menschenscheu wie während der Brutzeit. Nachlese auf Getreidestoppel und Kartoffelfeldern steht auf dem Speiseplan.

*Das kreisende Flugbild der Milane ist am Himmel über Fluß- und Seeniederungen oft zu sehen. Ihren Horst haben die großen Greife auf hohen Bäumen in Auwäldern. Trotz ihrer stattlichen Erscheinung sind sie keine geschickten Jäger. Mit ihren relativ schwachen Fängen sammeln sie Kleingetier – vom Regenwurm bis zu Frosch und Maus, im Frühjahr auch Jungvögel – und sind fast nach Geierart Aas- und Abfallverwerter. Gern suchen sie die Ufer nach toten Fischen ab. Wie der Mäusebussard haben auch die Milane gelernt, die Ränder unserer Schnellstraßen nach Verkehrsopfern abzuspähen. Dieser Rotmilan macht mit gespreiztem Stoß sein Hauptmerkmal unkenntlich: den eingekerbten »Schwalbenschwanz«, der ihm den Namen »Gabelweihe« eingebracht hat. Sein etwas kleinerer und dunklerer Vetter, der Schwarzmilan, hat einen weniger deutlich gegabelten Stoß. Der Rotmilan ist typischer Mitteleuropäer; in seinem begrenzten Brutgebiet ist er nirgends häufig. In milden Wintern bleibt er manchmal bei uns. Der Schwarzmilan ist weit über Asien und Afrika verbreitet. Bei uns ist er häufiger zu sehen als der Rotmilan, aber als wärmeliebender Vogel zieht er im Herbst regelmäßig bis ins tropische Afrika.
Pflanzenbilder: Zwei typische Moorpflanzen, das Wollgras mit seinen weißwolligen Samenständen (unten) und der seltsame »fleischfressende« Sonnentau (oben). Ein Insekt hat sich am klebrigen Sekret der Fanghaare verfangen.*

bote in der Umgebung der Brutplätze durchzusetzen. Der entscheidende Durchbruch kam mit dem Rückstau des Wassers. Abzugsgräben wurden zugeschüttet, und erstaunlich schnell stellte sich die ursprüngliche Vegetation in den Niedermooren wieder ein, wurden Erlenbruchwälder wieder unpassierbar. Wo Fichten und Birken bereits überhandgenommen hatten, wurden sie entfernt. Umgebende Feuchtwiesen werden nicht oder nur noch extensiv bewirtschaftet, nicht mehr gedüngt und nicht mehr mit Herbiziden gespritzt. Die Regeneration der Feuchtgebiete kommt neben den Kranichen natürlich auch allen anderen Gliedern dieser Lebensgemeinschaft zugute, von Libellen und Amphibien bis zu Graureiher, Rohrdommel und Schwarzstorch.

Das alles geht nur mit Verständnis und Einverständnis der Grundeigentümer, die auch über staatliche und kommunale Programme für den Ertragsausfall entschädigt werden. Und nicht zu vergessen, was im Gespräch mit Thomas Neumann immer wieder anklingt: Der Erfolg wäre

ten übertönt das durchdringende Trompeten an einem nebelkühlen Spätsommermorgen das erste Röhren der Brunfthirsche, bevor das Brummen von Motoren auf der nahen Straße daran erinnert, in welcher Zeit wir leben. In einer Zeit, in der es mit Geschick und gutem Willen noch immer möglich ist, empfindlichen Wildtieren ihr Lebensrecht zu gewähren.

Thomas Neumann, der Betreuer des Schutzprogramms, weiß aus erfolgreicher Erfahrung, was alles dazu gehört. Es begann mit eingehender Beobachtung und Bewachung der letzten bekannten Brutplätze vor fast 20 Jahren. Über 300 freiwillige Helfer wurden zeitweise dazu eingesetzt, und nur so gelang es, die Betretungsver-

nicht vorstellbar ohne den persönlichen Einsatz und das psychologische Gespür beim Umgang mit der Bevölkerung. Bauern, Jäger, Fischer, Förster, Bürgermeister, Gemeinderäte mußten für die ungewohnten Maßnahmen gewonnen werden – heute sind sie alle stolz auf »ihre« Kraniche. Einem Mann, der selbst Hand anlegt und der am Stammtisch die gleiche Sprache spricht, vertraut man eher als einem fernen Behördenvertreter.

Die Kranichbrutpaare haben von 16, die 1972 noch übrig waren, bis 1983 auf rund 30 und danach auf fast 50 zugenommen; die Zahl der flüggen Jungvögel pro Jahr ist in der selben Zeit von acht auf 36 gestiegen und hat sich seitdem auf mehr als 50 eingependelt. Die Brutbiotope sind gesättigt; immer öfter unternehmen Jungpaare Brutversuche in weniger geeigneten Gebieten, die dann meist scheitern. Kein Grund zur Sorglosigkeit – der wiederaufgebaute Bestand ist noch immer nur ein winziger Rest des einstigen Vorkommens, und steigender Erholungsverkehr erfordert unverminderte Wachsamkeit und Aufklärung. Es müßte noch viel mehr Wasser ins ausgeblutete Land zurückgestaut werden, um auch anderwärts wieder Lebensraum für Kranich & Co. zu schaffen.

Eine Frühlingsmelodie über feuchten Wiesen ist fast verklungen, das Flöten des Großen Brachvogels. Vor 30 Jahren noch vibrierte die Luft über den Streuwiesen und Torfmooren um die Voralpenseen vom Trillern der »Moosgrille«, wie dort der große Schnepfenvogel mit dem langen, gebogenen Schnabel heißt. Ja, sogar vor den Toren von München, wo aus den ehemaligen weiten Flachmooren um Dachau und Erding längst Wiesen und Äcker geworden waren, blieb der Große Brachvogel ein selbstverständlicher Frühlingsbote, der dort auch noch brütete, ebenso wie im Donaumoos und anderen Flußniederungen. Er war damals fast so häufig wie der Kiebitz. Doch während dieser große Regenpfeifer aus der weiteren Verwandtschaft der Schnepfenvögel es verstanden hat, sich an das austrocknende Land anzupassen, verschwand der Brachvogel mehr und mehr. Er bringt es nicht fertig, im Kartoffelacker und Weizenfeld zu brüten. Er braucht die extensiv genutzte, einmähdige Streuwiese, um seine Küken aufzuziehen.

Ein Moor blutet aus. In Jahrtausenden haben sich abgestorbene Pflanzen zu Torf verfestigt und dadurch das Moor aufgebaut. Schon früh nutzte der Mensch das getrocknet gut brennbare Material als Energiequelle. Torfstechen war mühselige Handarbeit. Seit es zum maschinellen Abbau geworden ist und Torf nicht mehr für den Ofen, sondern industriell für Dünger und Gartenerde verwendet wird, liegt der Naturschutz in Fehde mit der Torfindustrie: »Torf gehört ins Moor, nicht in den Garten!«

Wiesenmoore und feuchte Streuwiesen sind der Lebensraum unseres größten Schnepfenvogels. »Moosgrille« heißt der Große Brachvogel in Südbayern, »Tüte«, das heißt Flöte, nennen ihn die Ostfriesen. Beide Volksnamen deuten auf den melodischen Flötenruf hin, mit dem die Brachvögel in ihrem Brutgebiet den Frühling begrüßen. Es ist ihr Balz- und Revierruf, mit dem sich die Paare finden und ihr Brutrevier abgrenzen. Auch im Flug ist der Brachvogel an seinem langen und leicht gebogenen Schnabel unverkennbar.

Am Landschaftsbild scheint sich in den letzten 30 Jahren gar nicht so viel geändert zu haben, doch die Summe vieler kleiner Veränderungen hat offenbar genügt, um dem Brachvogel seine Heimat zu verleiden. Da wurden viele einmähdige Wiesen zu Fettwiesen melioriert und aufgedüngt; trockenere Wiesen wurden dafür in Maisäcker verwandelt – in ihnen kann kaum eines der Tiere leben, die sonst unsere Feldfluren bewohnen. Wo dagegen feuchte Streuwiesen die Umwandlung nicht lohnten, blieben sie völlig ungemäht und wurden von Gehölzen erobert – Weiden, Birken, Kiefern, für viele Wildtiere gar nicht schlecht, aber kein Brutbiotop für Brachvögel. Dazu vielfach gesteigerte Unruhe durch Verkehrserschließung und Freizeitaktivitäten, wo einst nur der Moorbauer und der Jäger das karge, schöne Land auf wenigen schlechten Wegen betraten.

Bis in die 60er Jahre hatte der Große Brachvogel sogar noch eine Jagdzeit, als Nachklang der Zeiten, als die alte bayerische Jagdkarte beim »Wildgeflügel auf den Mösern und Filzen« überhaupt keine Artunterschiede kannte. Heute würde ein Jäger, der einen Brachvogel schießt, seinen Jagdschein verlieren und dazu ein saftiges Bußgeld zahlen. Das ist gut so und geht gar nicht anders; auch dort nicht, wo sich Brachvögel auf dem herbstlichen Durchzug noch in größeren Zahlen einfinden. Aber so ein Jagdverbot ist eigentlich keine begrüßenswerte Schutzmaßnahme, sondern nur die Konsequenz aus dem betrüblichen Rückgang einer Art, verursacht durch die Zerstörung von Lebensraum. Es ist moralisch nicht vertretbar, einer ohnehin gefährdeten Wildart noch nachzustellen – so empfinden es auch die meisten Jäger und verzichten freiwillig, auch wenn sie noch dürften. Aber es ändert nichts an der Situation, wenn die betreffende Art ganzjährige Schonzeit verordnet bekommt oder wenn sie aus dem Jagdrecht in das Naturschutzrecht überstellt wird. Damit wird weder der Jagd etwas weggenommen, noch dem Naturschutz etwas gegeben – denn das Leben und Sterben findet draußen in der Natur statt und nicht in Paragraphen.

Wir sind oft noch zu sehr auf das Schicksal des einzelnen Tieres fixiert, wollen es »persönlich« schützen und übersehen dabei, daß das Gedeihen einer Population von ganz anderen Wechselbeziehungen abhängt. Keine Wildtierart kann auf Dauer ohne den Lebensraum existieren, an dessen Bedingungen sie angepaßt ist. Wohlmeinende Maßnahmen zum Einzelschutz – vom Jagdverbot bis zum Aufpäppeln und Aussetzen verwaister und verletzter Tiere – haben ihren Wert als Sympathiewerbung, aber sie hängen in der Luft, wenn sie nicht zum Einsatz für Sicherung oder Wiederherstellung des Lebensraumes motivieren.

So wird auch der Brachvogel nur gerettet werden können, wenn jetzt angelaufene Programme zum Schutz der Wiesenbrüter wirksam werden: Rückkehr zur extensiven Bewirtschaftung der Feucht- und Streuwiesen; Sicherung von Überschwemmungszonen an Seen und Flüssen. Das Beispiel der Wiederkehr des Kranichs macht Mut für derartige Programme, die sogar mit weniger Aufwand, aber sicher nicht mit weniger Einsatzbereitschaft zu Erfolgen führen könnten. Es wäre der Mühe wert, auch wenn der Brachvogel so wenig wie der Kranich jemals wieder Jagdbeute sein wird. Der Große Brachvogel steht dabei als größter und auffälligster Vertreter der Feuchtwiesenbrüter gleichzeitig für manche andere Arten, die den gefährdeten Lebensraum mit ihm teilen: die Bekassine zum Beispiel, die den Spitznamen »Himmelsziege« führt, weil die vibrierenden Stoßfedern des Männchens beim Balzflug ein meckerndes Geräusch verursachen; oder der Rotschenkel, ein langbeiniger Schnepfenvogel, der fast schon so selten geworden ist wie der Brachvogel. Und auch kleine Singvögel wie Braunkehlchen und Blaukehlchen sind Nutznießer des Brachvogelschutzes. Nicht zu vergessen die typischen Blütenpflanzen der Feuchtwiesen, die uns wie Trollblume und Knabenkräuter mit ihrer Farbenpracht erfreuen.

Wiesenbrüter wie der Große Brachvogel sind vor allem durch die Bewirtschaftung des Grünlandes gefährdet: Eggen, Walzen, Düngen, frühe Mahd lassen keine Gelege mehr hochkommen, wo nasse Streuwiesen in ertragreichere Fettwiesen umgewandelt wurden.
Was ist ein Brachvogel wert? – Doch wohl sicher das Geld, das der Steuerzahler aufbringt, damit der Staat Bauern einen Ausgleich dafür zahlen kann, daß sie wieder mehr extensiv wirtschaften. Das Natürliche ist nicht mehr selbstverständlich und hat seinen Preis.

Von seinem Nest auf dem Dachfirst oder Schornstein fliegt der Storch ins flache Land zur Nahrungssuche. Die Partner teilen sich in die Brutpflege, und oft sucht das Paar den gleichen Horst jahrelang immer wieder auf und baut ihn mit immer neuem Nistmaterial zu einer mächtigen Reisigburg aus. Partnerwechsel kommt nicht selten vor: Wer zuerst am Horst eintrifft, wartet nicht unbedingt auf den im Jahr zuvor »angetrauten« Partner. Zur Paarung und Fortpflanzung kommen die großen Vögel erst mit drei bis sechs Jahren. Die Geschlechter sind äußerlich nicht zu unterscheiden. Wo Störche noch häufiger vorkommen, wird von erbitterten Kämpfen um Brutreviere berichtet. Der spitze Schnabel ist eine gefährliche Waffe – gezähmte Störche verschaffen sich sogar gegenüber Hunden Respekt.

Verkehrte Welt – Der weiße und der schwarze Storch

Meister Adebar, der »Klapperstorch«, ist einer der populärsten Vögel. Er muß wohl einmal recht häufig gewesen sein; wie wäre er sonst in den Ruf des Glücks- und Kinderbringers geraten. Der Hausstorch, wie der Weißstorch im Unterschied zu seinem schwarz gefiederten Vetter, dem Waldstorch, auch heißt, ist eines von den wenigen Wildtieren, die sich dem Menschen so eng angeschlossen haben, daß sie als Hausgenossen unter oder – wie der Storch – auf seinen Hausdächern leben. Haussperling, Hausmaus, Hausrotschwanz, Hausschwalben – sie alle sind echte Wildtiere (wie übrigens auch Stubenfliege und Kellerassel). Die Vorsilbe »Haus…« verdanken sie nur ihrem freiwilligen Anschluß als Mitbewohner. Sie sind keineswegs Haustiere wie Haushund und Hausschwein.

Bevor er auf Hausdächer und Schornsteine umgestiegen ist, baute der Weißstorch seine riesigen Reisighorste, die das Paar alljährlich wieder bezieht, auf hohen Bäumen, wie das Störche in Asien heute noch tun. Die Hausgemeinschaft mit dem Menschen brachte dem großen Stelzvogel schon früh ein sicheres Leben ein. Ähnlich wie die Schwalben galt er schon zur Zeit der alten Germanen als Glücksvogel, der den First, auf dem er sein Nest baut, vor Blitzschlag und allem Übel behütet. So durfte er unbehelligt zwischen den Viehherden auf Weide und Anger stolzieren, und das Wagenrad als Nistunterlage auf dem Dach ist wohl die älteste Vogelschutzmaßnahme überhaupt. Die Redensart »Da brate mir einer einen Storch!« gilt als Gleichnis für etwas Absurdes, und obwohl der scharfsichtige Froschjäger und Grillenfänger auch Vogelküken und Junghasen nicht verschmäht, haben ihn die Nützlichkeitsfanatiker des vorigen Jahrhunderts zwar der Vollständigkeit halber mit zu den »Jagdschädlingen« gezählt, was sich aber nie in Vernichtungsfeldzügen auswirkte wie gegenüber weniger beliebten Mitessern. So schreibt A. E. Brehm in seinem »Tierleben« (1867): »Er ist ein Räuber in der vollsten Bedeutung des Wortes, und wenn er uns nützlich wird, anstatt zu schaden, so hat dies nur darin seinen Grund, daß er vorzugsweise schädlichen Tieren nachjagt…« – Nachdem dann von Fröschen, Mäusen, Fischen und Kerbtieren die Rede ist, weiß Brehm aber auch zu berichten: »Junge Vögel, welche ihm bei seinem Herumstreifen aufstoßen, tötet er ohne Gnade, junge Hasen nimmt er der Mutter trotz mutiger Verteidigung weg…« Trotzdem kommt Brehm zu dem Gesamturteil:

»Der Mensch verfolgt sie eigentlich nirgends; denn da, wo man sie kennt, schützt man sie gegen Frevel und Tücke...«. Solche Nachsicht gegen einen »Räuber« war damals außergewöhnlich und beweist, daß dem Storch wegen seiner sympathischen Nachbarschaft zum Menschen eine Sonderstellung eingeräumt wurde. Der Weißstorch wurde schließlich zum Paradevogel der Vogelzugforschung und wegen seiner Größe und leichten Beobachtbarkeit zu einer der am ersten und besten erforschten Vogelarten überhaupt. Jeder liebt den Weißstorch, und wir wissen fast alles über ihn. Beste Voraussetzungen also, daß Störche auf allen Dächern klappern und über alle Wiesen schreiten – sollte man meinen. Fehlanzeige – gerade er ist einer der am stärksten gefährdeten heimischen Großvögel, sein dramatischer Rückgang hat in vielen Gegenden schon zum Aussterben geführt. Denn alle Zuneigung der Menschen hilft ihm nichts, wenn er in den Flußniederungen um die Dörfer nicht mehr genug Nahrung findet, um seine Brut aufzuziehen.

Der Weißstorch braucht weites Wiesengelände mit Gräben, flachen Tümpeln, Überschwemmungszonen, reich an Insekten, Gewürm und vor allem Amphibien. Obwohl er auch häufig Mäuse nimmt – diese allein reichen nicht, und er braucht für seine bedächtigen Pirschgänge auch die Vegetationsstrukturen der feuchten Auwiesen; im Weizenfeld und im Kartoffelacker kann er nicht jagen. Immer mehr Störche verunglückten an den großen Stromleitungen, die unsere Landschaft »verdrahten«, und auch die Verluste in den afrikanischen Winterquartieren nahmen zu, seit auch dort immer mehr Sümpfe trockengelegt und Großinsekten (Heuschrecken spielen für den Storch eine große Rolle) vergiftet werden. Und da sich die Afrikaner schon immer gern einen Storch gebraten haben, fällt auch die Umrüstung von Pfeil und Bogen auf moderne Feuerwaffen ins Gewicht. Das Hauptübel aber ist hier wie dort der Verlust an Lebensraum.

So verschwand der Weißstorch zum Beispiel in den Niederlanden fast völlig – von 1930 bis 1980 ging die Zahl der Brutpaare von rund 300 auf unter zehn zurück. In unserer Bundesrepublik sind in den gleichen 50 Jahren rund 3500 Storchennester verwaist – es werden nur noch knapp 800 Brutpaare gezählt, davon lebt gut ein Drittel in Schleswig-Holstein. Weniger gravierend ist der Schwund in Osteuropa, doch sogar in den »Storchenparadiesen« um den Neusiedler See widersprechen immer mehr leere Hor-

Vier fast flügge Jungstörche und ein Altvogel (links im Bild), der im Horst nach dem Rechten sieht. Die Jungvögel haben noch schmutzigbraune Schnäbel und Ständer. Im hohen freien Horst sind sie Sonnenhitze und Unwettern schonungslos ausgesetzt, wenn sie von den Eltern nicht mehr ständig gehudert werden.

ste den Anpreisungen der Fremdenverkehrsprospekte, die eine heile Storchenwelt ausmalen. So ist der »Hausstorch« ein eindrucksvoller Beweis, daß einem Wildtier Liebe ohne Lebensraum nichts hilft.

Da nützen auch einzelne Hilfsmaßnahmen nicht viel. Das Wagenrad auf dem Dach, die bessere Stromschlag-Absicherung der Hochspannungsleitungen bringen Überlebenshilfe; mancher verletzte Storch wird gesundgepflegt, manche Jungbrut, die durch Unfälle der Eltern verwaist ist, künstlich aufgepäppelt; daraus sind schon ganze Pflegestationen entstanden, deren Zöglinge ihr Zugverhalten verloren haben und auch den Winter über durchgefüttert werden müssen – sozusagen Zootiere mit Freiflug und damit schon an einer bedenklichen Grenze echter Wildtiereigenschaft angekommen. Wie sich der Weißstorch wirklich retten ließe, zeigt sich daran, daß hier und da Brutpaare wieder heimisch werden, wo Feuchtgebiete in der Umgebung wiederhergestellt wurden.

Weil solche Wiederherstellung von Natur abseits der intensiv genutzten Fluren leichter fällt, hat sich in letzter Zeit die Tendenz bei Weißstorch und Schwarzstorch umgekehrt. Verkehrte Welt: Der weiße Dorfliebling ist nach wie vor ein Sorgenkind auf der Intensivstation des Artenschutzes. Sein unbekannter und wenig geliebter schwarzer Vetter, der immer ein scheuer Waldvogel geblieben war, profitiert verhältnismäßig viel stärker davon, daß in seinem Lebensraum wieder mehr Wiedergutmachung an der Natur angesagt ist.

Der Schwarzstorch war immer selten. Er zählte auch in den Zeiten, als Weißstörche noch in allen Dörfern der Flußniederungen daheim waren, nur nach wenigen Dutzenden in einsamen Bruchwäldern. Dort machten ihm intensive Forstwirtschaft, Trockenlegung und Beunruhigung fast den Garaus. Bei uns lebt der scheue Waldstorch ohnehin an der äußersten Nordwestgrenze seines Vorkommens und ist daher viel stärker gefährdet als weiter östlich, etwa in Polen, wo es noch rund 600 Brutpaare gibt.

Doch seit in unseren Wäldern der Holznutzen nicht mehr die alleinige Hauptrolle spielt, seit Schubraupen nicht nur neue Erschließungen bahnen, sondern manchen alten Entwässerungsgraben wieder zuschieben, manchen Waldtümpel neu ausheben, und weil sich Förster mit dem ökologischen Umdenken viel leichter tun als Landwirte, nimmt der schwarze Waldstorch von seinen letzten Refugien aus leicht zu und taucht sogar an Plätzen wieder auf, wo er schon vor Jahrzehnten verschwunden war.

In Niedersachsen brüteten um 1940 nur mehr höchstens vier Paare – mehr als 20 dürften es auch um die Jahrhundertwende nicht gewesen sein. Heute wird der Brutbestand auf fast 30 Paare geschätzt (so genau wie die Weißstörche

100

lassen sie sich nicht zählen). Und das, obwohl der große, scheue Vogel auf seinem Zug und in Afrika den selben Gefahren unterliegt wie sein weißer Vetter.
Das Beispiel gibt zu denken und bringt alte Begriffe ins Wanken: Kulturfolger werden zu Zivilisationsflüchtlingen – wie der Weißstorch. Der Natur wieder zu ihrem alten Recht zu verhelfen, wird immer mehr zum kulturellen Anliegen unserer Zeit, frühere Kulturflüchter kehren zurück – wie der Schwarzstorch. Werden es die Menschen dazu bringen, daß die guten Geister, die sie vertrieben haben, auch wieder auf und unter ihre Dächer zurückkehren?
Einst schallten Froschkonzerte aus jedem Dorfteich. Aber während wir uns Sorgen machen, der nächste Frühling könnte stumm sein ohne

die Stimmen der Vögel, sind die Sommernächte mit dem Quaken der Frösche, dem Läuten der Unken längst verstummt. Das Moor ist ausgetrocknet, der Fluß begradigt, der Wiesenbach ausbetoniert, der Graben verrohrt, der Feldtümpel mit Unrat zugekippt. Und wo es noch ein Laichgewässer gibt, werden die Lurche auf ihrem Hochzeitszug von Autoreifen zermalmt. Die guten Geister der Vergangenheit verlassen uns. Und die Geister, die er rief, wird der Zauberlehrling Mensch nicht mehr los.
Märchen sind »Erinnerungen an die Zukunft« aus einer Zeit, als die Menschen noch mehr auf die Stimmen der Stille hörten als auf die eigene Geschwätzigkeit. Der Froschkönig ist uralt: Bis in jene graue Vorzeit reicht sein Geschlecht zurück, als die ersten Wirbeltiere aus dem Wasser ans Land gekrochen kamen. Dem Ursprung des Lebens sind sie nahe, die Frösche und Kröten mit ihrer urtümlich amphibischen Lebensweise – und sie sind so grotesk menschenähnlich in der Gestalt eines verwunschenen Prinzen. Wer weiß, welchen Fluch ihr stilles Sterben auf uns lädt?! Eine Antwort darauf klappert uns der Storch vom Hausdach zu.

Das ist Schwarzstorch-Lebensraum im verschwiegensten Winkel eines Auwaldes mit Altwassern. Aber auch in trockeneren Wäldern horstet der heimliche Waldstorch, wenn er dort nur Ruhe hat und Nahrungsquellen erreichen kann: Waldweiher, Quellsümpfe, feuchte Bachtäler. Im Horstbereich ist er zur Brutzeit besonders empfindlich gegen Störungen. Deshalb werden die Stellen am besten geheimgehalten. Wenn ein alter Horst verlorengegangen ist, etwa weil ein Sturm den Baum geworfen hat, nimmt das Paar gern Kunsthorste aus Korbgeflecht an, die von kundigen Vogelfreunden in eine passende Baumkrone montiert werden.

Weidenkätzchen und Pulverdampf

Als einziger Schnepfenvogel hat sich die Waldschnepfe an den Wald angepaßt. Hier »sticht« sie im weichen Boden mit ihrem langen Schnabel nach Gewürm. Dabei ermöglichen die großen, weit oben im Kopf stehenden Augen weite Rundumsicht auch auf Gefahren, die sich von hinten nähern. Vor Habicht, Fuchs und Marder muß sich die Waldschnepfe in acht nehmen. Vor dem menschlichen Jäger zumindest im Frühjahr nicht mehr, denn die früher beliebte Jagd auf dem »Schnepfenstrich« gehört der Vergangenheit an.

Der Vogel mit dem langen Gesicht

Reminiscere – putzt die Gewehre!
Oculi – da kommen sie.
Laetare – das ist das Wahre!
Judica – da sind sie auch noch da.
Quasimodogeniti – halt, Jäger, halt,
jetzt brüten sie!

Die holpernden Merkverse um die katholischen Kirchensonntage zur Osterzeit beziehen sich auf die Waldschnepfe. Der »Vogel mit dem langen Gesicht« zieht um diese Jahreszeit aus seinen Winterquartieren ums Mittelmeer zurück in seine mittel- und nordeuropäische Brutheimat und führt dabei in der Dämmerung seine geheimnisvollen Balzflüge auf, den »Schnepfenstrich«.

Schnepfenvögel sind im allgemeinen langbeinige und meist auch langschnäblige Watvögel, die auf Feuchtwiesen und in Flachwasser und Schlick nach Kleingetier stochern und die in solchen offenen Moor- und Riedlandschaften auch ihr Gelege mir regelmäßig vier Eiern ausbrüten. Die Waldschnepfe ist aus der Art geschlagen und hat als einzige den Wald erobert. Sie hat deshalb auch kurze Ständer, mit denen sie nicht schreiten und waten kann wie der Brachvogel, sondern nur trippeln. Behalten hat der etwa taubengroße Vogel mit dem dürrlaubfarbenen Tarngefieder den langen Schnepfenschnabel, den »Stecher«. Den braucht er, um unter Fallaub und in weichem Waldboden nach Gewürm zu »stechen«. Denn die Vorliebe für feuchte bis vernäßte Waldstandorte ist noch ein Anklang an die Lebensgewohnheiten der übrigen, feuchtigkeitsliebenden Schnepfensippe.

Die Waldschnepfe ist ein Bodenvogel, der – die Balzflüge und den Zug zwischen Brutrevier und Winterquartier ausgenommen – selten seine kurzen, breiten Schwingen gebraucht. Zwischen dem Unterholz aufgestöbert, flieht die Schnepfe in flachem, schwankendem Flug, um bald in die nächste Deckung einzufallen. Zu hören ist dabei nichts als ein kurzer, klatschender Flügelschlag beim Aufstehen, der wohl den Störenfried erschrecken soll. Der einzelgängerisch heimliche, dämmerungsaktive Waldvogel ist also schwer zu beobachten, und manche Lebensgewohnheit ist noch nicht eindeutig erforscht. So etwa, ob überhaupt und, wenn ja, wie die Schnepfenmutter ihre noch flugunfähigen Küken bei Gefahr abtransportieren kann: mit den Zehen gegen den Bauch oder mit dem Stecher gegen die Brust geklemmt? Oder gar im Stecher getragen? Es wird zu oft und glaubhaft darüber berichtet, als daß alles Jägerlatein sein könnte.

Jäger- und, wie der oben zitierte Schnepfenvers zeigt, sogar Kirchenlatein wurde um die Schnepfe viel gesponnen; denn sie war das erste Wild, das zu Beginn des Jagdjahres wieder Anlaß gab, »die Gewehre zu putzen« und um Oculi und Laetare nachzusehen, ob es für die Flinte etwas zu tun gab. Es sind vor allem die Männchen, die in der Abenddämmerung, wenn der Abendstern sichtbar wird, den die Jäger deshalb den »Schnepfenstern« nennen, im gaukelnden Suchflug an Waldrändern und Taleinschnitten entlang streichen und dabei ihr bauchrednerisch dumpfes »Quorren« hören lassen. Wo ein Weibchen aus dem Unterholz mit hell zwitscherndem »Puitzen« antwortet, fällt das Männchen zur eigentlichen Bodenbalz ein, bei der »der Schnepf« mit gefächertem Stoß und gespreizten Schwingen seiner Braut wie ein kleiner Auerhahn imponiert. Manchmal kommt es auch zu Verfolgungsflügen mehrerer Männchen.

Das ganze spielt sich nicht erst im Brutrevier ab, sondern schon unterwegs bei jeder Rast auf dem Zug, und deshalb gibt es den Schnepfenstrich auch dort, wo kaum Schnepfen brüten. Es gibt ihn übrigens auch in der Morgendämmerung, doch dann haben die Jäger noch nicht so gut ausgeschlafen. Sie können, was die Schnepfen betrifft, seit 1977 auch abends zeitig zu Bett gehen, denn zu schießen gibt es nichts mehr. Die Waldschnepfe hat nur noch eine Jagdzeit im Herbst, vom 16. Oktober bis 15. Januar. Sie wird dann als Gelegenheitsbeute bei den Waldtreiben und Stöberjagden geschossen, die hauptsächlich Hasen und Fasanen gelten. Nur selten gibt es Such- und Buschierjagd eigens auf Schnepfen, nämlich in Gegenden, wo sie sich auf dem Durchzug nach Süden zeitweise »stauen«, in Küstengebieten und Flußtälern.

Bei uns wurden nie viele Waldschnepfen geschossen. Nur rund 25 000 waren es jährlich in der ganzen Bundesrepublik, und seit Verbot der Frühjahrsjagd hat sich die Zahl etwa halbiert – mit sinkender Tendenz, so daß in den 80er Jahren um die 10 000 Herbstschnepfen erlegt wurden. Im Vergleich mit der Jagdbeute in Nachbarländern (Frankreich um 1 Million, Skandinavien fast 50 000) zeigt das, daß die von deutschen Jägern erlegten Waldschnepfen kein großer Aderlaß sein können, und daß kontinuierlich steigende Strecken wohl kaum für einen Rückgang des Besatzes sprechen. Trotzdem blieb der »Schnepfenstreit« eine typisch deutsche Gefühlsangelegenheit.

Nicht erst ökologisch angehauchten Vogelfreunden wollte es nicht in den Sinn, warum der Genuß eines Vorfrühlingsabends im Wiesental

Perfekte Tarnkappe: Nur das schwarzglänzende Auge verrät das Schnepfenweibchen, das zwischen Fallaub und Grasbüschel auf seinem Gelege brütet. Wegen der verborgenen, dämmerungsaktiven Lebensweise ist manches am Brutverhalten der Waldschnepfe noch nicht einwandfrei geklärt. So zum Beispiel, ob mehr oder weniger regelmäßig oder nur ganz ausnahmsweise eine zweite Brut im Jahr vorkommt. Oder ob der männliche »Schnepf« nicht doch auch im Brutrevier anwesend ist, obwohl er sich nicht um die Brutpflege kümmert. Die Geschlechter sind am Gefieder nicht zu unterscheiden, und das deutet nach guter Schnepfensitte eigentlich auf gemeinsame Brutpflege – aber die Waldschnepfe ist eben etwas aus der Art geschlagen. Sind die einzelnen Schnepfen, die als »Lagerschnepfen« manchmal bei uns überwintern, heimische Brutvögel oder Gäste aus Skandinavien? Die meisten ziehen jedenfalls im Herbst in den Mittelmeerraum und bis nach Nordafrika. Aber auch in einem ganz neuen Vogelbuch steht das Eingeständnis: »... doch sind selbst wichtige Fragen der Lebensweise dieses heimlichen Vogels noch weitgehend unbekannt.«

mit Seidelbastduft und Drosselsang erst durch den Schuß auf den gaukelnden Schnepferich seine volle Würze bekommen sollte. Sogar höchst prominente und konservative Jäger wie weiland der Oberstjägermeister Ulrich Scherping und Professor Hans Krieg wandten sich schon vor Jahrzehnten gegen die poetisch verbrämte Unlogik, den harmlosen Vogel ausgerechnet dann zu schießen, wenn er die Strapazen des Zuges fast hinter sich hat, mit der Fortpflanzung beginnt – und wenn er als ohnehin kleiner Braten am wenigsten taugt. Schnepfenstrich-Romantiker wenden dagegen ein, die stimmungsvolle Jagd habe nie große Strecken erlaubt; die meisten Jäger seien mit einer oder zwei Frühjahrsschnepfen zufrieden gewesen.

(Um 1970, vor dem Verbot der Frühjahrsjagd, gab es bei uns rund 230 000 Jäger; da kam nur auf jeden dreiundzwanzigsten eine der 10 000 Frühjahrsschnepfen!) Außerdem würde sich der kundige Jäger darauf beschränken, die quorrend streichenden Männchen zu schießen, somit bleibe die Fortpflanzung unbeeinträchtigt; denn Schnepfenweibchen betreuen ihre Brut allein.

Mag sein – Ornithologen haben ihre Zweifel, denn um Brutbiologie und Bestandsentwicklung der Waldschnepfe gibt es noch manche Unklarheit. Wenn die Art auch nicht gefährdet ist, so könne es doch – in dubio pro reo – nur günstig sein, auf die Frühjahrsjagd zu verzichten. Denn sie treffe jedenfalls solche Vögel, die

alle Mühen des Zuges in Herbst und Frühjahr überstanden haben und jetzt, gewissermaßen als die Elite der Tüchtigsten, für Nachwuchs sorgen sollen. Wogegen die Herbstjagd hauptsächlich die bevorstehenden Verluste vorwegnehme, die bis zur nächsten Brutzeit von der Population ohnehin verkraftet werden müssen. Das Verbot hat kurzerhand einen Schlußstrich gezogen. Jungen Jägern ist heute der Oster-Schnepfenspruch nicht mehr geläufig, und sie kommen nicht mehr in Verlegenheit, den Widerspruch zwischen Frühlingspoesie und Pulverdampf zu erklären, der so vielen alten Jägern unerklärlich geblieben ist. Denn dabei können wir uns weder auf »Ernte aus Überfluß« berufen (warum dann nicht lieber eine fette Herbstschnepfe?), noch auf Regulation und Schadenabwehr hinausreden.

Überhaupt die Balzjagd im Frühjahr! Bei Auer- und Birkhahn ist der Fall insofern klar, als deren Bestände ohnehin auf der Intensivstation des Artenschutzes liegen. Als sie noch häufig waren, brachten auch sie nutzbaren Zuwachs wie Hasen und Rebhühner. Nur, daß auch damals niemand auf die Idee gekommen ist, im März rammelnde Hasen und balzende Rebhähne zu schießen. Wohl aber im Mai Auer- und Birkhähne, und zwar gerade die starken »alten Raufer«, in der selbstgerechten Überzeugung, dadurch Friede und Ordnung auf die Balzplätze zu bringen. Um Brutpflege und Aufzucht kümmern sich die ritterlichen Gockel ja sowieso nicht. Bis sich herausstellte, daß diese »alten Raufer« auf den Balzplätzen keine Pannen der Natur waren. Dort herrscht nämlich eine fein eingespielte Ordnung. Die jungen Spunde singen und tanzen in gebührenden Abständen um die alten Platzhähne, und der ganz Betrieb ist nötig, um die Hennen richtig in Paarungsbereitschaft zu versetzen. Hochzeit halten sie aber nur mit dem ranghöchsten Pascha. Wenn der plötzlich verschwindet, kann es so viel Unruhe und Gerangel geben, bis die Nachfolge ausgerauft ist, daß darüber die Balzzeit vergeht und viele Hennen ungetreten bleiben.

Die Zahl der Jagdbeute hat gewiß nirgends den Schwund der Auer- und Birkhühner herbeigeführt; doch die Art der Jagd auf den Balzplätzen hat zweifellos dazu beigetragen, daß es immer schneller zu Ende ging, als der Lebensraum erst einmal so geschädigt war, daß die Bestände diesen »waidgerechten« Irrtum nicht mehr verkraften konnten. Also lieber Vorsicht mit Poesie und vorgefaßten Meinungen!

Jagd hat so viel mit stimmungsvoller Hingabe an das Naturerleben zu tun, daß man das Außenstehenden nicht leicht verständlich machen kann. Es geht dabei immerhin um das Töten von Tieren und um Eingriffe in das Naturgefüge, und das wird heute allgemein anders, sensibler gesehen als vor Jahrzehnten, und zwar aus guten, bitteren Gründen, die wir alle kennen (aber manchmal nicht wahrhaben wollen). Da lassen sich Passion und Poesie und was sonst noch alles

Vögel bei der Balz im Frühjahr zu bejagen, ist umstritten. Erlaubt ist es bei uns nur noch bei der Balz der Ringeltauben, die bis Ende April Jagdzeit haben. Im frischgrünen Buchenlaub hat das Taubenpaar längst schon seine beiden Eier im kunstlosen Reisignest – auch hier gilt: Halt, Jäger, halt, jetzt brüten sie! Der Tauber ist nicht entbehrlich – er zieht in exakter Arbeitsteilung mit seiner Täubin die Jungen auf.

Vier Arten Wildtauben gibt es in unseren Wäldern und Feldgehölzen: Ringeltaube, Hohltaube, Turteltaube und Türkentaube. Der Jäger muß sie gut kennen, denn nur Ringeltaube und Türkentaube darf er bejagen.
Bei einer Taube, die aus einer Baumhöhle schaut, fällt das Erkennen leicht: Einzig und allein die Hohltaube ist Höhlenbrüter in Bäumen. Ihren Lebensraum teilt sie meist mit dem Schwarzspecht, denn ihr eigener Schnabel kann keine Bruthöhle aus hartem Buchenholz meißeln. Wo sie keine Spechthöhlen hat, zieht sie auch in ausgefaulte Asthöhlen alter Bäume oder in entsprechend große Nistkästen. Ihr Brutrevier sind alte, lockere Laubwälder, wo der Tauber im Frühjahr seinen dumpfen Reviergesang hören läßt. Vor Irrtum wird gewarnt: Außerhalb der Brutzeit sucht der heimliche Waldvogel gesellig die Feldflur auf und mischt sich einzeln oder in kleinen Trupps auch in die Schwärme von »feldernden« Ringeltauben. Erkennungsmerkmal: Die deutlich kleinere Hohltaube hat überhaupt kein Weiß im dunkel graublauen Gefieder. Bei der größeren, heller blaugrauen Ringeltaube fallen die weißen Halsflecken auf, und auch einjährige Jungvögel, denen der »Halsring« noch fehlt, haben immer die weiße Flügelbinde.

damit umschrieben wird noch am ehesten als altüberliefertes und angenehmes Beiwerk zu den Vernunftgründen der Jagd verständlich machen; Zugaben, die den Braten würzen und das Handwerk verschönen. Aber um der bloßen Poesie willen einen schönen und nicht einmal häufigen Vogel, einen Frühlingsboten wie Star und Schwalbe, vom Abendhimmel schießen – einen mageren Braten für den hohlen Zahn, zwei Malerfedern für den Hut und vielleicht einen ausgestopften Staubfänger für die Wand? (Gut, ein hübsch präpariertes Stilleben sei dem jungen Jäger zugestanden – aber dann sollte er nachzudenken anfangen!)

Die einzige Balzjagd, die uns traditionell geblieben ist, ist die auf den Ringeltauber. Abgesehen von gefühlsmäßigen Einwänden (kann man, darf man von ihnen absehen?), fallen uns Argumente dafür leichter. Vor 90 Jahren, als sich Hermann Löns am dumpf grugelnden Reviergesang des blaugrauen Waldtaubers dichterisch begeisterte, war die Ringeltaube noch ein scheuer Waldvogel. Heute sind ihr die Wälder zu klein geworden, sie ist zum Städter geworden, ruft ihre Strophe vom Alleebaum, nistet in der Friedhofshecke. Eine der erstaunlich gegenläufigen Entwicklungen in der Zeit des Artenschwundes. Wo sie in Massen vorkommt und überwintert, dort ist die Ringeltaube nicht mehr der sanfte Frühlingsbote mit der geheimnisvollen Stimme. Dort wird Taubenjagd zur Pflicht, vor allem im Herbst und Winter. Die Gemüsebauern klagen über verheerende Schäden an Kohl und Saat. Weit über eine halbe Million Ringeltauben werden bei uns jährlich erlegt, rund das Zehnfache wie in der Vorkriegszeit; davon wohl kaum zehn Prozent bei der wenig ergiebigen Balzjagd. Die Ringeltaube ist mit der Stockente und noch vor dem Fasan zur Hauptwildart geworden, und der ein knappes Pfund schwere Vogel stellt eine ansehnliche Jagdbeute dar. – Sie gibt uns viel, die Ringeltaube, von der Poesie bis zum Kochtopf. Da mag es angehen, einige Frühjahrstauber nach kunstreicher Pirsch

von ihrer Singwarte im Fichtenwipfel zu schießen. Es gibt genug von ihnen, und es kommt nicht darauf an, ob eine Taube verwitwet. Spätestens für ihr zweites oder drittes Gelege wird sie einen neuen Partner finden. Die Sorge um ein früh begonnenes Gelege (es ist zur Brut auf beide Eltern angewiesen) wird dadurch relativiert, daß die sommerliche Jagdzeit ab Juli bis in den September hinein sich erst recht mit der Brut und Aufzucht dieser fruchtbaren Vogelart überschneidet. Dann allerdings sollte der Jäger Alttauben schonen und hauptsächlich die schon flüggen Jungen der ersten Brut bejagen.

Der rufende Tauber ist nicht balzblind; er hat »auf jeder Feder ein Auge«. Ihn auf Schußweite ungesehen anzupirschen, verlangt mehr Geschick und Geduld vom Jäger, als einen streichenden Schnepf vom Himmel zu holen oder einen Birkhahn im Schirm zu belauern. Vielleicht hat es die Tauberbalz deshalb nie zu besonders hohem jagdpoetischen Rang gebracht? Wallt die Poesie umso heftiger auf, je schlechter das Gewissen ist, das sie besänftigen soll? Etwas von dieser Gewissensfrage schwingt auch bei der Tauberbalz mit. Was schrieb doch Ulrich Scherping über die Balzjagd: »Bleibt noch die Sage von der Schönheit des Liebestodes, des Todes im Hochgefühl des Daseins. Er wurde von vielen Menschen besungen, die aber wohl nicht über die notwendige Erfahrung in diesen Dingen verfügen, denn andernfalls könnten sie ja nicht mehr darüber schreiben.« Der Kochtopf ist wohl doch das bessere Argument!

Ein Taubenpaar hält treue Partnerschaft und zieht im Jahr bis zu drei oder sogar vier Bruten auf, immer nur mit je zwei Eiern und Jungen. Eine einmalige Besonderheit in der ganzen Vogelwelt ist die »Kropfmilch«, mit der beide Eltern die Nestlinge versorgen: Die käsig dickflüssige Masse ist ein echtes Drüsensekret, ähnlich wie die Muttermilch der Säugetiere. Die Jungen holen es aus dem Schnabel der Eltern, indem sie ihren eigenen Schnabel bis zum Kopf weit hineinstecken. Die Arbeitsteilung mit dem Tauber erlaubt es der Täubin, manchmal schon die nächsten Eier in ein neues Nest zu legen, während die beiden Jungen der ersten Brut noch nicht flügge sind. So kommt das Paar von April bis September auf 6–8 Nachkommen, und das umständliche Verfahren hat einen Vorteil: Wenn eine Brut verlorengeht, sind es nur zwei Junge und nicht der ganze Jahresnachwuchs gleichzeitig.

Der Eichelhäher hält sein Namenssymbol im Schnabel, eine Eichel. Er findet auch im Frühjahr noch die Verstecke, die er im Herbst angelegt hat. Jetzt ist er aber mehr auf tierische Kost aus, denn in seinem Nest warten hungrige Schnäbel auf das Elternpaar. Und Jungvögel brauchen zum Wachsen die eiweißreiche tierische Kost, auch wenn ihre Eltern sonst Allesfresser oder Pflanzenfresser sind. Der Häher hat einen schlechten Ruf als »Nesträuber«, denn Eier und Nestjunge von kleineren Singvögeln kommen ihm gerade recht als Atzung für seine eigenen Nesthocker. Andere Waldvögel, wie zum Beispiel die Drosseln, wissen das und greifen den Häher heftig an, wenn er sich in der Nähe ihres Nestes herumtreibt.

Einesteils der Eier wegen ...

»Halt, Jäger, halt, jetzt brüten sie!« hieß es im alten Schnepfenspruch, als der »Vogel mit dem langen Gesicht« noch bei seinem Balzflug im Frühjahr bejagt werden durfte. Eine schwarze Perle glänzt reglos aus einer Handvoll dürrem Laub unter frisch grünenden Grasbüscheln im Erlengrund. Das Auge einer Waldschnepfe ist es, die auf ihren vier Eiern brütet. Und was wie Dürrlaub aussieht, ist ihr fein braun-schwarzgrau gemustertes Gefieder, das wie eine Tarnkappe mit der wirklichen Laubstreu am Boden verschmilzt. Die reglose Brutstarre sichert den Bodenbrüter ebenso wie das tarnfarbene Gefieder vor den Augen seiner Feinde.

So ist es nicht nur bei der Schnepfe. Auch die Hennen der Hühnervögel haben die Tarnkappe bitter nötig: Ein großer Vogel wie zum Beispiel die Auerhenne, immer bereit, jeder Gefahr in schnellem Lauf oder auf prasselnden Schwingen zu entfliehen, gewohnt, in der Abenddämmerung auf einen sicheren Schlafbaum aufzubaumen, dieser Vogel wird in den nächsten vier,

fünf Wochen Tag und Nacht an den Boden gefesselt sein, an das Gelege, das er ausbrütet. Hühner sind Bodenbrüter, die kein kunstreiches Nest bauen. Eine flach ausgehuderte Bodenmulde, ein paar zusammengeraffte Blätter und Halme sind alles, was sie vorbereiten. Ein Wurzelstock, ein überhängender Busch geben Deckung; Gras und Kraut wachsen in der Umgebung hoch – doch manchmal muß sogar der blanke Waldboden genügen. Jeden Tag kommt ein Ei dazu. Die Henne bedeckt das wachsende Gelege mit Gras und Laub, wenn sie es verläßt, um Nahrung zu suchen. Wenn alle sechs oder acht Eier beisammen sind (bei anderen Arten, etwa beim Fasan, können es mehr als ein Dutzend sein), beginnt die eigentliche Brut. In dieser Zeit – fast vier Wochen – kann nur völlige Reglosigkeit die Henne vor ihren vielen Feinden schützen; vor den scharfen Augen des Habichts und vor dem feinen Gehör von Fuchs und Marder ebenso wie vor deren Nase, denn der reglose Vogel gibt kaum Wittrung ab. Nur kurz verläßt die Henne das Gelege, um sich zu lösen, ein wenig zu äsen, zu trinken und um in ihrem Brustgefieder Tau und Regenfeuchte auf die Eier zu tragen, die bei aller Brutwärme doch nicht austrocknen dürfen.

Den natürlichen Feinden gegenüber hilft dieses Verhalten; die Verluste halten sich in angepaßten Grenzen. Wo aber Wald und Flur von Menschen überlaufen, mit Maschinen technisch bearbeitet werden, kommen viele Hühnergelege um oder die Hennen werden zu Brutbeginn, wenn sie noch nicht so fest sitzen, aufgestört und verlassen ihr Gelege. Wald und Flur sind jetzt eine große Kinderstube, in die der Mensch nicht grob hineintappen sollte.

In der Ligusterhecke hinterm Haus hat eine Amsel ihr Nest gebaut und ihre Eier ausgebrütet. Jetzt ist's vorbei mit der beschaulichen Ruhe für das Amselpaar: Vier, fünf hungrige Schnäbel recken sich den Eltern entgegen, wollen gestopft werden mit Würmern, Raupen und Spinnen. Nackt und hilflos sind die kleinen »Nesthocker« noch, gerade sprießt der erste Feder-

flaum, und alle Lebensenergie erschöpft sich im gierigen Schnabelaufreißen, wenn ein Altvogel mit Atzung am Nest erscheint. Fressen und Wachsen ist der einzige Daseinszweck junger Vögel. Es geht schnell, das Wachsen, und der Hunger wächst mit.

So ein Vogelnest ist der Inbegriff der »Kinderwiege« im Tierreich, die unermüdliche Fürsorge der Eltern ein Musterbeispiel für rührende Elternliebe, wenn wir als stille Beobachter die Brutpflege mit Menschenaugen betrachten. Die Vögel selbst freilich denken sich nichts dabei. Sie sind unausweichlich eingespannt in das Schema ihrer angeborenen Verhaltensweisen: Als Amselküken muß man bettelnd den Schnabel aufreißen, wenn ein dunkler Schatten mit leichtem Plumps am Nestrand landet; als Amselmutter oder Amselvater muß man in einen aufgesperrten Schnabel einfach Futter hineinstopfen. Das paßt zusammen wie Schloß und Schlüssel. Die Vögel können gar nicht anders, und deshalb fällt ihnen die Brutpflege auch nicht lästig und sie erscheinen uns als Muster reiner Liebe und Treue. Wir selbst fühlen uns bei solchen Pflichten ja manchmal gar nicht so wohl und können uns ein angenehmeres Leben vorstellen.

Wie viele von den kleinen Schreihälsen werden erwachsen werden? Würden sie alle groß, die Welt wäre voller Amseln. Die große Zahl der Nachkommen ist darauf ausgerichtet, daß viele andere Tiere von ihnen leben: Fuchs, Marder und Wiesel, Häher und Krähe, Sperber und Kauz und noch manche andere. Sie alle können nicht soviel Vogelbrut verzehren und an ihre

Wo das Kiebitzpaar seine vier dunkel getupften Eier gelegt hat, haben Eindringlinge ins Brutrevier keine Ruhe vor den aufgeregt rufenden und flatternden Vögeln. Wenn der Angriff nicht wirkt, beherrschen sie wie die meisten Bodenbrüter den Trick des »Verleitens«: Ein Altvogel stellt sich flügellahm und lockt den Feind hinter sich her, bis er ihn in sicherer Entfernung vom Gelege auslachen kann.
Früher wurden Kiebitzeier als Frühlingsdelikatessen gesammelt und waren in Feinkostläden zu kaufen. Das ist vorbei. Wenn sich der Kiebitz auch besser als andere an den Wandel vom feuchten Wiesengelände zum intensiven Ackerbau angepaßt hat, so leidet er doch auch unter allen Nachteilen, die in der Feldflur das Leben zwischen Gift und Maschinen schwer machen.

Junge Hühnervögel sind Nestflüchter. Gleich nachdem sie aus den Eiern geschlüpft sind, laufen die Küken mit der Henne. Eine Fasanhenne kann mehr als ein Dutzend Eier ausbrüten. Ob alles gut geht, hängt davon ab, ob das Gelege von Menschen, Maschinen und Freßfeinden ungestört bleibt und ob die Küken an ihren ersten Lebenstagen freundliches, trocken-warmes Wetter erleben und genug nahrhafte Insekten finden. Wenn nach drei Wochen das flaumige Dunenkleid durch stabileres Gefieder abgelöst wird und sie bereits etwa flattern können, sind sie aus dem gröbsten heraus.

eigenen Jungen verfüttern, wie manchmal schlagartig durch einen Wettersturz, durch späten Schnee oder langanhaltende kalte Nässe umkommt. Doch gleich baut das Amselpaar ein neues Nest, brütet ein zweites, drittes Gelege aus. Der Tod ist der Kunstgriff der Natur, um viel Leben zu haben.

Die Stockente ist, wie auch sonst in ihrem Leben, recht anpassungsfähig und erfinderisch, wenn es gilt, einen guten Nistplatz für ihre acht bis zwölf Eier zu finden. Nach der stürmischen Paarungszeit im Vorfrühling hat der bunte Erpel den Nistplatz noch mit ausgesucht und war dabei, als die Ente die ersten Eier legte. Zu Beginn der Brut aber verläßt der Vater Weib und Kinderwiege, die Wege trennen sich. Der auffällig bunte Erpel wäre jetzt eher eine Gefahr für das heimliche Brutgeschäft.

Entengelege finden wir nicht nur in Ufernähe unter Schilf und Gesträuch am Boden, nein, auch weitab vom Wasser im Wiesenrain oder unter dichtem Gezweig am Waldrand. Gern nistet die Stockente auch eine Etage höher: auf Kopfweiden am Bach, in einer Mauernische der verfallenen Mühle, sogar hoch im Baumwipfel in einem alten Krähennest. Dieses Talent hilft der Stockente, vielgestaltige Lebensräume zu besiedeln, vom Moortümpel bis zum Parkteich, vom Wiesenbach bis zum Strom und See. Gern nistet sie in Brutkästen oder Brutkörben, die der Jäger an Uferbäumen aufhängt oder auf Pfählen in flaches Wasser stellt. Da haben Ratte und Iltis, Fuchs und Krähe das Nachsehen.

Nach dreieinhalb Wochen Brut schlüpfen die gelbflaumigen Küken und laufen als »Nestflüchter« sofort hinter der Mutter dem nächsten Wasser zu. Von einem erhöhten Nistplatz springen sie einfach in die Tiefe und landen dank ihres Federgewichts flaumleicht und meist unversehrt. Oft ist es ein weiter Fußmarsch, bis der

nächste Wassergraben erreicht ist, der zum Bach führt und weiter zum See, wo das Jungschof in der Schilfdeckung heranwächst, bis es im August flügge wird.

Nicht nur diejenigen Tiere haben um Ostern und Pfingsten Elternpflichten, die sich vom sprießenden Grün nähren. Auch Fuchs und Marder, Habicht und Bussard haben hungrige Mäuler und Schnäbel zu stopfen, und sie können das nur, wenn sie ihre scharfen Fänge in blutwarmes Leben schlagen. Leben, das in diesen Tagen deshalb in so überwältigender Fülle entsteht, damit es durch seinen Tod anderes Leben erhalten kann. Wo ist da der Unterschied, ob die Fuchsfähe ein Rehkitz für ihre hungrigen Welpen reißt, der Sperber ein Fasanküken greift, der Turmfalke eine Maus erbeutet oder die Kohlmeise einen Schnabel voller Raupen zum Nistkasten trägt? Eines wirkt auf das andere, und wir Menschen sollten in unserem Glashaus nicht mit Steinen werfen! Schauen wir uns um in unserer rationellen, maschinengerechten, chemisch gereinigten Flur: Wo gibt es noch Plätze, wo ein Rebhuhnpaar oder eine Fasanhenne ihr Gelege verstecken können, so ruhig und sicher, daß es Krähen und Elstern nicht entdecken, daß aber auch keine Egge, Walze, Giftspritze oder Mähmaschine darüber hinweggeht und daß am Wochenende keine Spaziergänger mit Kind und Hund hineintappen?

Viele Gelege gehen verloren. Die Natur sorgt vor und läßt die Henne als Ersatz ein Nachgelege machen. Das besteht aus weniger Eiern als das erste, hat aber in besserer Deckung zu günstigerer Jahreszeit meist mehr Aussicht durchzukommen. Das kann auch hilfreich sein, wenn einmal in einem Gebiet alle Vogelgelege schlagartig durch ein Naturereignis vernichtet werden, etwa durch eine Überschwemmung oder einen harten Spätfrost. Hätten dann alle Vögel einer Art gleichzeitig gebrütet, wäre der ganze Jahrgang umgekommen. Doch die Eingriffe der Nesträuber haben dafür gesorgt, daß eine ganze Anzahl von Vogeleltern nach Verlust ihres Erstgeleges spät genug dran sind, um gleich nach der lokalen »Katastrophe« wieder neue Wiegen zu bauen.

Im Ei ist das Rätsel des Lebens Gestalt geworden. Eier gelten als Sinnbilder der Auferstehung zu neuem Leben bis auf den heutigen Tag. Hüten wir diese Symbole gut – nicht die gefärbten Ostereier aus der Legebatterie, aber alle die Gelege draußen im Revier, für die so viele Hennen keine Deckung mehr finden und von denen so viele schon den Todeskeim der Pestizide in sich tragen unter brüchigen Schalen. Ist das Ei heute nicht schon eher ein Symbol für das *Bedrohtsein* des Lebens?

Jäger geraten leicht in den Verdacht, daß es ihnen bei solchen Gedanken mehr um den Braten geht, den man bekanntlich »dann und wann von solchen Vögeln haben kann«. Das streiten wir auch gar nicht ab, aber wir wissen, daß wir *unseren* Braten nur haben können, solange immer wieder neue Eier gelegt werden. Ob das alle anderen Zeitgenossen auch begreifen, bevor sie bei *ihrem* Umgang mit der Natur das letzte Ei zerbrochen und die letzte Henne geschlachtet haben?

Jawohl, auch wir sind Singvögel! An den »sperrenden« Schlünden kann man es deutlich sehen – das für Singvogel-Nestlinge typische Futterbetteln. An den Flügeln deutet sich schon das Markenzeichen der fünf gierigen Schreihälse an: die blau-schwarzen Schmuckfedern des Eichelhähers. Sie sitzen in einem ziemlich kleinen Nest, das in wenigen Metern Höhe in dichtem Gebüsch oder Stangenholz versteckt ist. Die Häher wissen selbst am besten, daß es viele Nestplünderer gibt, vor denen man sich hüten muß.

»Meister Bockert, Landschaftsgestalter«

Wer nach Biberach schreibt, der sollte die Postleitzahl nicht vergessen. Denn sechs größere Orte dieses Namens stehen im Postamtsverzeichnis neben Biberbach, Biberberg, Bibergau und Bibersfeld, alle im süddeutschen Raum. Im Norden der Bundesrepublik gibt es die Orte Bevern (gleich viermal), Beverbeck (das bedeutet genau dasselbe wie das südliche Biberach), Beverbruch, Beverstadt und Beverungen. Taufpate aller dieser Orte, und dazu noch einer Unzahl von kleineren Ansiedlungen, von Weilern und Flurnamen, ist der Biber. Die größte der Biber-Ortschaften, die schwäbische Kreisstadt Biberach an der Riß, führt das große Wasser-Nagetier im Wappen und hat ihm auf dem Marktplatz ein Denkmal errichtet.

Das Denkmal ist das einzige, was man in der Gegend vom Biber noch sehen kann. Er war einmal so häufig, daß Menschen ihre Ansiedlung nach ihm benannten – das Dorf am Bach der Biber.

Tiervater Conrad Gesner schrieb Ende des 16. Jahrhunderts in seinem »Thierbuch« vom Biber: »Wiewol dieses in allen Landen ein gemein Thier ist und ingemein gern wohnet, wo es Fisch und Krebs giebt...«. Er beschreibt Aussehen und Lebensweise des Bibers zum größten Teil zutreffend, obwohl er der Ansicht ist, Biber seien Fischfresser. Die kräftigen Zähne verleiten ihn zu dieser Vermutung: »Diese sind vornen gegen dem Rachen gleichsamb als wie ein wenig hol ausgeschlieffen und wie ein Messerballen geschärpft: Und mit diesen Zänen wehren sie sich, hauen auch Bäum umb, und schlagen sie ohne Zweiffel in die Fische, als wie Hakken...«

Doch als Vorläufer moderner Zoologie zeigt sich Gesner bereits kritisch: »Die Bäum so gern an Wassern wachsen, als Fälben, Weyden, Scharweiden, Erlen und Aspen, sind des Bibers Speiß, doch frist er nur die Rinden davon... Deßwegen andere schreiben, daß sie gar keine Fisch essen, auß Erfahrung, daß Pelicerius, Bischoff von Monpellier, den Biber zum öfftern todte und lebendige Fisch vortragen lassen, welche sie

Es ist ein Märchen, daß Biber wie gelernte Waldarbeiter die Fallrichtung eines Baumes vorherbestimmen können. Aber auch so ist ihre Kraftleistung bewundernswert. Als Holzfäller verschaffen sie sich Baumaterial und Wintervorrat.

nicht berochen, vielweniger davon gessen hätten, sondern sich an besagte Gewächs gehalten.«

Das hat der gelehrte Bischof tatsächlich richtig beobachtet, und es ist nur verwunderlich, daß über die Ernährung dieses »in allen Landen gemeinen Tieres« so lange Ungewißheit herrschte. Das mochte mit dem allgemeinen Wunderglauben zusammenhängen, der die seltsam amphibische Lebensweise des Bibers nicht recht einzuordnen wußte und der den großen Nager zudem noch mit dem Fischotter in Verbindung brachte. Aus dem naiven Staunen über diese beiden stattlichen Säuger, die mit Schwimmhäuten zwischen den Zehen das Wasser zurückerobert haben, und aus dem vielfältigen Aberglaube, der sich um ihre Fähigkeit rankte, schälte sich erst allmählich die Erkenntnis heraus, daß der Biber als Nagetier nichts weiter mit dem Wassermarder gemein hat als einige Anpassungen im Körperbau an das Schwimmen und Tauchen.

Im Mittelalter rechnete man sogar beide Wasserbewohner kurzerhand zu den Fischen – aber das war wohl hauptsächlich ein schlitzohriger Kunstgriff der Mönche, um sich eine nahrhafte Fastenspeise zuzugestehen. Das schmackhafte Wildpret war es nicht allein, warum den Bibern eifrig nachgestellt wurde. Dazu kam das feine, dichte Fell, das als Pelzwerk höchst begehrt war. Die Mütze oder Haube aus Biberfell war Bestandteil vieler Volkstrachten. Mehr noch galt das geheimnisumwitterte »Bibergeil«, das dickflüssige Sekret der Analdrüsen, das die Biber zur Geruchsmarkierung ihres Familienreviers verwenden. Dem Stoff wurden Zauberkräfte zugesprochen.

Weil Biber ortsfest an ihr Wohngewässer gebunden sind, war es nicht schwer, sie zu erlegen, in Fallen zu fangen oder aus ihren Uferbauen und Wasserburgen auszugraben. So ging es mit zunehmender menschlicher Besiedlung der Fluß- und Bachtäler schnell mit den Bibern zu Ende. Die Vermehrungsrate des großen Nagers, der dank seiner wehrhaften Schneidezähne höchstens Bär und Wolf zu fürchten hatte – und auch das nur, wenn diese ihm den Fluchtweg ins Wasser abschneiden konnten –, war nicht auf hohe Verluste durch »Freßfeinde« eingerichtet. So gelang die fast völlige Ausrottung beim Biber viel eher und gründlicher als beim Fischotter. Dem gewandten Wassermarder machte, trotz aller Verfolgungen, erst die technische Verbauung und Verschmutzung der Gewässer den Garaus, auf dem Umweg über den Schwund seiner Ernährungsbasis, der Fische und Krebse. Der

Biber könnte, ließe man ihn in Ruhe, auch in fischarmen und schmutzigen Gewässern noch leben; denn das Wasser ist für ihn nur Transportweg und Sicherheitseinrichtung; seine Nahrung holt er an Land. So ist es zu erklären, daß die beiden einzigen kleinen Restbestände, in denen mitteleuropäische Biber bis ins 20. Jahrhundert überlebten, ausgerechnet an der mittleren Elbe in der Gegend von Magdeburg und in Frankreich an der unteren Rhône zu finden sind – zwei der am schwersten mit Abwässern belasteten Flüsse.

Die übermäßige Verfolgung durch Pelz- und Fleischjagd brachte die Biber auch in wesentlich naturnäheren Lebensräumen an den Rand der Ausrottung: In Skandinavien überlebten nur wenige im unwegsamen Norden; im Osten konnte er sich in Sibirien noch halten. Parallel zum Untergang in Europa und Nordasien drohte etwas später dem Biber in Nordamerika das gleiche Schicksal. Der Reichtum schien unerschöpflich; ein Heer von Trappern stürzte sich auf die leichte Beute, immer mehr Indianer verrieten ihren »kleinen Bruder« für Gewehre und Feuerwasser, und die Hudson's Bay Compagnie, die berüchtigte Pelzhandelszentrale, scheffelte mit dem Export der wertvollen Felle Dollarmillionen. Nicht lange; der Untergang des Bibers war ebenso wie der des Bisons ein Musterbeispiel für gierigen Raubbau. Die Ausrottung der beiden Arten bedeutete auch den Tod der Indianer, die bisher bei nachhaltiger Nutzung im Gleichgewicht mit ihrer belebten Umwelt gelebt und dabei eine Kultur und Philosophie entwickelt hatten, die erst wir späten, gebrannten Kinder des Fortschritts nicht mehr als primitiv belächeln.

In Europa schien der Biber rettungslos verloren; in Amerika schrillten die Alarmglocken zuerst: Aus den wenigen Resten wurden wieder Stämme zum Aussetzen in verwaiste Gebiete herangehegt. Der Lebensraum war ja noch vorhanden. Infolge des zweiten Weltkriegs wurde bei uns wenig Aktuelles über die Pioniertaten der amerikanischen und kanadischen Naturschützer zur Rettung des Bibers bekannt. Ein frühes Epos, das Zuneigung zum »kleinen Bruder« auch dem Leser in Europa vermittelte, war in den ersten Nachkriegsjahren die Übersetzung

Als »kleinen Bruder« respektierten die nordamerikanischen Waldindianer den Biber, bevor der Weiße Mann die Biberfelle fast restlos zu Geld machte. In Europa war es bereits fast zu spät, um auf eine Rettung des Bibers vor der Ausrottung hoffen zu können. Heute gibt es allein in Bayern wieder rund 300 freilebende Biber an Inn und Donau. Ein Stück Wiedergutmachung ist gelungen, wenn auch nicht ganz problemlos, denn Biber haben ihre eigenen Begriffe von Wasserbau.

Wo gemeißelt wird, fallen Späne. Nachdem ein Baum gefällt ist, werden Stamm und Äste in handliche Stücke zerteilt, transportgerecht für den Bau eines Staudamms oder zum Ausbessern der Wasserburg. Laub und zarte Rinde an dünneren Zweigen dienen zur Nahrung. Als Wintervorrat legen Biber ganze »Futterflöße« aus Zweigen an, die sie unter Wasser verankern. Sie halten keinen Winterschlaf und brauchen eine gut gefüllte Vorratskammer unter der Eisdecke. In klimatisch milderen Gegenden gehen sie auch im Winter ans Ufer und holen sich Weichholzrinde.

eines Buches des indianischen Waldläufers Wäscha-kwonnesin (Graue Eule); für machen jungen Leser damals ein prägendes Erlebnis, wie der einstige Biberfänger sein ganzes Wissen und Können dafür einsetzte, die bedrohte Art zu retten. Der frühe Artenschutz-Klassiker würde heute wohl nicht mehr als reines Jugendbuch abgetan.

Die amerikanischen Erfolge ermutigten europäische Biberfreunde, auch wenn es bei uns keine so großzügigen Lebensräume mehr gibt, daß Biber gleich von Flugzeugen aus über unwegsamen Flußsystemen abgesetzt werden konnten. Schweden und Norweger versuchten es mit amerikanischen Bibern, immerhin den europäischen engstens verwandt. Aus den Resten in Sibirien entstanden Zuchtstationen in Rußland und Polen. Von dort aus kehrte schließlich 1965 der Biber nach Bayern zurück, auf Initiative des Bundes Naturschutz mit seinem Vorsitzenden Hubert Weinzierl.

Es hat einige Mißerfolge gegeben, aber schließlich haben sich an Inn und Donau zwei lebenskräftige Populationen festgesetzt, die weiter kräftig ausstrahlen. Außerhalb Bayerns ist ein Ansiedlungsversuch im Oldenburgischen vorerst gescheitert; weitere Aktionen in Niedersachsen und am Rhein laufen an. Bayern aber hat den Anschluß an die Zeiten geschafft, von denen Franz von Kobell in seinem »Wildanger« (1859) noch schreiben konnte: »Bis zum Jahre 1846 gab es noch ziemlich allgemein bei uns Biber, obwohl sie selten waren: an der Donau, besonders bei Neuburg und auf den Donauinseln bei Ingolstadt, ferner an der Vils und am Lech bei Füssen, Landsberg, Kaufering; an der Amber (Ammer) bei Fürstenfeldbruck und Olching, an der Isar bei Landshut und an der Salzach... 1833 waren sie ziemlich häufig in der Amber und brachen einige sogar in die Obstgärten, z. B. in Fürstenfeldbruck, wo auch ein Paar am hellen Tag von der dortigen Amberbrücke heruntergeschossen wurde...«

Stichwort Obstgärten: Dieses Problem hat sich verschärft; die Bauern sind nicht gut auf die Umsiedler aus Polen zu sprechen. Das hängt mit den Lebensgewohnheiten von »Meister Bokkert« (so heißt der Biber in der Tierfabel) zusammen. Als Landschaftsgestalter nimmt er keine Rücksicht auf menschliche Ansprüche

und Besitzgrenzen. Walter Frevert beschreibt das in seinem Buch »Rominten« (1957) aufgrund von Beobachtungen im polnischen Urwald von Bialowiecza so:

»Die Biber bauten an Wasserläufen Stauanlagen und errichteten in den so entstandenen Stauseen ihre Burgen. Bei dem geringen Gefälle der Wasserläufe traten Anstauungen von mehreren Kilometern Länge ein, wodurch der Wald abstarb und zusammenbrach. Durch Ablagerung von Schlick und Sand wurde das zusammengebrochene Holz überlagert. Die in der Nähe befindlichen Weichhölzer, vor allem Aspe, Weide, Birke und Erle, wurden vom Biber zu Futterzwecken gefällt. Waren diese Futterbäume in der Nachbarschaft des Wassers aber aufgebraucht, so wanderte der Biber flußauf- oder -abwärts, um andere, bessere Äsungsplätze aufzusuchen und dort einen neuen Staudamm zu errichten. Die verlassene Kolonie verfiel, und bei Hochwasser wurde eines Tages der Staudamm fortgerissen, die überflutete Fläche wurde frei, und so entstand eine Wiese, die dann im Laufe der Jahrzehnte wieder vom Wald durch Anflug erobert wurde.«

Ein so großzügiger Wasserbauer und Landschaftsarchitekt muß freilich in unserer engen Nutzlandschaft anecken. Da fällen die Biber Bäume, um saftige Knospen und Rinde zu haben und Baumaterial für ihre Dämme und Burgen. Im Winter leben sie ausschließlich von den »Futterflößen« aus Weichholzzweigen, die sie unter Wasser verankern. Im Sommer leben sie von den Schößlingen, die reichlich als Wurzelbrut und Stockausschlag der gefällten Weiden- und Pappelstämme sprießen, und von allerhand krautigem Grünzeug. Aber die Weiden und Pappeln und – schlimmer noch – auch die Edellaubhölzer der Auwälder wachsen meist nur mehr in schmalen Uferstreifen und haben Besitzer, die selbst Holz ernten wollen. Und wo Landwirte ihre Rüben- und Maisfelder bis ans Ufer vorgepflügt haben, macht eine Biberfamilie reinen Tisch. Wo Biber Bäche aufstauen, werden Wege und Straßen überflutet, wo sie Baue in Böschun-

gen graben, brechen Traktoren ein. Paßt der Biber nicht mehr in unsere kleinkarierte Menschenwelt?

Es wäre ein Armutszeugnis, könnten wir ihm nicht wenigstens ein paar Lebensinseln in größeren Auwäldern gewähren und nicht den Fraßschaden an Mais und Rüben ersetzen, wo er sogar in kleinen Wiesenbächen inmitten der Feldflur wohnt. Die in Bayern wiedereingebürgerten Biber haben sich ebenso anpassungsfähig gezeigt wie einst die letzten Überlebenden an Elbe und Rhône. Mehr als 300 sind es schon.

Auf den ersten Blick und ohne Größenvergleich schwer zu unterscheiden: Alle Wassernager haben ungefähr das gleiche braune Haarkleid, und sie bewegen sich ähnlich durchs Wasser. Hier ist es der »kleine Vetter« des Bibers, die bei uns weit verbreitete Bisamratte. Sie wird nur etwa so groß wie ein Kaninchen, während es der Biber mit einem schweren Dachs aufnimmt. Die Bisamratte hat einen langen, seitlich kielförmig abgeflachten Schwanz – das sicherste Unterscheidungsmerkmal gegenüber der flachen »Biberkelle« auch bei kleinen Jungbibern. Die große Wasser-Wühlmaus ist ein »Amerikaner«, der in einem knappen Jahrhundert von einem Aussetzungsort in Böhmen aus fast ganz Europa erobert hat. Das Fell bringt eine Fangprämie ein, doch schießen darf der Jäger den ungeschützten »Schädling« nicht, weil für ihn nicht das Jagdrecht zuständig ist.

117

Wie die Biologin Ingrid Geiersberger herausgefunden hat, bevorzugen sie zwar die idyllischen Altwasser an Donau und Inn, besiedeln aber auch renaturierte Kiesgruben und sogar Entwässerungsgräben. Mit Landwirtschaft, Siedlungen, Straßen, Spaziergängern und Badebetrieb kommen sie zurecht, sind dann allerdings scheu und nachtaktiv. Ob ein Gewässer schnell oder langsam fließt – die Biberfamilie reguliert es mit ihrem Stauwehr aus Knüppeln und Reisig. Hauptsache ist die in Ufernähe erreichbare Nahrung, und eben da beginnen die Kontroversen mit Landwirten und Waldbesitzern.

Vieles davon läßt sich mit Geld entschädigen; schließlich werden auch für Hirsche, Wildschweine und Rehe enorme Summen an Wildschadenersatz bezahlt. Allerdings von den Jagdpächtern, und die geht der Biber nichts an, denn er steht unter Naturschutz und unterliegt nicht dem Jagdrecht. Was sich nicht mehr oder nur in kleinsten Ansätzen wiederherstellen läßt, ist der Jahrzehnterhythmus der biberischen Landschaftsgestaltung, der langatmige Wechsel zwischen dichtem Flußufer-Urwald, Biberkolonie mit Stauwehr und Holzfällung, schließlich Verlassen des ausgebeuteten Lebensraumes, der dann eine Zeitlang als Auwiese den Hirschen als Äsungsgrund dient, bis er allmählich wieder vom Auwald erobert wird. Und das flußauf und flußab im stetigen Wechsel, wo das Wasser fließt wie es will und die Bäume fallen, wie der Biber sie fällt oder der Sturm sie wirft.

Alles oder nichts? Seien wir froh, daß die Biber so anpassungsfähig sind, daß sie uns auch im engen Rahmen einen Abglanz der alten Rhythmen vermitteln. Doch die möglichen Lebensräume sind beengt; überschüssige Jungbiber müssen wandern, und sie geraten dann entweder in ungeeigneten Lebensräumen erst recht in Konflikt mit Bauern und Behörden oder auf Straßen unter die Räder. Die Obhut des Menschen für ein so großes und langlebiges Tier ohne natürliche Feinde (Biber werden bis um 20 Jahre alt) wird auf Dauer auch die Sorge um nachhaltige, naturnahe Regulation einschließen müssen. In Schweden ist es schon so weit; dort gibt es wieder Biberjagd, um den Überfluß aus gut gedeihenden Kolonien sinnvoll abzuschöpfen.

Ein Biber erreicht mit über 20 Kilo mehr Körpergewicht als ein Reh, und seit dem Mittelalter hat sich an der Schmackhaftigkeit des Wildprets und am Wert des Pelzes nichts geändert. Nur der Glaube an die Zauberkraft des »Bibergeils« ist geschwunden. Planmäßig nachhaltige Nutzung

dort, wo sie möglich oder sogar erwünscht ist, ist etwas ganz anderes als der Raubbau, der vor 150 Jahren den Biber in Europa ausgerottet hat. So gesehen, ist der Biber mit seiner kolonieweisen Wiederkehr ein Parallelfall zum Alpensteinbock. Nur, daß dessen Lebensraum noch fast intakt ist, während sich der Biber mit dem zufrieden geben muß, was ihm der Mensch von einstiger Wasserwildnis in den Auwäldern übriggelassen hat.

Wiedergutmachung an der Natur: Heute ist endlich gelungen, was Alfred Edmund Brehm in seinem »Tierleben« (1865) bereits andeutete: »Hier und da hat man daran gedacht, der gänzlichen Ausrottung des merkwürdigen Thieres vorzubeugen und deshalb in mehreren Flüssen und Teichen besondere Biberzuchten angelegt...« Es ist nie zu früh und selten zu spät...!
Der Biber ist nicht das einzige, aber das perfekteste Wasser-Nagetier. Seine Wiederkehr in die angestammte Heimat ist etwas anderes als die explosionsartige Verbreitung der Bisamratte, die es in Europa nie gab und die erst um die Jahrhundertwende aus Kanada eingeführt wurde. Der kleine »Ersatz-Biber« hat im mitteleuropäischen Klima die Hoffnung auf wertvolles Pelzwerk nicht ganz erfüllt, dagegen sich als emsiger Wühler in Ufern und Dämmen unbeliebt gemacht. Immerhin ist die Bisamratte ein Beispiel dafür, daß ein eingebürgerter Fremdling, wenn er nur lange und zahlreich genug das Neuland besiedelt, schließlich doch seine »ökologische Nische« findet. Der reine Pflanzenfresser hilft sogar, einen anderen lästigen Fremdling kurzzuhalten: die ebenfalls in unsere Gewässer eingeschleppte Kanadische Wasserpest, eine stark wuchernde Wasserpflanze. So macht die Bisamratte teilweise wieder gut, was sie an Wühlschäden anrichtet – immer mit den berechnenden Augen des Menschen betrachtet, der den kleinen Wassernager sicher in Kanada gelassen hätte, wenn die Folgen vor hundert Jahren absehbar gewesen wären.

Der gar nicht so kleine Unterschied zwischen der Wiedereinbürgerung ehemals heimischer Tiere in noch passende Lebensräume und der Einschleppung fremder Arten wird an den Wassernagern recht deutlich: Die Fremdlinge ufern entweder aus wie die Bisamratte, oder sie können sich nicht anpassen wie die Nutria (»Sumpfbiber«) aus dem subtropischen Südamerika, die ab und zu als Pelztierfarmflüchtling in heimische Gewässer gelangt und dort keinen strengen Winter überlebt. Bleiben wir also lieber bei unserem heimischen »Meister Bockert«!

Das Bild gibt noch einmal einen Eindruck von der genialen Wasserbaukunst einer Biberfamilie. Der aus Ästen und Zweigen errichtete, immer wieder mit Schlamm und Erde abgedichtete Staudamm reguliert genau den Wasserstand, wie ihn die Biber brauchen. Wenn der Wasserstand steigt, werden Schleusen geöffnet. So helfen Biber auch plötzliche Hochwasser zu verhindern, und sie steigern die Wasserspeicherfähigkeit eines Bachtales oder einer ganzen Flußlandschaft. Der Rückstau mit Überflutung flacher Ufer schafft neue Lebensmöglichkeiten für viele Flachwasserbewohner, zum Beispiel Gründelenten. Leider entsprechen die Ansichten der Biber über Landschaftsgestaltung oft nicht den Vorstellungen von Menschen, die an den Ufern selbst Holz nutzen oder Äcker bestellen wollen.

Der Fischer und sein Feind

»Nirgends habe ich so viel Unduldsamkeit gegenüber der nicht gerade Fisch heißenden Tierwelt gefunden wie bei den Fischern. Das Gros sah rot, wenn ein unglücklicher Reiher sich blicken ließ, wenn ein Eisvogel den Bach entlang schwirrte. Von Otter, Kormoran oder anderen ›Schwerverbrechern‹ gar nicht zu reden. Auch hier sieht man wohl die Schäden, die auf Anhieb sichtbar sind, zum Beispiel wenn einer der letzten Fischadler mit einem Fisch in den Fängen von dannen streicht. Aber die viel schwereren Schäden durch seine Majestät den Menschen sieht man nicht so sehr.«

Das hat der 1958 verstorbene ehemalige Oberstjägermeister Ulrich Scherping geschrieben, der nach dem zweiten Weltkrieg Geschäftsführer des Deutschen Jagdschutzverbandes wurde. Er wollte sich damit nicht in fremde Angelegenheiten der Angler und Fischer mischen, sondern für Jäger, die dem Raubwild gegenüber ja auch keine zimperliche Tradition pflegen, ein abschreckendes Beispiel nennen.

Der Mensch stand schon immer im Konkurrenzkampf gegen diejenigen Wildtiere, die selbst als Jäger oder als Fischer Beute beanspruchten, die der Mensch gern in die eigene Pfanne gehaut hätte. Doch die Zeiten sind längst vorbei, als die Abwehr mächtiger »Räuber« eine Überlebensfrage für Siedler und Kolonisten war. Vorbei allerdings auch die Zeiten, in denen der Mensch aus einem natürlichen Überfluß schöpfte, der durch tierische Mitesser nicht nennenswert geschmälert werden konnte.

Der Mensch selbst hat den Fischen zugesetzt, indem er sie teils bedenkenlos im Übermaß nutzte, vor allem aber, indem er ihnen den Lebensraum Wasser mehr und mehr verdorben hat. Die Spezialisten unter den Beutegreifern, auf deren Speisenkarte Fisch obenan steht, mußten, soweit sie überhaupt überleben konnten, natürlich vor allem dort fischen, wo es noch Fische gab, und dort gerieten sie immer stärker in Konflikt mit dem Menschen. Besonders dort, wo der Mensch Fische in ganz unnatürlicher Dichte heranzüchtet, um sie wirtschaftlich zu

120

nutzen, sei es durch Aussetzen von Fischbrut in natürlichen Gewässern oder in Fischzuchtanlagen. Der Haß auf Reiher, Kormoran oder Otter mag beim Teichwirt noch am verständlichsten sein. Er muß schließlich vom Ertrag seiner Wirtschaft leben und ist in einer ähnlichen Lage wie der Landwirt, dem Wildsauen die Äcker verwüsten. Beim Sportangler dagegen nimmt die Verteufelung der »Fischereischädlinge« irrationale Züge an; denn er lebt schließlich nicht vom Fischfang, der für ihn nur eine reizvolle Freizeitbeschäftigung ist, ganz im Gegensatz zu seinen tierischen Fischerkollegen, die eigentlich ältere Rechte auf die Fischgründe haben.

Sie sind zumeist Nahrungsspezialisten, die gar nicht auf andere Beute ausweichen können. Sie sind deshalb bereits selten geworden oder sogar in ihrem Bestand gefährdet, eben in dem Maß, wie ihre Lebensgrundlagen, die naturnahen Gewässer, selten geworden sind. Aber die wenigen, die es überhaupt noch gibt, drängen sich dort zusammen, wo noch etwas zu holen ist. Das wird besonders dann übel vermerkt, wenn sich die eine oder andere Art infolge von Schutzmaßnahmen etwas erholt und nun wieder in größerer Zahl auftritt oder Gebiete wiedererobert, wo sie bereits ausgerottet war. Gleich wird dann wieder nach Flinte und Falle gerufen, als ob wir heute von den Wechselbeziehungen in Lebensgemeinschaften nicht mehr wüßten als im vorigen Jahrhundert, als Nutzen und Schaden noch alleiniger Maßstab für die Daseinsberechtigung unserer Mitgeschöpfe war.

Hochmütig wirkt der große graue Reiher, der da reglos am Ufer steht oder in unendlicher Gelassenheit ein paar wenige Schritte mit seinen langen Stelzbeinen im seichten Wasser tut – bis dann sein spitzer Schnabel, vom langen Hals wie eine Harpune vorgeschleudert, jäh ins Wasser stößt, um ein Fischlein, einen Frosch oder einen dicken Wasserkäfer zu erbeuten. Der Graureiher ist aber nicht hochmütig, sondern hungrig. Sein aristokratisches Gehabe zusammen mit seiner blitzschnellen Reaktionsfähigkeit von Auge, Halsmuskeln und Schnabel sind eine erstklas-

sige Anpassung an seine Jagdweise als lauernder Fischer und Fänger.

Er hat heute einen schweren Stand an unseren armen Fischgründen, seit fast jedes Rinnsal kanalisiert, jedes Moor trockengelegt, jeder Bach begradigt, jeder Fluß verdreckt und verseucht, jeder See zur Wassersportarena und jeder Weiher zum Schwimmbad geworden ist. Dem Reiher, der einmal landläufig Fischreiher hieß, hilft es wenig, daß ihn wohlmeinende Freunde zum Graureiher umgetauft haben, weil er ja wirklich grau ist und nicht nur Fische erbeutet, sondern auch Käfer und Heuschrecken, Mäuse und Schnecken verschlingt. Und den Fischen hilft es gar nichts, wenn Menschen, die gern selbst Fische fangen und essen, voller Wut ihrem gefiederten Kollegen sein älteres Recht mißgönnen. Wo das Wasser zum Himmel stinkt und Fische mit dem Bauch nach oben schwimmen, haben Reiher und Angler ihr Recht verloren. Wo der Reiher noch leben kann, dort kann auch der Angler noch fischen. Und wo es nur noch künstlich angelegte Fischteiche gibt, wo man den Reiher so wenig brauchen kann wie den Fuchs im Hühnerstall, dort könnten Fischer und Vogelschützer gemeinsam den letzten Reihern einige mit Weißfischen besetzte Nahrungsteiche gönnen und manche anderen Mittel friedlicher Koexistenz suchen, anstatt gleich Schrot und Tod zu beschwören.

Der Reiher zeigt uns geduldig, wo die Wasserwelt noch halbwegs in Ordnung ist. Als das noch überall der Fall war, nisteten die großen Stelzvögel in ihren Brutkolonien auf hohen Bäumen zu Hunderten. So heißt es im alten »Brehms Tierleben« noch: »In Deutschland verfolgt man die Reiher allerorten eifrig, da sie unserem Haushalte mehr schaden als jeder andere Fischjäger... Da wo sich ein Reiherstand (d. h. eine Brutkolonie) befindet, ist es üblich, alljährlich ein sogenanntes Reiherschießen anzustellen, eine großartige und, wie bemerkt werden muß, abscheuliche Schlächterei, bei welcher so viele Reiher getödtet werden, als man tödten kann...«

So lange es noch genug Fische gab, vor allem noch genug Flachwasserzonen überall an Fluß- und Seeufern, wo sich die Reiher verteilen konnten, ohne der Fischereiwirtschaft zu sehr ins Gehege zu kommen, so lange überstanden die Brutkolonien sogar die alljährliche

Der Kormoran (oben) ist ein hochspezialisierter Meisterfischer, der sich erst in den letzten Jahren von der Ausrottungsgefahr erholt hat. Von der Meeresküste aus besiedelt er wieder Fluß- und Seenlandschaften im Binnenland. Er brütet gesellig in Kolonien, und weil er deshalb örtlich zahlreich auftritt und als Tieftaucher Fischgründe nutzt, die seinen gefiederten Konkurrenten unzugänglich sind, macht er sich bei Fischern besonders unbeliebt.

Der Graureiher (linke Seite) befischt Flachwasserzonen bis etwa 60 cm Tiefe, so weit er mit seinen Stelzbeinen waten und mit seinem Harpunenschnabel zustoßen kann. Häufig sehen wir ihn auch an Land auf der Jagd nach Mäusen, Lurchen und Insekten.

123

Kostbare Seltenheit: der Purpurreiher. Der wärmeliebende Südeuropäer kommt bei uns selten vor und zieht im Herbst bis ins tropische Afrika. Er findet auch kaum mehr geeignete Brutplätze, denn seinen Horst baut das Paar nicht auf Bäumen, sondern niedrig ins Schilfdickicht oder Weidengebüsch an naturwüchsigen Seeufern. Der zierliche Reiher mit dem purpurrotbraunen Hals kann leicht mit einem jungen Graureiher verwechselt werden – ein Grund, warum Vogelfreunde Bedenken gegen jegliche Reiherjagd haben.

»Schlächterei« an den Nestlingen, die aus den Horsten geschossen wurden. So große Brutkolonien gibt es bei uns nirgends mehr, doch seit der Graureiher nach dem Jagdrecht ganzjährig geschont ist, haben Einzelpaare und kleinere Kolonien wieder etwas zugenommen, und im Herbst finden sich wieder mehr Zuzügler ein. Graureiher sind gesellige Vögel. Sie brüten nicht nur gern kolonieweise, sie schließen sich auch nach der Brutzeit zu Gruppen zusammen, die jemeinsam auf Nahrungssuche und später im Jahr auf der Flucht vor dem Winter umherstreifen. So treffen wir im Herbst zeitweise oft viel mehr Reiher bei uns an, als hier weit und breit gebrütet haben. Es sind Reiher, die bis aus Skandinavien zu uns kommen, um zu überwintern oder – je nach Härte des Winters – noch weiter südwestwärts zu ziehen.

Nach einer Reihe von milden Wintern klagen Fischer und Teichwirte dann gleich über ein »Überhandnehmen« der gefiederten Mitesser. Der Teufel steckt wieder einmal im Detail: Es geht um Abwehr und/oder Entschädigung von Schäden, die in einzelnen Teichbetrieben wirklich gravierend sein können. Um die Frage von Abschußgenehmigungen entbrennt mit unschöner Regelmäßigkeit Streit zwischen Teichwirten und Vogelschützern. Besonders in Bayern, wo Graureiher vom 16. September bis 31. Oktober bejagt werden dürfen, aber nur im Umkreis von 200 Metern um »geschlossene Gewässer«. In Nachbarländern geht es dem Graureiher schlechter. In der DDR hat er eine allgemeine Jagdzeit von Juli bis Ende Januar, in den österreichischen Bundesländern Niederösterreich und Vorarlberg von September bis Ende Fe-

bruar bzw. Januar. Da Jäger im allgemeinen kein Interesse haben, Graureiher zu schießen (es sei denn, sie sind gleichzeitig Teichwirte), sind solche Jagdzeiten für den Reiher nicht so bedrohlich, wie sie vielen Vogelschützern erscheinen. Ein einziger strenger Winter tut den Reihern mehr Abbruch als die wenig erfolgreiche Jagd auf die vorsichtigen Vögel, zumal die heutigen Jagdzeiten die »Schlächterei« an den Horsten ausschließen. So bleibt mehr der Ärger über die Geisteshaltung und Argumentation aus der Mottenkiste der »Schädlingsbekämpfung« als begründete Sorge.

Schließlich sind auch Fischer lernfähig, und heute regt sich kaum mehr einer über Wasseramsel und Eisvogel auf oder über den ganzjährigen Schutz von Haubentaucher und Gänsesäger, die seitdem auch wieder etwas häufiger auf unseren Seen zu beobachten sind, obwohl sie alle mehr oder weniger Fischspezialisten sind und früher ebenfalls erbittert verfolgt wurden. Können wir uns heute einen Eisvogel, den kleinen »fliegenden Edelstein«, vorstellen, wie er mit zerschmetterten Beinchen in einem Pfahleisen hängt?

Die Zeiten, als man Eulen lebend an Scheunentore genagelt hat, haben immerhin in der Fischerei noch länger nachgeklungen. Manches Feindbild ist inzwischen gegenstandslos geworden, besonders das vom Fischotter, der in fast allen unseren Gewässern in den letzten 30 Jahren endgültig ausgestorben ist – obwohl er seit rund 20 Jahren nicht mehr bejagt werden durfte. Als heimischer Brutvogel verschwunden ist auch ein gefiederter Meisterfischer, der aber im Winter noch immer aus Nord- und Osteuropa zu unseren größeren Seen kommt, wo dann manche »Junggesellen« auch den Sommer verbringen. Es ist der Fischadler, ein sonderbarer Nahrungsspezialist unter den Greifvögeln. Mit den »echten« Adlern hat er nur den Namen gemeinsam.

Seine Unterseite ist fast rein weiß befiedert, damit sein schwebendes Flugbild mit den langen und breiten, gewinkelten Schwingen gegen den hellen Himmel den Fischen unsichtbar bleibt. Scharf späht das Adlerauge auf den Wasserspiegel. Hat es einen Fisch nahe der Oberfläche ausgemacht, dann wird der Segelflieger zum Sturztaucher: Wie ein Torpedo schießt der Vogel aufs Wasser, verschwindet unter der aufgischtenden Oberfläche – und schlägt, wenn er Glück hat, seine scharfen Fänge dem anvisierten Fisch in den Rücken. Doch der Fischadler ist kein Schwimmer und Taucher wie Sturmvögel oder Pelikane, die so ähnlich fischen wie er. Seine Jagdflüge aus der Luft ins Wasser sind riskant. Es gelingt ihm oft nur mühsam, mit dem Fisch in den Fängen wieder Luft unter die Schwingen zu bekommen. Manchen Fisch, in dessen Größe er sich verschätzt hat, muß er wieder freigeben.

Es mag etwas Wahres daran sein, daß ein schwerer Fisch seinen Jäger, wenn dieser den Griff nicht rechtzeitig lösen kann, mit in die Tiefe zieht und ertränkt. (Das bekannte Foto von dem bemoosten Karpfen mit einem Fischadlerskelett, das mit den Fängen noch immer in seinem Rücken verankert ist, hat sich allerdings als Fälschung erwiesen.) Der Fischadler brütet noch einigermaßen zahlreich im südlichen Skandina-

Nur noch selten hört man an schilfreichen Seen den »Moorochsen« rufen; zu sehen bekommt man ihn deshalb noch lange nicht. Denn die Rohrdommel lebt verborgen im Schilf, wo das Paar auch sein Nest baut. Die schilfbraune Tarnzeichnung und die unbeweglich starre »Pfahlstellung« des etwa bussardgroßen Vogels tragen zur Unsichtbarkeit bei. Selten sieht man die große Dommel im Freien oder im Flug; meist klettert sie mit ihren langen Greifzehen im Röhricht umher auf der Suche nach Insekten, Gewürm, Fröschen und kleinen Fischen. Als Teilzieher überwintert die Rohrdommel manchmal sogar bei uns.

125

Der »fliegende Edelstein«: Kaum größer als ein Spatz ist der prächtige Eisvogel. Seine Lebensgrundlagen sind selten geworden: klare, stehende oder langsam fließende Gewässer, aus denen er als Stoßtaucher Kleinfische, Kaulquappen und Wasserinsekten holen kann. Dazu lehmige Steilufer, in die er seine Nisthöhle am Ende eines fast meterlangen Ganges graben kann. Dort zieht das Paar zwei- bis dreimal im Jahr bis zu sieben Junge auf. Die hohe Zuwachsrate ist nötig, um die enormen Verluste auszugleichen, die strenge Winter immer wieder verursachen. Fischzuchtanlagen, in denen es von Fischbrut an der Wasseroberfläche wimmelt, sind natürlich ein ergiebiges Jagdrevier für Eisvögel. Doch vom gesetzlichen Schutz ganz abgesehen, ist heute schwer vorstellbar, daß früher eigens winzige Schlagfallen im Handel waren, die auf Pfählen ins Wasser gestellt wurden und die mit ihren Eisenbügeln den kleinen Vögeln die Beinchen zerschmetterten. Fische, die größer als 10 cm sind, läßt der Eisvogel in Ruhe; am liebsten hat er noch kleinere, schlanke Fischchen. Wo es ihm nicht an Beute, aber an Nistgelegenheit fehlt, kann man ihm durch Abgraben von Steilufern und sogar durch künstliche, ins Erdreich eingelassene Nisthöhlen helfen.

vien und in Mecklenburg nahe unseren Grenzen.

Toleranter als Sportfischer und Teichwirte sind die Berufsfischer an unseren großen Seen und Strömen gegenüber der tierischen Konkurrenz, obwohl gerade sie heute mehr schlecht als recht von ihrem Gewerbe leben. Ihre Fischgründe sind aber so groß, daß Reiher und Fischadler buchstäblich nur oberflächlich daran teilhaben, und auch tief genug, daß Säger und Haubentaucher den Fischnachwuchs nicht ernstlich dezimieren können. Vor allem aber merken die Berufsfischer, daß es ganz andere Einflüsse sind als die uralten Fischereirechte von Wildtieren, die ihre Ernte schmälern. Technische Zerstörung und Verbauung der Uferzonen, Schwinden der Schilfgürtel, Verschmutzung, Vergiftung, Versäuerung, Verölung des Wassers sind es, die den Petrijünger samt seinen tierischen Kollegen auf die Rote Liste bringen. So ist die alte Fischerkultur an den Seen und Strömen am Absterben, und das ist gewiß nicht die Schuld von Graureiher, Otter, Haubentaucher & Co.

Für Aufregung sorgt in unseren Tagen ein erfolgreicher Fischjäger, der überraschend wiederkehrt: der Kormoran. Der große schwarze Scharbenvogel hat nur noch in wenigen Brutkolonien im Küstenbereich das 20. Jahrhundert erlebt. Koloniebrütende Vögel sind ja besonders leicht zu vernichten. Und gegen die Kormorane wurden einst sogar Militäreinheiten aufgeboten, denn sie sind ganz besonders erfolgreiche und gefräßige Fischliebhaber. Das machten sich in Japan sogar Fischer zunutze, indem sie gezähmte Kormorane als Fischereigehilfen einsetzten: Die Vögel kamen an eine lange Leine und bekamen einen Ring über den Hals gezogen, so daß sie den erjagten Fisch nicht hinunterschlucken konnten und ihn dem Fischer im Boot »abliefern« mußten. Bei uns war solche Partnerschaft mit dem Kormoran unbekannt. Auch den Vogel selbst kannte bald niemand mehr, bis er seit einigen Jahren wieder vermehrt im Binnenland erschien. Zunächst als Wintergast, heute bereits wieder als Brutvogel in kleinen Kolonien an Inn und Donau. Sicher eine Folge des Schutzes, den er genießt.

Der Kormoran ist der einzige Schwimmvogel, der sein Gefieder nicht wasserdicht einfettet. Er wird beim Tauchen naß bis auf die Haut. Das gibt ihm einerseits kurzfristig mehr Tiefgang und Stoßkraft, weil der Auftrieb durch Luftpolster im Gefieder entfällt. Andererseits muß sich der aufgetauchte Kormoran erst einmal eine Zeit zum Trocknen »an die Leine hängen«, bevor er zum nächsten Tauchgang fit ist. Er tut das, indem er sich mit komisch abgespreizten Schwingen an Luft und Sonne stellt – ein unverwechselbares Bild.

Die Wiederkehr des Kormorans bringt nicht nur fischereiwirtschaftliche Probleme. Vom Lech wird berichtet, daß der Kormoran, der früher auf diesem Gebirgsfluß nie vorkam, dort Geschmack an Äschen und Forellen findet, zum Mißvergnügen auch der Gewässerökologen. Doch Schuld hat wieder nur der Mensch: Er hat große Stauseen in den Flußlauf gelegt, dadurch die Fischfauna kormorangerecht verändert, und von diesen Stützpunkten aus geht der gefiederte Tauchfischer auch den Äschen in den Fließstrecken an die Schuppen.

Wildtiere nutzen die Chancen, die der Lebensraum ihnen bietet, gleichgültig, ob dieser vom lieben Gott oder von Menschen geformt ist.

Die Fischerei prägte einst Wirtschaft und Kultur weiter Landstriche an Flüssen, Strömen und Seen. Die natürlichen Grundlagen dafür sind heute ebenso gefährdet wie die Lebensgrundlagen der gefiederten Fischer. Die Süßwasserfische in unseren Fischhandlungen stammen meist aus intensiver »künstlicher« Fischzucht und Teichwirtschaft. Dazu kommt die Sportfischerei als Freizeitvergnügen. Fischer tun viel für die Gestaltung und Sauberhaltung der Fischlebensräume, aber oft aus zu einseitigem Blickwinkel. Das Verhältnis zu ihren tierischen Konkurrenten ist ein Prüfstein, wie glaubwürdig ihre Naturschutzbekenntnisse über Kescher und Blinker hinaus sind.

Land unter dem Pflug

Vom »Hirsch des kleinen Mannes«

Als vor 2000 Jahren die Römer darangingen, ihr Imperium auf Mitteleuropa nördlich der Alpen auszudehnen, fanden sie in Germanien dicht bewaldetes Land, in den Flußniederungen durchsetzt mit ausgedehnten Sümpfen und Mooren. Die Feldherren, Verwaltungsbeamten und Kaufleute aus den antiken Hochkulturen um das Mittelmeer empfanden das als düster und bedrohlich. Caesar und Tacitus haben uns ihre Eindrücke überliefert; einschließlich des ersten Jägerlateins von den seltsamen Elchen, die sich zum Schlafen an Bäume lehnten und die leicht zu erbeuten seien, indem man die »Schlafbäume« vorher ansäge; denn der Elch könne aus eigener Kraft nicht mehr aufstehen, wenn er samt Baum umgestürzt sei. Die Geschichte mochte ein Germanenhäuptling den neugierigen Besatzern bei einem Humpen Met aufgetischt haben.

Waldwildpferd, Wisent und Auerochs, Bär und Wolf lebten in den Wäldern Germaniens. Wildschwein und Rotwild waren weit verbreitet, denn Eichen und Buchen mit ihrer nahrhaften »Mast« waren die vorherrschenden Baumarten. Menschen waren dünn gesät in den Wälderweiten. Die Stämme waren gerade erst durch die Völkerwanderung aus dem Dunkel der Vorgeschichte getreten. Die beginnende Landwirtschaft war noch eine Waldkultur auf kleinen Flächen für den Hausgebrauch neben Jagd und Fischfang.

Das Bild der Landschaft änderte sich immer schneller mit der wachsenden Zahl der Menschen und unter dem Einfluß waldferner Kulturen von jenseits der Alpen. »Kultur« – das hieß Wälder roden und Sümpfe trockenlegen; hieß Ackerbau, Weinberge, Obstgärten, Viehzucht auf Kosten der alten Wildnis und der alten Götter, die Bäume und Bäche beseelt hatten.

Tausend Jahre später, als sächsische und staufische Kaiser deutscher Nation die germanisch-christliche Nachfolge des römischen Imperiums antraten, zeigte die Landschaft unserer Heimat bereits ein ähnliches Bild wie zu Beginn unseres 20. Jahrhunderts: Kulturlandschaft; die geschlossenen Wälder zurückgedrängt auf die unwirtlicheren Gegenden; das fruchtbare Tiefland, die sonnigen Hügel zur Feldflur gerodet. Der Ackerbau formte auf weiten Flächen neue Lebensräume und Lebensbedingungen. An die Stelle der Wälder trat die »Kultursteppe«, offenes Land unter dem Pflug, mit niedriger, ein- oder zweijähriger Vegetation von Getreide und anderen Feldfrüchten, abwechselnd mit Brache in der alten »Dreifelderwirtschaft«. Grünland und Futterpflanzenanbau gab es noch kaum; das Vieh lebte noch lange Zeit hauptsächlich aus dem Wald. Aus den Jägern waren Bauern geworden. Sie jagten nicht mehr nur für den hungrigen Magen, sondern auch zum Schutz ihrer Äcker und Herden.

Bald verschwanden die großen Wildtiere mehr und mehr, sowohl die großen Pflanzenfresser – Wildpferd, Wildrinder, Elch – als auch das Großraubwild. Als ernsthafte Konkurrenten und Störenfriede der Landeskultur wurden sie in immer entlegenere Rückzugsgebiete zurückgedrängt. Doch »Kulturfolger« rückten nach, besiedelten die vom Menschen geformten Lebensräume der Kulturlandschaft. Tiere zumeist, die in den Steppen des Ostens zu Hause waren und nun nach Westen vordrangen, gemeinsam mit Wildpflanzen, die sich als Ackerwildkräuter neben den Kulturpflanzen des Menschen ansiedelten. Von den beiden »klassischen« Kulturfolgern der Ackerflur, Feldhase und Rebhuhn, wird noch die Rede sein. Auch davon, wie sie und viele andere Mitglieder ihrer Lebensgemeinschaft von Kulturfolgern zu Zivilisationsflüchtern wurden. Denn die letzten 150 Jahre unseres technischen Zeitalters, die maschinengerecht industrialisierte Landwirtschaft in den letzten 50 Jahren haben den Lebensraum Feldflur tiefgreifender verändert als das Jahrtausend davor.

Doch noch ein anderes Wildtier profitierte davon, daß der Mensch die großen geschlossenen Wälder auflockerte, daß sich Wald und Flur in vielfältigem Wechsel verzahnten, daß Feldgehölze und Hecken auf den gerodeten Nutzflächen Bindeglieder zu den Wäldern blieben – und daß der Druck der großen Beutegreifer geschwunden war: Das Reh erlebte seine große Zeit.

Die kahle Feldflur ist eigentlich kein geeigneter Lebensraum für Rehe, die als Busch- und Waldrandbewohner am liebsten als Einzelgänger durch dichtes Gebüsch schlüpfen. Doch wenn sie in der offenen Feldflur genug Ruhe vor Störungen haben, dann können sich Rehe erstaunlich gut auch an diesen Lebensraum anpassen: Sie leben dann geselliger in »Sprüngen« und ändern ihr Territorialverhalten zugunsten größerer Verträglichkeit gegenüber Artgenossen.

In ihren ersten Lebenstagen liegen Rehkitze regungslos in Deckung, sie »drücken sich«. Hände weg vom Jungwild: Sie sind nicht verwaist und verlassen, sondern werden regelmäßig von der Muttergeiß gesäugt und betreut. Sie verteidigt ihre Kitze (meist sind es zwei) wirksam gegen den Fuchs und andere kleinere »Räuber«. Doch wenn der Kreiselmäher das Wiesengras für Stall und Silo abrasiert, hilft das von der Natur programmierte Verhalten zur Feindvermeidung nichts. Tausende von Rehkitzen sterben jedes Frühjahr unter den Mähmessern, dazu viele Junghasen und Vogelgelege.

Überall Rehe

Rehe hatte es auch in den Urwäldern Germaniens bereits gegeben. Aber sie waren selten; denn diese kleine Hirschart ist an ein verborgenes Leben in dichtem Unterholz und an buschigen Waldrandzonen angepaßt, wo es nahrhafte Knospen und saftige Kräuter gibt und wo das Reh als »Schlüpfer« und »Ducker« bessere Chancen hat, den großen Jägern Wolf und Luchs zu entgehen.

Die bäuerliche Kulturlandschaft erfüllte dem Reh alle angeborenen Wünsche, und es reagierte mit seiner großen Vermehrungskraft – angepaßt an starken Feinddruck und zeitweise hohe Winterverluste – auf das Schlaraffenland aus Menschenhand. Und den Menschen war das sehr recht – denn Rehe waren auch in großer Zahl für die Landwirtschaft erträglich, und sie waren als Jagdwild ein dankbarer Ersatz für die zurückgedrängten größeren Wildarten. So kam der Rehbock zu Ehren als »der Hirsch des kleinen Mannes«. Dazu beigetragen hat vor allem auch die jagdhistorische Entwicklung.

Die Jagd war nämlich schon im Mittelalter längst nicht mehr das Recht jeden freien Mannes auf seinem Grund und Boden. Sie wurde immer mehr zum Vorrecht der Landesfürsten und des hohen Adels. Daher heute noch der Begriff »Hochwild« für die größeren und wertvolleren Wildarten. Das kleinere »Niederwild« – dazu gehört das Reh bis heute – durften der niedere Adel, die Geistlichkeit und später auch die Bürger bejagen. Nicht aber die Bauern, die immer rechtloser wurden und alle Wildschäden erdulden mußten. Adelswillkür gerade im Zusammenhang mit der Jagd war ein maßgeblicher Auslöser aller Revolutionen von den Bauernkriegen des 16. Jahrhunderts bis zur Französischen Revolution.

Bei uns wurden adelige Jagdprivilegien auf fremdem Grund und Boden erst durch die bürgerliche Revolution 1848 abgeschafft. Seitdem ist jeder Grundeigentümer auf land-, forst- oder fischereiwirtschaftlich genutzten Flächen wieder Inhaber des Jagdrechts auf seinem Grund. Zunächst führte die frisch erkämpfte Jagdfreiheit beinahe zur Ausrottung der größeren Wildarten – besonders des Rotwildes – und auch zur starken Verminderung der Rehe. Um solchem Mißbrauch auf zu kleinen und zersplitterten Grundstücken vorzubeugen, wurde schon um 1850 das Jagdrecht modifiziert: Jagdrechtsinhaber blieb auf jeden Fall der Grundeigentümer; doch selbst ausüben darf er die Jagd nur, wenn sein Grundeigentum eine gewisse zusammenhängende Mindestgröße (nach jetzigem Bundesjagdgesetz 75 Hektar) als Jagdrevier hat. Die Eigentümer kleinerer Grundflächen müssen sich innerhalb der Gemeinde zu einer Jagdgenossenschaft zusammentun und können dann ihr Jagdrecht gemeinsam nutzen. Das tun sie meist, indem sie die Jagd verpachten.

Dieses »Revierpachtsystem« ist eine Besonderheit der deutschsprachigen Länder (Deutschland, Österreich, Teile der Schweiz) mit Ausstrahlung auf Ost- und Südosteuropa im Einflußbereich der früheren österreichisch-ungarischen Monarchie. Im übrigen Europa wurde die Jagd im allgemeinen zur Sache des Staates, und die Bürger können unter bestimmten Voraussetzungen die Erlaubnis zur Jagdausübung – eine »Jagdlizenz« – erhalten. Grob vereinfacht, können wir das »Lizenzsystem« unserem »Revierpachtsystem« gegenüberstellen; doch gibt es mancherlei Abstufungen und Übergänge.

Bei uns jedenfalls trat der Jagdpächter weitgehend in die Fußstapfen der früheren adeligen »Jagdherren«. Zwar unter anderen rechtlichen Bedingungen und nicht mehr zu Lasten der bäuerlichen Grundeigentümer (diese kassieren ja die Jagdpacht), aber nicht unbedingt mit anderer Einstellung zu Wild und Jagd. Denn mit dem aufblühenden industriellen Wohlstand seit der »Gründerzeit« zu Ende des 19. Jahrhunderts wuchs die Schicht begüterter Bürger, die recht gern adelige Gepflogenheiten und Vergnügungen nachahmten. Der Sonntagsjäger mit seinen Variationen vom Gigerl bis zum Protz wurde

Jäger und Bauern bemühen sich um die Kitzrettung vor dem Ausmähen. Am Abend vor dem Mähen aufgestellte Wildscheuchen veranlassen die Muttergeiß, ihre Kitze aus dem Gefahrenbereich zu holen. Beim Absuchen der Wiesen mit feinnasigen und gehorsamen Vorstehhunden wird manches Kitz gefunden. Technische Einrichtungen am Mähwerk sollen sich drückende Kitze vor dem Mähmesser aufscheuchen. Alles nicht hundertprozentig, aber besser als nichts. Ein gefundenes Kitz das noch so klein ist, daß es nicht flieht, wird sorgsam in die nächste Deckung gelegt, wo es die Mutter abholt, wenn Ruhe eingetreten ist. Ein Grasbüschel verhütet unmittelbaren Kontakt mit der Menschenhand.

133

Rehe spielen die Hauptrolle bei Wild-Verkehrsunfällen: Sie sind häufig, kommen überall vor, und sie sind groß genug, um ernste Unfallfolgen zu bewirken, anders als Hasen, Kaninchen und anderes Kleinwild, die nur Opfer der Autoreifen sind. Durchschnittlich 15 Verkehrstote, 2000 Verletzte und 200 000 getötete Wildtiere sind die Jahresbilanz von Verkehrsunfällen mit Wildtieren auf bundesdeutschen Straßen. Die beste Verhütung: Augen auf und Fuß vom Gas!

geboren; die Satiren und Witzblätter jener Zeit sind voller Beispiele. Und weil das edle Hochwild inzwischen Mangelware war, kam der neuen, bürgerlichen Jägerschicht der »Hirsch des kleinen Mannes« gerade recht. Trägt doch der Rehbock ebenfalls ein Geweih auf dem Haupt, mit dem sich im verkleinerten Maßstab auch der noble Sammeltrieb nachvollziehen läßt, der einst Raritätenkabinette und Hallen voller Hirschgeweihe füllte.

Geburt des »modernen« Trophäenkults, der so leicht die Grenze vom Erhabenen zum Lächerlichen überschreitet! Geburt auch einer neuen Hegegesinnung, zu der Widersprüchliches Pate stand: die als Abwehr gegen die Schattenseiten der technischen Zivilisation aufkommende Naturschutzbewegung mit ihrem neuen Naturgefühl; ideell motivierte Abkehr von Raubbau und »Fleischjagd«; zugleich aber auch aus der Haustierzucht übernommenes Streben nach »Verbesserung« des Wildbestandes (das heißt in erster Linie der knöchernen Stirnwaffen), nach jagdwirtschaftlicher Leistungssteigerung. Das alles wurde schließlich zur Zeit des Dritten Reiches durch eine gigantische Jagdbürokratie gekrönt, die heute noch nicht überwunden ist. Bei alledem wurde der Rehbock als »Hirsch des kleinen Mannes« allzu kritiklos mit dem echten, dem Rothirsch gleichgesetzt. Das mußte schief gehen, weil beide Cerviden-Arten zu verschieden voneinander sind, in Verhalten und Lebensansprüchen geradezu Gegensätze.

Kenntnis der geschichtlichen Entwicklung macht es etwas leichter, die Ungereimtheiten zu verstehen, die heute den Rehen und den Jägern das Leben schwer machen, weil eingefleischte Traditionen nicht mehr mit neuem Wissen über die Biologie der Rehe und ihre Rolle in der Lebensgemeinschaft zusammenpassen. Das Universum vieler Jäger dreht sich noch immer um die Rehböcke und ihre Mini-Geweihe. Da macht sich jeder grüne Galilei unbeliebt, der seine Waidgenossen zu einer anderen Denkrichtung aufruft.

Es ist wirklich so: In der Größenordnung nächst der Wanderratte gibt es in Mitteleuropa kein wildlebendes Säugetier, das so häufig, so weit und allgemein verbreitet ist wie *Capreolus capreolus*, das Reh. Der bewährte Kulturfolger hat sich auch als zivilisationsverträglich erwiesen. Seine enorme Anpassungsfähigkeit ist für ein Wildtier dieser Größe, zumal für einen Wiederkäuer, einzigartig. Das ist in unserer Zeit eine erfreuliche Ausnahme, und unter diesem Aspekt sollten wir den Problemen um diese Wildart auch die hauptsächlich positive Seite abgewinnen.

Viele Menschen sind an Rehen interessiert – Jäger, Waldbesitzer und Forstleute, aber auch Naturschützer, Tier- und Naturfreunde im allgemeinen. Sie alle haben je nach Interessenlage und Kenntnisstand verschiedene und oft widersprüchliche Empfindungen. Vom »süßen Bambi« bis zum wäldervernichtenden »kleinen roten Knospenbeißer« reichen die einseitigen Zerrbilder. Die Rehe haben es schwer, es allen Menschen recht zu machen. Denn so häufig sie auch sind – die schätzungsweise zwei Millionen Rehe, die in unserer Bundesrepublik leben, müssen sich den Lebensraum mit rund 60 Millionen Menschen teilen. Dieser Zahlenvergleich zeigt schon, wo die Wurzeln so mancher Probleme eigentlich stecken.

Von den 60 Millionen Menschen in unserem Land sind rund 260 000 Jäger, und auf ihr Konto kommt eine jährliche Jagdstrecke von rund 700 000 Rehen. Nicht ganz allerdings; denn etwa

ein Sechstel dieser »Jahresstrecke« wird nicht von Jägern geschossen, sondern kommt auf den Straßen unter die Räder von Autos. Bemerkenswert: Vor 50 Jahren erbeuteten die damals noch nicht so zahlreichen Jäger auf der gleichen Fläche nur knapp 400 000 Rehe jährlich. Doch auch der heutige hohe Aderlaß »reguliert« die Rehe nicht oder kann sie allenfalls örtlich und zeitlich begrenzt vermindern.

Auch das ist eine – vor allem für Jäger – erfreuliche Ausgangslage. Denn hier haben wir eine Wildart, die nachhaltig auf hohem, sogar noch steigerungsfähigem Niveau ertragreiche Jagdbeute liefert und damit für alle Jäger eine ständige Quelle freudigen Erlebens. Und das noch dazu nicht mit dem Odium des bloß jagdlichen Selbstzwecks und Eigennutzes, sondern eingebunden in die vernünftige Aufgabe, das Rehwild im Einklang mit seinem Lebensraum und mit den Ansprüchen der Waldwirtschaft pfleglich zu nutzen und zu erhalten. Am Beispiel des Rehwildes wird besonders deutlich, auf welche Weise die Jagd wirklich zu einem Bindeglied zwischen Landnutzung und Landschaftspflege im Sinne eines »gestaltenden Naturschutzes« werden

Ist der Wald wirklich für alle da, abseits von Wegen und für jede Form von Geländesport? Von Rechtslage und Besitzrecht einmal abgesehen – Gefühl, Verständnis und Rücksicht für Natur und Wildtiere wären die besten Grundlagen, damit Natur und Mensch in unserem übervölkerten Land besser miteinander auskommen. Förstern und Jägern »gehören« der Wald und das Wild nicht; aber sie sind die sachverständigen Hüter dieser Naturwerte, die auf verständige Rücksicht aller Bürger angewiesen sind.

Auf dem Heimweg nach erfolgreicher Rehbockjagd. Von den ungefähr 300 000 Rehböcken, die jedes Jahr in der Bundesrepublik erlegt werden, treten nicht mehr viele ihre letzte Reise auf die traditionelle Weise im Rucksack an. Meist ist es nicht weit bis zu einer Stelle, die mit dem Auto erreichbar ist. Aber es gibt auch noch unwegsame Reviere – und wieder mehr Jäger, die aus Grundsatz und Einsicht das Auto im Revier so spärlich wie möglich benutzen. Zur jagdlichen Leistung gehört der körperliche Einsatz auch nach dem Schuß, wie es einst ganz selbstverständlich war.

kann. Alle könnten damit zufrieden sein, nicht zuletzt die Grund- und Waldbesitzer, die im Wild nicht vorwiegend einen Schadensfaktor zu sehen bräuchten, sondern vielmehr eine angenehme Nebennutzung ihres Grund und Bodens in Form der materiellen und ideellen Werte der Jagd.

Daß es heute überhaupt so viel Streit um das Rehwild gibt – hier »Überhege«, dort »zu hohe Abschußforderungen« –, das hat seine Gründe wie meist, wenn Wildtiere mit Ansprüchen des Menschen nicht zurechtkommen, in Einflüssen des Menschen auf den Lebensraum. Die Rehe in ihrer großen Zahl und allgegenwärtigen Verteilung sind Geschöpfe der bäuerlichen Kulturlandschaft mit ihren vielfältigen Randzonen zum Wald. Doch seit unsere Fluren maschinengerecht bereinigt sind, seit Hecken und Feldgehölze fehlen, seit Siedlungen, Motorisierung und ausgebaute Feldwege viel Unruhe bringen, sind die Felder nur noch im Sommer guter Lebensraum für Rehe, wenn sie sich im hohen Getreide und Mais sicher fühlen. Sobald die Felder abgeerntet sind, fehlt den Rehen die Deckung. Soweit sie gelernt haben, in deckungslosen Feldebenen sogar ihr Waldrand-Schlüpferverhalten aufzugeben und als »Feldrehe« auch den Winter über und sogar in größeren Gruppen draußen zu bleiben, fehlt ihnen die Ungestörtheit – auf den weithin sichtigen Flächen ist die Fluchtdistanz groß. So drängen im Spätherbst die Rehe aus dem ganzen Sommerlebensraum in den Wald. Im Wald aber leben ebenfalls viele Rehe, weil ihnen die Forstwirtschaft in den letzten Jahrzehnten gute Bedingungen geschaffen hat: Die notgedrungenen Kahlschläge der Nachkriegszeit mit den folgenden Aufforstungen wirkten ähnlich wie Naturkatastrophen in Naturwäldern, wenn Altbestände flächenweise durch Sturm oder Feuer zusammenbrechen. Die dann üppig nachwachsende Vegetation ist ein Schlaraffenland, auf das Rehe mit starker Vermehrung reagieren.

Nun kann sich inzwischen die Waldwirtschaft andere, naturnähere Ziele leisten mit dem Wiederaufbau stufiger Mischwälder und mit Nutzungsverfahren, die weniger grobschlächtig sind als die flächenweise Abholzung und das Wiederanpflanzen gleichaltriger und gleichartiger Nutzholzbestände. Dazu kommt neuerdings die Not des Waldes durch die Immissionsschäden aus der Luft. Der Wald verkraftet die große Zahl an Rehen nicht mehr, die als geborene naschhafte »Knospenbeißer« die nährstoffreichsten und wertvollsten Bestandteile aus dem natürlichen Nachwuchs des Waldes vertilgen. Die Rehe so weit zu vermindern, daß sie überall für den Wald (bei anspruchsvolleren waldbaulichen Zielsetzungen) erträglich sind, bedeutet aber, daß kaum noch überschüssiger Nachwuchs aus dem Wald in die Feldreviere hinausdrängt und daß die Rehe im Wald selbst ziemlich »unsichtbar« werden.

Rehe sind Einzelgänger, die möglichst wenig mit Artgenossen zu tun haben wollen. Nur die Muttergeiß hält das Jahr über mit ihren Kitzen zusammen, und im Winter werden die Rehe verträglicher und gesellen sich zu kleinen »Sprüngen«, die im Wald kaum mehr als fünf bis sechs Stücke umfassen – etwa eine Geiß mit zwei Kitzen, dazu ein Jährling vom Vorjahr und ein erwachsener Bock. Wenn Rehe dünn gesät weit voneinander entfernt in gut geeigneten Einständen »wohnen«, wo sie keine weiten Wege zwischen Deckung und Äsung haben, sieht man nicht mehr viel von ihnen. Die Beunruhigung des Waldes durch erholungsuchende Menschen tut ein Übriges, daß sich die Rehe unsichtbar machen. Das ist freilich nichts für Jagdpächter, die viel Geld für die Jagd zahlen, aber wenig Zeit zum Jagen haben und die deshalb viele Rehe sehen wollen, um zu ihrem Jagderlebnis zu kommen – gleich, ob nun einer viel schießen will oder ob er als »guter Heger«, der beileibe kein »Schießer« sein möchte, genußvoll wählerisch jagen und sich dabei am Anblick des Wildes freuen will. Die Kontroversen mit Waldbauern und Forstleuten sind dabei vorprogrammiert.

Die oft geforderte Äsungsverbesserung im Wald selbst bringt nur dann Verbiß-Entlastung, wenn umso mehr Rehe geschossen werden. Andernfalls wird der »Blitzableiter« zur Zündschnur, denn bessere Äsung wirkt sich zunächst einmal in mehr Zuwachs aus. Sinnvoll zur Entspannung an der Rehfront wären vor allem Maßnahmen, die die Feldflur selbst über den Sommer hinaus wieder wohnlicher für Rehe machen. Doch das ist leichter gesagt als getan. Ausrotten lassen sich Rehe mit heutigen Jagdgepflogenheiten bestimmt nicht. (Obwohl das um die Jahrhundert-

Eine Landschaft, wie Rehe sie lieben: Laubwaldrand, Gebüschgruppen, hohes Gras auf einer extensiv genutzten Moorwiese. Im Moor gibt es Moorrehe: Einige Gebiete im Raum von Hannover sind bekannt dafür, daß dort ein hoher Anteil von schwarzen Rehen vorkommt. Da die Schwarzfärbung (Melanismus) rezessiv vererbt wird, kann es vorkommen, daß eine rote Ricke schwarze Nachkommen hat. Vermutlich bedeutet die Schwarzfärbung einen Anpassungsvorteil an das Leben im Moor.

Imponierverhalten: Jeder erwachsene Rehbock sucht sich ein Einstandsrevier, das er gegen Rivalen verteidigt. Die Grenzen werden beim Schlagen mit dem Geweih an Stämmchen und Büschen mit Duftstoffen aus der Stirndrüse markiert. Wenn zwei Rivalen einander begegnen, versuchen sie sich durch Drohgebärden zu beeindrucken. Wenn keiner den Rückzug antritt, kommt es zum Geweihkampf, der je nach Wucht und Form der Geweihe manchmal blutig ausgeht. Meist reißt der Unterlegene rechtzeitig aus. Der Sieger verfolgt ihn ein Stück, doch nicht allzu weit über sein eigenes Territorium hinaus; im fremden Revier kann sich das Kräfteverhältnis wieder umkehren.

wende zum Beispiel in der Schweiz, in Dänemark und auch in manchen deutschen Gauen mit wesentlich rigoroseren Methoden vorübergehend fast gelungen war.) Aber wenn man in unseren Fluren wieder mehr Rehe sehen würde, die dem Wald weniger zur Last fielen, wäre das für alle Beteiligten nur erfreulich.

Hexenringe

Hoch steht das Gras der Wiesen schon wieder nach der ersten Mahd, üppig gedeihen Gräser und Kräuter auf der Waldlichtung. Da fallen eines Tages seltsame Pfadspuren auf, viel schmaler, als ein Menschenfuß sie treten könnte, im weiten Kreis oder in Achterschleifen um Stock und Stein. Nächtlichen Hexenreigen wittert der Aberglaube. Doch es ging alles mit rechten Dingen zu. Eine brunftige Rehgeiß hat ihren Freier im magischen Zirkel hinter sich hergelockt, hat sich vom Bock »treiben« lassen im langwierigen Paarungsvorspiel. Nicht nur in lauer Hochsommernacht, auch unter der hellen Hundstagssonne führen die Rehe ihren Hochzeitsreigen auf um die Monatswende Juli/August. Rehbrunft, »Blattzeit«, wenn der brunfttolle Bock dem Jäger »aufs Blatt springt«, sich betören läßt durch das nachgeahmte Fiepen der Partnerin.

Der Rothirsch tritt erst im frühen Herbst in die Brunft. Der Damhirsch folgt vier Wochen später Ende Oktober. Die Gams brunften gar erst im beginnenden Winter. Dem zarten Reh scheint es angemessen, seine Hochzeit in den Hundstagen zu feiern anstatt unter rauhen Herbststürmen. Doch eine Schwierigkeit ist dabei: Die Tragzeit müßte fast zehn Monate dauern, wenn die Kitze das Licht der Maiensonne erblicken sollen, anstatt im Märzenschnee zu verklammen. »Eiruhe« oder »Keimruhe« heißt der Kunstgriff, den die Natur angewandt hat: Nach den allerersten Zellteilungen stoppt die Entwicklung des Embryos und geht erst im Spätherbst weiter, so, als ob die Brunft im November gewesen wäre. Das war lange Zeit ein Rätsel. Bei Rehgeißen, die im Sommer und Frühherbst erlegt wurden, war keine Spur von Trächtigkeit zu sehen. Erst im Frühwinter waren Embryonen vorhanden. War

die so auffällige, eindeutige Sommerbrunft nur eine »Scheinbrunft« und dafür die echte Brunft im Spätherbst soviel unauffälliger? Erst das Mikroskop der Forscher brachte – vor erst rund 80 Jahren – Klarheit in den Fall. Heute wissen wir über die Keimruhe Bescheid. Aber wie sich eine so erstaunliche Anpassung entwickeln konnte, und daß sie außer beim Reh noch bei ganz andersartigen Tieren wie bei Dachs, Mardern und Bären vorkommt, ist nicht weniger rätselhaft.

So ganz unrecht hatten auch die alten Jäger nicht: Es gibt tatsächlich eine Herbstbrunft beim Rehwild, eine »Nachbrunft«, bei der – nicht einmal gar so selten – ein Rehbock hitzig eine Geiß treibt, die im Sommer nicht beschlagen worden war und die jetzt »nachbrunftig« wird. Oder sogar ein frühreifes Rehkitz, das jetzt schon erste Liebesfreuden erlebt (und im kommenden Mai, eigentlich erst Schmalreh, bereits Mutter wird). In solchen Ausnahmefällen unterbleibt die Keimruhe; sie ist ja jetzt nicht nötig, um eine normal befristete Tragzeit herzustellen. Der Wechsel der Jahreszeiten ist die mächtige Kraft, die solche Anpassungen bewirkt. Ohne die Keimruhe wäre es dem Reh kaum möglich gewesen, das nacheiszeitliche Europa bis an den Polarkreis zu erobern.

Das Reh ist auch sonst eine Ausnahmeerscheinung. In der zoologischen Systematik gehört es zu den »Neuwelthirschen«, denn alle seine näheren Verwandten leben in der Neuen Welt, wie Walt Disneys Bambi-Urbild, der Weißwedelhirsch, der in Nordamerika ähnlich häufig ist wie bei uns das Reh, der aber fast so groß ist wie ein Damhirsch. Ausgerechnet das Reh beschränkt sich auf Europa und Asien und fehlt in der Neuen Welt. Dafür lebt dort in Nordamerika der Wapitihirsch als größter Vertreter der »Altwelthirsche« – er ist gemeinsam mit den Indianern aus Nordasien eingewandert, als die Beringsee noch eine Landbrücke war.

Mit dem gesellig lebenden Rothirsch hat das Reh sehr wenig gemeinsam, wohl aber mit dem Elch, der größten Hirschart überhaupt. Beide

leben einzelgängerisch oder in kleinen Familiengruppen und äsen wählerisch an Knospen und Zweigen, während der Rothirsch ein wahlloser »Graser« ist und, wenn er könnte, die offene Grassteppe dem dichten Wald vorziehen würde. Auch der Zyklus der Geweihbildung verläuft gegensätzlich: Wenn der Rothirsch im Februar/März sein Geweih abwirft, hat es der Rehbock gerade fast fertig geschoben und wird es im März/April blankfegen. Die Rehböcke werden dann unverträglich und raufen ihre Territorien aus, deren Grenzen sie erbittert verteidigen und markieren. Wenn die Rothirsche im Juli/August (da feiert der Rehbock gerade Hochzeit) ihre frisch geschobenen Geweihe fegen, ändert sich gar nichts; sie bleiben friedlich bis zur Brunft in Rudeln beisammen. Wenn sie dann im September mit ihren wehrhaften Geweihen ernst machen, geht es bei den Rehböcken schon wieder dem Abwerfen zu.

Der Rehbock ist wirklich nicht der »Hirsch des kleinen Mannes«, sondern eine ganz eigenständige Wildgestalt mit Ansprüchen und Lebensgewohnheiten, die heute recht gut erforscht sind, aber noch zu wenig beachtet werden.

Brunfttreiben in den Hundstagen: Jetzt treibt der Bock am hellen Tag die brunftige Geiß über Wiesen und durch Getreidefelder, auf Waldlichtungen und durchs Unterholz. Das weibliche Reh signalisiert durch Duftstoffe den Böcken seine Brunftigkeit, die nur zwei bis drei Tage anhält. Nach den lebhaften Einstandskämpfen im Frühjahr waren die Böcke bis Ende Juli faul und heimlich. Zur Brunft um Anfang August hat der Jäger wieder bessere Chancen, besonders wenn er »blattet«, das heißt den Fieplaut des weiblichen Rehs auf einem Buchenblatt oder Grashalm nachahmt. Wer's versteht, kann so manchen Bock heranzaubern.

139

Wie sollen Rehe hier überleben? Sie schaffen es immer wieder, sich den vom Menschen verformten Lebensbedingungen in erstaunlicher Weise anzupassen. Im Winter hängt es viel von der Nahrung ab, ob ein Wildtier überleben kann. Doch für sein Wohlbefinden spielen das ganze Jahr über noch viele andere Faktoren eine Rolle. Deshalb ist es bedenklich, wenn durch »künstliche« Fütterung einseitig ein einziger Engpaß überbrückt wird. Hunger ist nicht die einzige Belastung, die droht, wenn in einem Gebiet mehr Tiere leben, als der Lebensraum verkraften kann. Wenn Rehe im Feld Ruhe und Äsung finden, belasten sie den Wald weniger – das ist gerade im Winter wichtig.

Wohin mit dem Flaschenhals?

Wo die Kulturlandschaft allenthalben vom Menschen geformt und beeinflußt ist, dort ist es müßig zu überlegen, wie wir Wildtieren zu »natürlichen« Lebensbedingungen verhelfen können. Sie sind so oder so von unserem Tun und Lassen abhängig. Es ist aber eine Frage des Verständnisses und der Achtung vor der Natur, wie wir Wildtiere behandeln: als reine Nutzobjekte bis hin zur beginnenden Domestikation, als sentimental geliebte Hätscheltiere oder in dem Bestreben, bei aller nötigen Manipulation so nah wie möglich an den Bedingungen zu bleiben, an die sich eine Wildtierart in den Tausenden von Jahren angepaßt hat, bevor sie der Mensch in seiner Nutzlandschaft gnädig zu dulden und/oder nutzbringend zu hegen begonnen hat.

Das wird besonders deutlich zu der Jahreszeit, die in der natürlichen Auslese als Engpaß, als »Flaschenhals« vorgesehen ist: in der winterlichen Notzeit. Natur-Puristen sind gegen jegliches Füttern von Wildtieren; treusorgende Heger und Tierfreunde sehen darin eine heilige Pflicht. Wie immer, liegt eine breite Grauzone zwischen der Schwarzweißmalerei.

Wo noch ein paar alte Eichen am Rand eines Fichtenstangenholzes stehen und im Herbst ihre nahrhafte »Mast« ausstreuen, wirken sie auf die Rehe der Umgebung wie ein Magnet. Der Jäger nützt das gern aus, um dort ein paar Rehe zu schießen. Die überlebenden Rehe finden bis in den Winter hinein noch viele Eicheln, die sie sich unter Schnee und Laub herausschlagen. Wenn keine Eichen mehr im Fichtenwald stehen und der Heger ein paar Zentner Eicheln kauft, um sie dort auszuschütten, wo sein Großvater die Eichen gefällt und stattdessen Fichten gepflanzt hat, dann ist das »künstliche« Fütterung, und das Jagdgesetz verbietet, dort Rehe zu schießen. Ein Wildacker am Waldrand wiederum, auf dem Raps, Rübsen, Markstammkohl und Topinambur wintergrüne Saftäsung bieten, gilt als »natürliche Äsungsverbesserung«; es darf gejagt werden wie auch im Mai auf Kleeacker und Löwenzahnwiese.

Rehe, allerdings nur sehr wenige, überleben auch im natürlichen Bergfichtenwald der Hochlagen. Müssen wir uns in den »künstlichen« Fichtenforsten des Flachlandes nun mit ebenso wenigen Rehen zufrieden geben oder dürfen wir mit Füttern so tun, als ob es immer noch die alten, mastreichen Eichen- und Buchenwälder wären? Doch auch diese trugen nicht alle Jahre Mast; es gab strenge Winter, in denen fast alle

Rehe umkamen (vom Wolf ganz zu schweigen). Dürfen wir also mit Füttern die Winterhärte völlig aufheben – noch dazu, wenn wir mit unserem Jagen gar nicht fähig sind, als Ausgleich dazu die Härte des Wolfes nachzuahmen? Verschieben wir den »Flaschenhals« damit vielleicht nur in eine andere Jahreszeit, in der die Not weniger spektakulär ist als das Sterben an Hunger? Vielleicht ins Frühjahr, wenn die vielen überlebenden Rehe einander verrückt machen in Konkurrenz um Einstandsreviere und Aufzuchtplätze? Das alles ist bei den Rehen im Feld und Wirtschaftswald nicht so einfach wie bei den Gams droben in ihrem viel härteren, aber noch wirklich natürlichen Lebensraum.

Es gibt Situationen, wie zum Beispiel beim Rotwild im Bergwald, in denen der Mensch den Lebensraum so beschnitten hat, daß wir die verlorengegangene Überwinterungsmöglichkeit ersetzen müssen. Ähnlich ist es, wenn wir in der ausgeräumten Feldflur den Rebhühnern mit Schüttungen von Unkrautsamen und Druschabfall unter sperrigen Asthaufen oder Reisigdächern ersetzen, was ihnen frühere Brachflächen mit samentragenden Stauden geboten haben. Im Idealfall sind solche Maßnahmen Überbrückungshilfe, bis es gelingt, Schäden am Lebensraum soweit zu beheben, daß die Tiere wieder aus eigener Kraft über den Winter kommen. Wo wir das nicht mehr hoffen können, bleibt es Überlebenshilfe mit allen Fragezeichen, die sich auf lange Dauer daraus ergeben.

Auf einem anderen Blatt stehen – mit manchen Querverbindungen – wirtschaftlich motivierte Fütterungen für solche Wildtiere, die zwar ohne unsere Hilfe nicht in ihrem Bestand gefährdet wären, die dann aber nicht in so großer Zahl gehalten werden könnten, wie wir sie gern hätten, und die dann in nahrungsknappen Zeiten viel Schaden an Kulturpflanzen anrichten würden. Das Rehwild ist das klassische Beispiel dafür. Das betrifft in erster Linie die regel- und gewohnheitsmäßige Fütterung; nicht die nur gelegentliche Hilfe in extremen Notlagen.

Bei Tierfreunden macht sich nicht beliebt, wer Zweifel am Sinn solcher Hilfsmaßnahmen anmeldet. Die ganz persönliche Freude am Anblick zutraulicher Vögel am Fensterbrett oder futterzahmer Enten am Parkteich läßt sich nicht wegrationalisieren. Darum geht es auch gar nicht. Das Eichhörnchen, zum Beispiel, ist ein possierliches Tierchen, das wie viele kleine Nagetiere periodisch massenhaft auftritt und dann wieder jahrelang fast verschwindet. Von Nüssen, Eicheln und Fichtensamen kann es im härtesten Winter leben, wenn es genug davon gibt. Wer würde sich nicht freuen, wenn so ein Waldkobold zutraulich die Nuß aus der fütternden Hand nimmt? Aber soll daraus eine »Aktion Eichhörnchen« entstehen, eine Fütterungs-

Spärliche Äsung – Die Fichten hat der Waldbesitzer gepflanzt und lange Zeit nichts anderes aufkommen lassen. Wenn heute die Rehe nichts anderes aufkommen lassen, obwohl der Waldbesitzer inzwischen zu besserer Einsicht gekommen ist, muß sich der Jäger auf seine ursprüngliche Funktion besinnen: »Wo der Wolf jagt, wächst der Wald – und wo der Wald wächst, können Rehe nicht aussterben.«

pflicht, um mit großem Aufwand zu erreichen, daß es überall ständig gleich viele Eichhörnchen gibt? Doch wohl kaum, auch wenn Erdnußverkäufer gern aus dem Rascheln der Futtertüten einen Aufruf heraushören würden, als Stellvertreter des lieben Gottes die Not der armen Tiere zu lindern.

Um die »Aktion Igel« rankt sich bereits eine kleine Industrie, die Igelschützern unter die Arme (und in die Geldbeutel) greift, um untergewichtige Herbstigel durch den Winter zu päppeln. Entsprechend unwirsch sind die Reaktionen auf Zweifel, ob das – über die unbestrittene Freude am Umgang mit den Pfleglingen hinaus – wirklichen Wert für die Igel-Populationen hat oder auf Dauer nicht eher bedenklich ist.

Alle Vergleiche hinken, aber vieles von solchen Zusammenhängen ist am heutigen Streit um (übertriebene) Winterfütterung der Rehe unverkennbar. Wenn das alles keine Sache unserer Liebhaberei wäre, sondern wirklich unabdingbar ethischer Auftrag und artenschützerische Notwendigkeit, dann müßten wir noch ganz anderen Ernst damit machen. Das Jagdgesetz verlangt, »Wild« in »Notzeiten« sachgemäß zu füttern. Also müssen wir auch Eimer voll Mäuse für die Bussarde hinaustragen, Schachteln voll Mehlwürmer für die Lagerschnepfen? – Auch sie können unter bestimmten Wetterlagen Not leiden und zugrundegehen.

Jeder sieht ein, daß das Unsinn wäre. Also sollten wir auch sonst über alles, was an der Wildfütterungsfrage heute so heiß umstritten ist, mit pragmatischer Vernunft nachdenken. Unsere Zivilisation hat die Lebensgrundlagen für viele Wildtiere so stark geschmälert, daß wir uns zur Wiedergutmachung verpflichtet fühlen – im Bewußtsein unserer Unzulänglichkeit. Die Veränderungen, die der Mensch auf der Erde bewirkt, sind für viele Wildtiere katastrophal. Überleben werden nur die Arten, die sich an die neuen Lebensbedingungen gut genug anpassen können, die die Rücksichtslosigkeit der Menschen aushalten oder die von unserer Sentimentalität profitieren. Für die Rehe stehen diese Chancen

nicht schlecht. Ob es gelingt, ein paar Inseln in den Eisstrom des Fortschritts zu schmelzen, auf denen auch anspruchsvollere und empfindlichere Arten auf Dauer überleben können, erscheint zweifelhaft. Denn wir sitzen ja selbst schon bis zum Hals im eigenen Kühlschrank und bekommen keinen Arm mehr frei, um den Fortschritt abzuschalten, wenn uns zu kalt ums Herz wird. Sind alle unsere neunmalklug diskutierten Artenschutzprogramme und Fütterungskonzepte nichts als flackernde Streichhölzer, mit denen wir uns die Seele wärmen möchten und uns doch nur die Finger verbrennen?

Allein schon den Begriff »Notzeit« und in Verbindung damit eine »Fütterungspflicht« im Sinn unserer Jagdgesetze zu definieren, ist gar nicht einfach. Die Oberforstdirektion Ansbach hat 1982 eine aufschlußreiche Information darüber herausgegeben. Dort wird beispielsweise die Ansicht des jagdlichen »Klassikers« Ferdinand von Raesfeld aus seinem Werk »Das Rehwild« (1906) zitiert: »Wir haben daher in der Sorge um die Erhaltung und Heranziehung starker Körperformen in einem strengen Winter einen Bundesgenossen, den wir durch übertriebene Fütterung nicht lahmlegen sollten. Nicht die Massenzucht jämmerlichen Zeuges, sondern die Erhaltung und Heranbildung eines mäßigen Standes gut veranlagten Wildes ist die Aufgabe.« – Wobei es allerdings noch die Frage ist, ob Wild mit »starken Körperformen« auch wirklich immer das »bessere«, das heißt optimal an die gegebenen Lebensbedingungen angepaßt ist. Es ist es jedenfalls dann nicht, wenn es seine starken Körperformen ausschließlich einer »Mastfütterung« verdankt.

Die gesetzlichen Auslegungen haben sich von vagen Allgemeinplätzen zu pragmatischen Überlegungen entwickelt. Hieß es in einer Verwaltungsvorschrift zum Reichsjagdgesetz 1935 noch lapidar: »Länger anhaltende Frostperioden mit hoher Schneedecke bringen der freilebenden Tierwelt Nahrungsmangel und verpflichten zum Beschicken der Fütterungen ...«, so klingt es im Kommentar von P. Leonhardt zum Bayerischen Jagdgesetz 1976 schon differenzierter: »Als Notzeit (für Schalenwild) kann daher die ... Zeitspanne bezeichnet werden, in der das Wild zu wenig ... Äsung findet, so daß die im durchschnittlichen Gesundheitszustand befindlichen Tiere der Population zum Überleben auf künstliche Futterquellen angewiesen sind. Die Notwendigkeit einer Fütterung kann dabei nicht generell angenommen, sondern muß differenziert beurteilt werden ...«

Allerdings war die Pauschalklausel von 1935 nicht mit einer Strafe für Zuwiderhandlung bedroht, während das heutige Landesjagdgesetz eine Geldbuße bis zu 10000 Mark vorsieht – obwohl es inzwischen andererseits sogar eine weitere Ordnungswidrigkeit nebst Bußgelddrohung eingeführt hat: »mißbräuchliche Fütterung« außerhalb der Notzeit und mit falschen Futtermitteln. Ähnlich verworren ist die Rechtslage in fast allen anderen Bundesländern.

In den juristischen Schwierigkeiten spiegelt sich biologischer Widersinn, den R. Hofmann so kennzeichnet: »Die herkömmliche Definition des Begriffes Notzeit reflektiert den Wissensstand vergangener Jahrzehnte. Sie orientiert sich entweder an der Haustierhaltung oder überträgt die Situation des Menschen auf die Verhältnisse in der Wildbahn.« – Womit wir wieder bei der Frage wären, wie weit eine Manipulation der »Verhältnisse in der Wildbahn« gehen darf, wenn diese Wildbahn selbst ein Stück manipulierte Kulturlandschaft ist ...

Die Futterraufe – ein Symbol der Tierliebe, ein umstrittenes Hilfsmittel für Wildhege und Wildschadenverhütung, ein Symptom dafür, daß in den Wechselbeziehungen zwischen Lebensraum, Wildtier und menschlichen Interessen nicht alles in Ordnung ist. Es gibt auch heute noch viele Wälder, in denen Rehe nicht gefüttert werden. Bedingungen und Interessen sind zu verschieden, als daß für jeden Standort das gleiche Rezept gelten könnte.

Kulturfolger und Zivilisationsflüchter

Reich gegliederte Kulturlandschaft. Der Mensch hat aus den alten Urwäldern neue Lebensräume mit andersartigen Lebensbedingungen geschaffen. Die bäuerliche Landwirtschaft hat die Natur nicht zerstört und vergewaltigt, sondern behutsam umgeformt. Viele Pflanzen und Wildtiere können hier leben.

Das Reh, so haben wir gesehen, ist ein echter Kulturfolger, dem es überall dort am besten gefällt, wo aus den alten finsteren Urwäldern Parklandschaften und Buschsteppen geworden sind. Wo es ihm in der offenen Flur heutzutage zu ungemütlich wird, zieht es sich mehr in den Wald zurück. Andere Bewohner der Ackerflur haben es schwer. Sie können mit dem Wald wenig oder nichts anfangen und müssen verschwinden, wenn ihnen die Kultursteppe nicht mehr den Lebensraum bietet, den sie brauchen. Die Steppe, aus der sie kamen, ist nicht öd und eintönig. Sie trägt eine bunte Vielfalt von Pflanzen, von denen unzählige Insekten und anderes Kleingetier leben; sie bietet zu allen Jahreszeiten Nahrung und Deckung vor dem Zugriff von Feinden und vor den Unbilden des Wetters. Sie hat ihre eigenen Gesetze, die den Tieren, die am besten daran angepaßt sind, ständig oder periodisch sehr häufiges Vorkommen ermöglichen. Der Mensch hat mit Waldrodung und Ackerbau die Gesetze der Steppe nachgeahmt. Das ermöglichte ihm selbst massenhafte Vermehrung. Doch wenn die Steppe zu sehr belastet wird, verkommt sie zur Wüste. Der Mensch ist dabei, die Gesetze der Wüste nachzuahmen. Die Geschöpfe, die ihm in die Ackersteppe gefolgt waren, fliehen vor der Betonwüste.

Jeden Tag hundert Hektar

Hundert Hektar, das ist ein Quadratkilometer. Soviel Land verschwindet in unserer Bundesrepublik *täglich* unter Beton und Asphalt oder hinter Zäunen und Mauern. 365 Quadratkilometer im Jahr! Allein in den 20 Jahren von 1958 bis 1978 ist der Anteil landwirtschaftlicher Flächen von 58 Prozent auf 53 Prozent von der Gesamtfläche unseres Landes geschwunden. Der Wald hat in der gleichen Zeit um ein halbes Prozent zugenommen, auf gut 29 Prozent der Landesfläche. Gebäude und Verkehrsflächen haben sich dagegen von sieben auf zwölf Prozent fast verdoppelt. (Binnengewässer machen knapp zwei Prozent aus, »Ödland« knapp drei Prozent.)

Weil sich die Bebauung auf Ballungsgebiete konzentriert, erscheinen die Prozentzahlen noch erträglich. Straßen ziehen sich als schmale Bänder durch die Landschaft und kommen uns kaum als Flächenverlust zu Bewußtsein. Von ihrer viel schlimmeren Auswirkung, daß sie nämlich als künstliche Barrieren Lebensräume in immer kleinere Inseln zerstückeln, reden ohnehin nur Fachleute, die sich darüber Sorgen machen, daß viele Wildtiere auf Dauer nicht auf solchen »Inseln«, ohne Austausch mit benachbarten Populationen, überleben können. Eher wird schon von den vielen Straßenunfällen gesprochen, denen größere Tiere zum Opfer fallen – und jährlich rund 15 getötete und 2000 verletzte Menschen. Dagegen werden immer mehr Autobahnen und andere Schnellstraßen »wilddicht« abgezäunt – und dadurch auch für große Wildtiere Barrieren geschaffen, die ihre Bewegungsfreiheit noch mehr einschränken, als das durch Siedlungen und Straßen ohnehin schon der Fall ist. Auf die Dauer muß das zu genetischen Schäden, zur Verarmung des Erbgutes führen.

Immerhin konnte – ohne Blick aufs Detail und in die Zukunft – vor etlichen Jahren ein Bundeslandwirtschaftsminister noch davon schwärmen, daß er bei einem Flug über unser Land doch eigentlich hauptsächlich das Grün einer heilen Umwelt sehe. Der Überflieger-Eindruck, damals als Gegengewicht zu aufkommendem politischem Grün auf Hochglanzpapier unters Volk gebracht, war eine untaugliche Beruhigungspille. Denn mehr noch als der Flächenschwund fällt der Qualitätsschwund der Ackerflur ins Gewicht, was ihre Eignung als Lebensraum angeht.

Aus der alten Landeskultur ist Landtechnik geworden. Zunächst kein Widerspruch; denn Technik ist ein Ergebnis kultureller Entwicklung. Doch nicht nur Schwerter, auch Pflugscharen können lebensfeindlich gehandhabt werden und sich gegen die Kultur wenden, die sie hervorgebracht hat. So war es mit der Flurberei-

Maschinengerechte Agrartechnik hat unsere Heimatlandschaft in den letzten 30 Jahren stärker verändert als tausend Jahre bäuerliche Landeskultur vorher. Der »Fortschritt« führt vom Urwald über die Buschsavanne zur Steppe und schließlich zur Wüste. Das Entwicklungsstadium, auf dem der Mensch in Harmonie mit der Natur leben und wirtschaften könnte, ist bereits weithin verloren gegangen. Umdenken hat eingesetzt, aber die Fehler, die unsere Politiker und Behörden zögernd wiedergutzumachen versuchen, werden in anderen Erdteilen in riesigem Maß fortgeführt. Die Wüste droht weltweit!

Landschaftsverbrauch für Siedlung, Industrie, Verkehr, Freizeit. Immer wieder Verluste an freiem Lebensraum. Ein kleiner Trost: Manche bepflanzte Straßenböschung, mancher Hausgarten, mancher Tümpel neben dem Campingplatz ist lebensfreundlicher als moderne Maisfelder und Kartoffeläcker. Doch mit ein wenig Grün verzierter Beton ist kein Ersatz für verlorene Natur.

nigung, die unsere Heimatlandschaft maschinengerecht ausgeräumt hat. So ist es mit dem Einsatz von Großmaschinen und dem Anbau von immer größeren Flächen von Monokulturen zu Lasten der Bodenfruchtbarkeit. So ist es mit den ständig steigenden Mengen von Mineraldüngern, mit denen dem ausgepowerten Boden das allerletzte abgepreßt wird zu Lasten des Grundwassers, das schon bald kein Trinkwasser mehr sein kann, weil es von Nitraten aus dem Düngersack strotzt. So ist es mit der chemischen Keule gegen »Unkräuter« und »Ungeziefer«, das heißt die Vielfältigkeit des Lebens, die neben unseren Nutzpflanzen nicht mehr gedeihen darf.

Der Wohlstand der letzten 30 Jahre hat unsere Heimat stärker geschädigt als alle Not- und Kriegszeiten zuvor. War das alles nötig zur Existenzsicherung? Für die der Bauern offenbar nicht; denn der Bauernstand stirbt heute gerade an den Überschüssen, die er erwirtschaftet. Ministerien geben Hunderttausende von Mark aus, um mit einer neuen Flurbereinigung die Wunden zu verpflastern, die sie zuvor für Millionen geschlagen haben – und manchmal heute noch schlagen. Agrargifte, deren Erfinder den Nobelpreis bekommen haben, werden verboten, nachdem ihre Rückstände weltweit bis in Muttermilch und Pinguineiern zu finden sind. Wo gestern noch Moore mühsam »kultiviert« wurden, muß man sich heute Gedanken machen, was mit »stillgelegten« Ackerflächen geschehen soll. Lichtblicke für Natur und Wildtiere? Die Konkurrenz von Golfplätzen, Freizeitparks und Anbau technischer Pflanzenrohstoffe für Fasern und Öle legt Skepsis nahe. Naturgrün hat noch immer wenig Chancen gegen Giftgrün.

Die Bauern allerdings sind damit nicht gemeint, wenn angeprangert wird, daß die moderne Agrarwirtschaft unter den Hauptschuldigen an Landschaftszerstörung und Artenschwund mit an der Spitze marschiert. Die bäuerliche Landwirtschaft, die über Jahrhunderte unsere Kulturlandschaft geprägt hat, steht gemeinsam mit Mohn und Kornblume, Feldlerche und Laubfrosch auf der Roten Liste. Die Bauern sitzen mit Feldhase und Rebhuhn im gleichen Boot – und immer mehr erkennen, daß sie das Steuer herumwerfen müssen.

Meister Lampe ergreift das Hasenpanier

Schläft der Hase mit offenen Augen? Der Volksglaube ist ein typisches Beispiel dafür, wie aus richtigen Beobachtungen falsche Schlüsse gezogen werden: Reglos drückt sich der Hase in seine Sasse – die flache Bodenmulde, die er sich als Lager zwischen Akkerschollen oder neben einem Baumstumpf ausgescharrt hat. Sein braungraues Haar tarnt ihn vollkommen. Man muß einen guten Blick dafür haben, um einen Hasen in der Sasse sitzen zu sehen. Verblüffend nah hält der Hase die Annäherung aus; manchmal schnellt er erst unter dem zutretenden Fuß aus der Sasse. Oft läßt er den Menschen ein, zwei Meter an sich vorbeigehen, ohne zu reagieren. Der Mensch sieht den reglosen Hasen mit weit geöffneten »Sehern« (so nennt der Jäger die Augen). Also muß er wohl so schlafen!

In Wirklichkeit ist der Hase hellwach. Er hat an der Bodenerschütterung längst gemerkt, daß sich plumpe Tritte nähern. Die Reglosigkeit ist seine Strategie, Feinden zu entgehen. Natürlich sitzt er mit höchst alarmierten Sinnen, die langen Hinterläufe wie Sprungfedern unter sich gespannt. Erst wenn es gar nicht mehr anders

Wozu hat der Hase so große Löffel? Einmal als Schalltrichter für sein feines Gehör. Aber die große, dünne, reich durchblutete Oberfläche dient auch als Organ zur Temperaturregelung. Der Hase schwitzt sozusagen durch die Löffel, so wie der Hund mit seiner Zunge hechelt, wenn ihm zu warm ist. Die großen Seher stehen weit aus dem Kopf: Das Gesichtsfeld reicht bis nach hinten. Die Nase prüft jede Witterung, und im Nahbereich finden die langen Tasthaare den Weg durch Büsche und Stengel. Orientierung ist alles.

An sonnigen Spätwintertagen beginnt schon der Rammelreigen der Feldhasen. Auf dem »Tanzboden« bringen sie sich in Paarungsstimmung. Weil es dabei oft Ohrfeigen zwischen eifersüchtigen Rammlern setzt oder weil eine Häsin den zudringlichen Freier abwehrt, wird büschelweise wolliges Haar ausgerissen: »Rammelwolle«, die man auf solchen Plätzen finden kann. Doch verletzen sich die Hasen dabei nicht ernstlich.

geht, verblüfft er den Feind durch jähes Aufspringen und hakenschlagende Flucht. Hätte er nicht so gute Nerven, käme der Hase nicht aus dem Flüchten heraus. Denn er hat sonst keine Waffen gegen seine vielen Feinde. Ein »Angsthase« ist er deshalb noch lange nicht, aber ein Überlebenskünstler als Drückeberger.

Kaum wärmt die Spätwintersonne das Gemüt auf, beginnt der Rammelreigen der Feldhasen. Die heimlichen Leisetreter vergessen alle Scheu, versammeln sich auf kahlem Feld zu Dutzenden (wo es überhaupt noch so viele gibt) und führen am hellen Tag ihre Tänze auf, die an die Gesellschaftsbalz mancher Vögel, zum Beispiel an den Tanzboden der Birkhähne, erinnern. Wenn es der Jägersprache auch gegen den Strich geht – die Verhaltensbiologie bezeichnet derartiges Verhalten auch bei Säugetieren folgerichtig als »Balz«. Worum geht es dabei? Der Hasenforscher Eberhard Schneider schreibt: »Hasen-Hochzeitsgesellschaften entstehen, indem sich die paarungswilligen Tiere auf bevorzugten Flächen einfinden. Es bestehen ... regelrechte Balzplätze ... Die Hasen beginnen zu treiben, indem die Rammler die Häsinnen aufsuchen und in Bewegung bringen. Laufen die ersten treibenden Hasen über die Felder, so schließen sich ihnen alsbald zahlreiche Artgenossen an. ... Es finden zunächst heftig erscheinende Auseinandersetzungen statt, die jedoch nicht zu ernsten Verletzungen führen. ... Das gemeinsame Paarungsspiel hält so lange an, bis sich Paare gebildet haben, die sich dann absondern. ... Bereits bestehende Paare beteiligen sich ebenfalls an der Gruppenbalz, in deren Verlauf es auch zur Auflösung dieser Bindung und zur Wahl eines anderen Partners kommen kann ...«

Seinen Sinn hat das aufwendige Zeremoniell, um Rammler und Häsin einander näherzubringen. Der Abstand beim »Paarungslauf« verringert sich, die zuerst drohende Abwehrhaltung der Häsin läßt nach, aus scharfkralligen Ohrfeigen werden vertrauliche Körperkontakte, Duftmarken werden ausgetauscht, bis alle Hemmungen der krassen Einzelgänger abgebaut sind und der Kopulation nichts mehr im Weg steht. Daß die Hasenpaare, die sich so gefunden haben, dann das Jahr über ziemlich zusammenhalten, läßt sich daraus schließen, daß sich nur die erste Rammelzeit im Vorfrühling so turbulent gestaltet, während sich das Familienglück des zweiten und dritten Satzes unauffällig in gesicherter Partnerschaft anbahnt. Oder hat man schon einmal im Mai oder Juni einen Rammler gesehen, der in blinder Reizauslösung sogar hinter des Försters Dackel herläuft, weil sich da etwas bewegt, das ungefähr ins Hasenschema paßt? Sechs Wochen nach dem Hochzeitsreigen drücken sich schon die ersten »Märzhäschen« unter Schnee- und Hagelschauern an den kahlen Boden.

Den Osterhasen kennt jedes Kind. Wie aber kommt er in den seltsamen Ruf des Eierlegens? Da sind seit grauer Vorzeit zwei uralte Fruchtbarkeits-Symbole miteinander verschmolzen: das Ei als Wiege des neuen Lebens und der Hase mit seiner sprichwörtlichen Vermehrungskraft. Der Hase hat allen Grund zu seinem Vermehrungsfleiß; allzu zahlreich sind seine Feinde, wie sie der alte Jägervers aufzählt:

»Menschen, Hunde, Wölfe, Lüchse,
Katzen, Marder, Wiesel, Füchse,
Adler, Uhu, Raben, Krähen,
jeder Habicht, den wir sehen,
Elstern auch nicht zu vergessen –
alles, alles will ihn fressen!«

Statt Wölfen, Luchsen, Adler und Uhu sind es heute der Autoverkehr auf den Landstraßen und die schnellen Eggen, Walzen und Mähmaschinen auf den Wiesen und Feldern, die noch viel mehr Hasen ums Leben bringen. Da muß sich die Häsin anstrengen, mit ihren drei Sätzen im

Jahr, wobei sie jedesmal drei oder vier Junge zur Welt bringt, alle Verluste aufzuholen.

Schlimmer als alle »Freßfeinde« dezimieren oft Wettereinflüsse den Nachwuchs. Naßkalte Schauer im März raffen den ersten Satz oft restlos weg. Sieht man im Frühsommer trotzdem erfreulich viele halbwüchsige Junghasen hoppeln, ist noch längst nicht gesagt, daß sie alle den Beginn der Jagdzeit im Oktober erleben. Ein schwülfeuchter September kann einen Strich durch die Rechnung machen, weil sich dann die Coccidiose seuchenhaft unter den heurigen Hasen ausbreitet, eine Parasiteninfektion von winzigen Einzellern, die im Darm schmarotzen. Der Hase kommt nun einmal aus dem sommertrok-

Die überlangen Hinterläufe ermöglichen dem Hasen ungewöhnliche Körperhaltungen und Bewegungsweisen. Hier streckt er sich behaglich. Selten sitzen die Junghasen so in einem »Nest« beisammen. Meist rücken sie einige Meter auseinander, damit ein findiger Feind nicht alle gleichzeitig erbeutet.

149

Ob und wieviel der Jäger »ernten« kann, hängt vom jährlichen Zuwachs ab. Nicht nur viele Hunde sind des Hasen Tod – zusätzlich zu allen »Freßfeinden« macht ihm die intensive Landwirtschaft das Überleben schwer (Bilder rechte Seite): Giftnebel über der Saat durchnäßt den Junghasen den Balg und nimmt ihnen die Wildkräuter unter dem Getreide. Der Mähdrescher frißt in kurzer Zeit alle Deckung und treibt die Halbwüchsigen zur Flucht in die Fremde. Letztes Grün nach der Ernte verschwindet großflächig unter den Schollen des Sturzackers.

kenen und winterkalten Kontinentalklima der östlichen Steppenländer. Je westlicher, atlantisch feuchter das Klima, desto weniger wohl fühlt er sich.

Doch Klimaschwankungen mit guten und schlechten »Hasenjahren« (die meist auch »Mäusejahre« sind) hat es schon immer gegeben, und auch die vielen Feinde – einschließlich des Menschen – haben die Hasen nie umgebracht. Vor allem dort nicht, wo sie ihren idealen Lebensraum hatten: in den weiten, fruchtbaren Niederungen, auf Weizen- und Rübenböden. Dünner gesät paßt sich der Hase auch fast allen übrigen Lebensbedingungen an, als Wald-, Heide- oder Moorhase, je nach Standort, wenn es dort nur offene, sonnige Lichtungen gibt, auf denen Gräser und Kräuter wachsen. Woran liegt es, daß Hasenbesatz und Jagdstrecken gerade in den fruchtbaren Ackerfluren in letzter Zeit merklich nachlassen, während der Waldjäger nach wie vor seine bescheidene Freude an den wenigen Waldhasen hat? Müßten sich allgemein, etwa klimatisch, verschlechterte Lebensbedingungen nicht zuerst gerade in den »suboptimalen« Biotopen auswirken und die Hasen dort am widerstandsfähigsten sein, wo sie im Schlaraffenland leben?

Es ist nicht mehr weit her mit dem Schlaraffenland. Die Landtechnik mit schnellen Großmaschinen macht vielen Hasen den Garaus und macht den überlebenden das Überleben schwer. Die Junghasen, die nicht gleich schon unter Walze und Egge umgekommen sind, die in der ausgeräumten Flur noch einen Rain, eine Böschung mit Dürrgras oder eine vom Heger angelegte Remise als erste Kinderstube gefunden haben, wachsen im Schutz der hochwachsenden Feldfrüchte in den Sommer. Wenn sie Glück haben, bleibt das Wetter warm und trocken. Eine Erkältung können sie sich nicht leisten. Denn es gibt zwar genug Grünzeug, um den Hunger zu stillen; aber in den Feldern, aus denen die Giftspritze der Agrarchemie alles getilgt hat, was nicht Weizen oder Gerste, Kartoffel

oder Mais heißt, wachsen kaum mehr »Heilkräuter« gegen mancherlei Gebresten. Dann aber kommt der Mähdrescher und legt in wenigen Stunden hektarweise die gute Stube nieder, und gleich hinter ihm kommt der Pflug und kehrt die kahle Scholle nach oben. Ernteschock! Die gestreßten Hasen fliehen ratlos in die nächste Deckung, die immer weniger wird. Das territorial an seinen Wohnbezirk gewöhnte Tier wird zum Flüchtling in der Fremde. Da helfen auch ein paar restliche Feldgehölze und wohlmeinend angepflanzte neue Hecken nichts. Dort, ebenso wie an den Waldrändern, haben Fuchs und Habicht leichtes Spiel. Was fehlt, ist die niedrige, großflächige Deckung wie früher auf der hohen Stoppel, unter der die Kleesaat aufwuchs. Oder die kleinflächig abwechslungsreich gegliederte, kleinbäuerliche Flur mit vielerlei Feldfrucht, die zu ganz verschiedener Zeit geerntet wurde, und mit so vielen Hecken und Rainen, daß kein Fuchs mit der Kontrolle nachkam.

Die Misere gilt europaweit. Nicht nur bei uns im niederbayerischen Gäuboden, am Main und am Rhein zählen herbstliche Treibjagdstrecken nur noch soviele Dutzende wie früher Hunderte von Hasen. Das gleiche hören wir aus den alten östlichen Hasenparadiesen in Böhmen und Ungarn! Bei uns hielten sich die jährlichen Hasen-Jagdstrecken seit den 30er Jahren um eine Million, mit witterungsbedingten Schwankungen zwischen etwa 700 000 und 1,3 Millionen. Seit Ende der 70er Jahre sehen wir, daß zwar die Schwankungen geblieben sind, doch der Mittelwert hat sich um knapp 700 000 – die frühere Untergrenze – eingependelt. Es werden kaum mehr soviele Hasen geschossen wie Rehe!

Das ist immer noch viel und spricht dagegen, die Hasenjagd ganz einzustellen. Die Hasen würden sich deshalb auch nicht stärker vermehren als der verschlechterte Lebensraum trägt. Warum nicht durch die Jagd nutzen, was sonst nur dem Straßenverkehr, den Landmaschinen, Krankheiten und dem Winter zum Opfer fallen würde? Allerdings: nach bewährten Regeln vor-

Alter Hohlweg mit Dorngebüsch, eine Zufluchtsinsel für viele Tiere in der intensiv genutzten Feldflur. Es dauert lange, bis neu gepflanzte Hecken einen Ausgleich für den Verlust solcher Landschaftselemente bieten können. Vorbeugen ist besser als Heilen, Bewahren besser als Ersetzen.

sichtig und nachhaltig jagen. Das heißt darauf zu achten, ob in einem »guten Hasenjahr« genug nutzbarer Zuwachs vorhanden ist; jede Fläche nur einmal durch eine gut organisierte Treibjagd »abernten«; dazwischen Schonbezirke unbehelligt lassen; in schlechten Jahren Zurückhaltung oder Verzicht üben – so hat es jeder ordentliche Jäger gelernt und liest und hört es immer wieder von Experten aus Wissenschaft und Praxis.

Hasen sind kurzlebige Tiere; höher als drei bis vier Jahre ist ihre Lebenserwartung nicht. Die entscheidende Größe in der lebhaften Populationsdynamik ist der jährliche Zuwachs an Junghasen. Von ihm hängt es ab, in welchem Jahr der Jäger ernten darf und in welchem er sich zu-

rückhalten muß, um nicht zu stark in den Stammbesatz einzugreifen. Nun sind zu Beginn der Jagdzeit nur noch die ganz spät gesetzten Nesthäkchen unter den Junghasen größenmäßig von den Erwachsenen zu unterscheiden. Die anderen, aus den Frühjahrs- und Frühsommersätzen, sind mit fünf bis sechs Monaten fast ausgewachsen. Sie machen es aber dem Jäger trotzdem leicht, den Anteil von »heurigen Hasen« an einer Treibjagdstrecke festzustellen. Dazu lernt jeder Jungjäger, was das »Strohsche Zeichen« ist. Nämlich ein kleines knorpeliges Knötchen am Handwurzelgelenk der Vorderpfote, das man deutlich unter dem Balg fühlen kann, wenn man einem erlegten Hasen »den Puls fühlt«. Es ist ein Wachstumsknorpel, der

sich mit etwa neun Monaten verliert, wenn das Knochenwachstum abgeschlossen ist.

Der einfache Handgriff mit Fingerspitzengefühl verschafft dem Jäger einen Überblick, ob von den sagen wir zehn oder fünfzehn Hasen, die zu Beginn einer größeren Treibjagd geschossen wurden, acht oder zwölf Junghasen sind oder vielleicht nur drei oder fünf. Im ersten Fall wird die Jagdstrecke einen angemessenen Anteil der natürlichen Sterblichkeit, die einem hohen Zuwachs folgen muß, in die Jagdkasse umleiten. Es ist ein »gutes Hasenjahr«. Im anderen Fall sollte die Jagd bald eingestellt werden – im »schlechten Hasenjahr« wäre der Eingriff in die Althasen zu groß, die ja im kommenden Frühjahr neuen Zuwachs bringen sollen.

Solche Mathematik hat natürlich nur dort Sinn, wo zahlreiche Hasen erlegt werden. Ein paar Zufallsergebnisse in einem Revier, wo sich der Jäger sowieso nur zwei oder drei »Küchenhasen« schießt, taugt nicht für die Statistik. Der Jäger wird trotzdem nach dem »Strohschen Zeichen« tasten; dann nämlich, wenn er sich ein »Butterhaserl« für die eigene Küche an den Rucksack hängen will. Das Hausmittel genügt für die jagdliche Praxis. Wissenschaftler, die es genau wissen wollen, müssen den Hasen die Seher entnehmen und das Gewicht der Augenlinsen ermitteln – denn die Zähne der Hasen taugen nicht für die Altersbestimmung; sie wachsen zeitlebens weiter, um die starke Abnützung zu ersetzen.

Der Hase steht noch nicht auf der Roten Liste, auch wenn gut drei Viertel der Hasenrücken, die in unseren Geschäften angeboten werden, aus Argentinien kommen. Dort in der Pampa hat unser europäischer Feldhase ein neues Paradies gefunden und ist nicht umzubringen, obwohl er recht rigoros massenhaft erbeutet wird. Der Lebensraum macht's – ohne ihn helfen auch Schutz, Schonung und Liebe nicht weiter. Nicht vor der Flinte des Jägers ergreift Meister Lampe das Hasenpanier, sondern vor Bagger, Mähdrescher und Giftspritze. Auch der Jäger sitzt mit Bauer, Hase und Rebhuhn im gleichen Boot.

Ein schmaler Heckenstreifen am Ackerrain, besser als nichts. Doch wenige kleine Deckungsinseln sind trügerischer Schutz: Beutegreifer wie Fuchs, Marder und Habicht haben hier leichtes Spiel. Deckung muß entweder großflächig oder dicht vernetzt sein.

Der kahle, betonierte Feldweg, rationelles Sinnbild für den Wandel von der Landeskultur zur Agrarproduktion. Nicht nur den Hasen, Goldammern und Neuntötern, den Wieseln und Igeln fehlt hier etwas. Auch unser Auge vermißt den Eindruck von Heimat und Harmonie.

Artenreiche Flur – Chance für Rebhuhn & Co.

Was haben Rebhuhn und Gamswild gemeinsam? Zwei verschiedenartigere Wildtiere mit unterschiedlicheren Lebensansprüchen sind kaum denkbar. Hier der kleine Hühnervogel, der bei uns erst durch den Ackerbau passende Lebensbedingungen fand – dort das felskletternde Huftier hoch im letzten zivilisationsfernen Refugium. Doch gemeinsam haben sie – wie alle Lebewesen – die Abhängigkeit von ihrem Lebensraum, an den sie sich in langer Evolution angepaßt haben. Das Rebhuhn lebt nicht in Latschendickichten, der Gams nicht in Kartoffeläckern. Das ist fast lächerlich selbstverständlich. Aber warum kann das Rebhuhn plötzlich in unseren Kartoffeläckern nicht mehr überleben? Da stimmt etwas nicht.

Die natürliche Evolution braucht viele Jahrhunderte, um ihre Geschöpfe an allmählich sich wandelnde Bedingungen anzupassen; der Mensch hat Lebensbedingungen in wenigen Jahren weiträumig und tiefgreifend verändert. Wenn es zu schnell geht, müssen anspruchsvolle Tierarten aussterben. Und der Mensch, der – wie in diesem Fall der Jäger – an unbedenkliche Nutzung aus dem Überfluß gewöhnt war, merkt bestürzt, wie wenig selbstverständlich das war. (Vor dem Krieg wurden bei uns fast 600 000 Rebhühner geschossen; in den 60er Jahren noch etwa die Hälfte – jetzt nur noch um 20 000 im Jahr.) Eilige Manipulationen wie Jagdverzicht, Füttern, Züchten, Aussetzen stellen die alte Selbstverständlichkeit nicht mehr her. Wo »der Mensch« – das sind wir alle! – den Lebensraum verdorben hat, kann sich auf Dauer nur etwas bessern, wenn wir alle uns bemühen, die alte Selbstverständlichkeit wenigstens teilweise wiederherzustellen.

Schließlich gehört auch der wirtschaftende Mensch, der Landwirt, zur Lebensgemeinschaft des Rebhuhn-Biotops. Könnte nicht auch der Bauer besser leben, wenn er naturverträglich, »rebhuhnfreundlich« wirtschaften könnte und dafür einen angemessenen Preis für seine Erzeugnisse (oder zumindest eine Entschädigung für die Ertragsminderung) erhalten würde? Von einem Beispiel soll die Rede sein; es ist nicht das einzige seiner Art in deutschen Landen, aber eines der deutlichsten.

Angefangen hat es vor einigen Jahren mit Stammtischgesprächen zwischen Jägern und Bauern in Feuchtwangen, einer mittelfränkischen Kleinstadt an der »Romantischen Straße«, die ihren Kreissitz an den neuen Großkreis

Ansbach verloren hat. Die »Jägervereinigung Feuchtwangen« hat die Struktur des Altkreises bewahrt; überschaubare Größenordnungen, bodenständige Verhältnisse. Die Jagdreviere in einheimischen, oft in bäuerlichen Händen. Die Landwirtschaft klein- bis mittelbäuerlich strukturiert. Die Landschaft auf den ersten Blick noch halbwegs heil, mit Erlen und Weiden am Flüßchen, das sich durch Wiesengründe schlängelt, mit noch einigen Hecken und Feldgehölzen zwischen den hügeligen Feldern und mit Wacholderheiden an den Hängen unter dem Wald, der die Kuppen bedeckt. Auf den zweiten Blick freilich auch hier die Auswirkungen der agrarpolitischen Zwänge: Verlust an Vielfalt mit oder ohne Flurbereinigung; immer mehr Mais statt Grünland; immer mehr Kunstdünger und Herbizide; immer mehr Sturzacker statt Kleestoppel; immer mehr Landschaftsfraß durch Gewerbe und Autobahn – und immer mehr Bauern, die zum Sterben gerade noch zu viel, zum Leben allmählich zu wenig erwirtschaften.

Rebhühner auf dem Präsentierteller: Wäre wenigstens der Schnee noch höher, könnten sie sich einschneien lassen. Ohne großflächige Bodendekkung, wie früher auf den Stoppelkleefeldern, sind die Winterverluste hoch. Oft überleben nur zwei bis drei von einer »Kette« aus zwölf bis 14 Hühnern.

Im Frühjahr lösen sich die Rebhuhnfamilien auf, die Hähne balzen und suchen sich eine Frau – nie aus der eigenen Familie, sondern immer aus benachbarten Ketten. So wird Inzucht vermieden. Das Paar sucht sich geeignete Deckung als Brutrevier. Flächen und Streifen mit altem Dürrgras und sonstiges Brachland sind besonders begehrt. Dort ist das Gelege sicher vor Egge, Walze und Gift und läßt sich vor den Augen und Nasen der natürlichen Feinde besser verbergen als in Wiesengras oder Saat. Die Henne legt bis zu 12 Eier – täglich eins – und brütet anschließend drei Wochen lang. Der Hahn hält aufmerksam Wacht im Brutrevier. Die Küken werden dann von beiden Eltern gemeinsam betreut.

156

Zu wenig zum Leben finden dabei auch viele Wildtiere, die einst als Kulturfolger die Ackerfluren und Wiesentäler belebten. Das Rebhuhn ist nur eines von ihnen, dasjenige, das den Jägern am meisten am Herzen liegt, dessen Schwinden das auffälligste Signal setzt. Der bodenständige Jäger, der sich erinnert, wie es zu Zeiten seines Vaters und Großvaters war, merkt die schleichende Verarmung am deutlichsten. Was kann er tun? Jammern hilft nicht. Sich mit den Landwirten anlegen, den Berufskollegen, Kunden und Jagdgenossen, die doch selbst nur tun, was ihnen aufgezwungen wird? Gar politisch aufbegehren gegen eben diese Zwänge? Oder resignieren, sich zufrieden geben, so lange noch ein paar Rebhühner und Hasen da sind, und sich ansonsten um die Rehe kümmern, die allgegenwärtigen, die so dankbare Objekte für jägerische Illusionen sind, daß sie schließlich die Rebhühner verschmerzen lassen und erst recht den Wiedehopf, die Schmetterlinge, Heuschrecken und Laufkäfer?

Wer da nicht resigniert, wer ausbricht aus der geistigen Monokultur und zurück will zur Vielfalt, der eckt an, wo Einfalt herrscht. So ging es anfangs auch dem Jäger und Gastwirt Heinrich Sindel. Er kam ganz eigenständig, aus der alltäglichen Revierpraxis heraus, zu Gedanken, die damals in Jägerkreisen noch ungewöhnlich waren und die ihn zum ökologischen Querdenker stempelten. Und nicht nur zu Gedanken kam er, sondern auch zu Worten und Taten. Da wuchs etwas von der untersten Basis her, aus der Vertrautheit mit der Mentalität der »Bauernjäger«, aus dem Wissen um die Nöte der heimischen Landwirtschaft, aus der Gemeinsamkeit des Unbehagens im Gespräch mit den örtlichen Naturschützern. So ein Kleinstadtwirtshaus ist ein Kommunikationszentrum, wo alle die gleiche Sprache sprechen. Und manchmal sitzt sogar der Landrat mit am Stammtisch. Da können, wenn 's einer versteht, Berührungsängste abgebaut werden.

Die waren gerade bei den Jägern nicht gering, die sich in die Verteidigung gedrängt fühlten, seit auch die herkömmliche Rehwildhege in Frage gestellt wurde. Bei all dem Ärger sich auch noch darum bemühen, daß der eine oder andere Bauer einen Streifen Ackerstoppel über Winter liegen läßt, einen Wiesenrain nicht mehr mäht, einen Feldzwickel zur Brache macht, und ihn dafür mit barem Geld entschädigen? Zuschüsse beantragen und sich abhängig machen von Naturschutzverbänden und Behörden? Die Anfänge waren mühsam.

Der Durchbruch kam mit einem neuen, aufgeschlossenen Vorstand der Jägervereinigung und mit der Gunst der Stunde, die endlich sogar zu ministeriellen Programmen reifen ließ, was an dringendsten Wiedergutmachungswünschen in der Luft lag: grammweise Gegengewichte gegen die Zentnerschuld früherer Flurbereinigung und jetziger EG-Überschußpolitik. Die Eigeninitiative einer Handvoll Jäger wurde zum Modellfall; vor allem auch deshalb, weil sie von Anfang an das Rebhuhn nicht als Jagdobjekt in den Vordergrund schob, sondern den Hühnervogel als auffälligsten Indikator für eine »artenreiche Flur« darstellte. Damit standen die Jäger nicht mehr allein. Sie fanden Aufmerksamkeit und Unterstützung von Naturschutz und Wissenschaft. Und sie bekamen den politischen Aufwind zu spüren, der solchen Umweltprogrammen zuteil wird, vom Landkreis bis zum Umweltministerium.

So bekommen Bauern, die Land brachliegen lassen, als Entschädigung 1000 Mark pro Jahr und Hektar. Wer Getreidestoppel über Winter stehen läßt, wird mit 150 Mark je Tagwerk entschädigt. Dafür werden mittlerweile jährlich über 70000 Mark ausgegeben. Die Flächen liegen nicht im Zusammenhang, sondern stellen in schmalen Streifen eine weitgespannte Vernetzung im Verbund mit Hecken und Rainen her, bis hin zur bepflanzten Böschung einer neuen Autobahn, die in der ausgeräumten Flur zur begehrten Zuflucht für Rebhühner, Hasen und Rehe geworden ist.

Wer soll das bezahlen? Die Mittel stammen aus dem Naturschutzfond des Landkreises, vom Landschaftspflegeverband (ein eigener Zusammenschluß von Kommunen und Naturschutzorganisationen im Bezirk Mittelfranken), vom Bund Naturschutz und vom Landesjagdverband. Wissenschaftlich betreut wird das Projekt durch den Bund Naturschutz; zur praktischen Betreuung wurde eigens ein Berufsjäger eingestellt. Kommunalpolitiker versprechen weiter Unterstützung; sie haben eingesehen, daß Landschaftspflege und Artenschutz mit zur Sicherung der wirtschaftlichen Grundlagen der Landwirtschaft gehören – die neue Linie der Flurbereinigung.

Der Diplombiologe Ulrich Meßlinger vom Bund Naturschutz hat die Entwicklung der Ak-

Zur Hühnersuche im September/Oktober braucht der Jäger einen guten Vorstehhund, der die fest in Deckung liegende Kette Hühner findet und anzeigt. Wandel der Zeit: Vor 60 Jahren wurden bei uns fast 600 000 Rebhühner im Jahr geschossen, heute nur noch knapp 20 000. Der Jäger kann nur nutzen, was nachwächst.

Der Fasan, schon vor Jahrhunderten eingebürgerter Fremdling aus Ostasien, kann unser heimisches Rebhuhn nicht ersetzen. Er kann sich meist nicht aus eigener Kraft halten und muß durch Aussetzen, »Blutauffrischung« und intensive Winterfütterung zu bejagbaren Beständen hochgehegt werden. »Jagdpapagei« nannte ihn ironisch bereits Hermann Löns. Doch viele Jägerherzen hängen an den bunten Gockeln mehr als am schlichten Rebhuhn.

kerwildkräuter auf den Brachflächen verfolgt. Von 240 festgestellten Pflanzenarten kommen 141 überhaupt nur auf den Brachen vor. Fast ausgerottete Arten wie Ackergauchheil, Ackerrittersporn und Mäuseschwänzchen haben sich wieder eingefunden. Brache muß reifen. Auf überdüngten, mit Herbiziden behandelten Flächen stellen sich zunächst »Problempflanzen« wie die Quecke ein. Sie weichen mit zunehmender Gesundung des Bodens vielfältigerem Bewuchs. So erhielt das Rebhuhnprojekt dickes Lob auch vom floristischen Artenschutz. Pflanzenvielfalt ermöglicht Insektenvielfalt. Darüber hat Heinz Bußler, ebenfalls vom Bund Naturschutz (und im Hauptberuf Forstbeamter) Untersuchungen angestellt. Die Insekten wiederum, vor allem Wanzen, Rüsselkäfer, Larven von Zikaden und Blattwespen sowie Rasenameisen, spielen eine wichtige Rolle in der Ernährung der Rebhuhnküken. Der Kreis schließt sich.

Größte Vielfalt an Insekten herrscht auf den Brachflächen sowie an alten Wegrainen und Hohlwegen. Grünland hat bereits deutlich weniger Insekten. Völlig verarmt ist der intensiv bewirtschaftete Acker; in einem Maisfeld leben 15 Meter vom Rand entfernt überhaupt keine Insekten mehr! Der Maisanbau aber hat sich in den letzten 35 Jahren bundesweit versechzehnfacht, von 23 000 auf 368 000 Hektar. Im gleichen Zug ist der Kartoffelanbau um 75 Prozent zurückgegangen. »Altstrukturen« in der Flur, wie Raine, Hecken, Feldwege seien deshalb, so meint Heinz Bußler, als Rückzugsgebiete besonders wertvoll und nicht so leicht durch neue Pflanzungen zu ersetzen.

Umdenken der Flurbereinigung ist deshalb besonders wichtig: nicht nur Neues gestalten und pflanzen, sondern vor allem wertvolles Altes bewahren – leider geschieht es noch viel zu selten. Immerhin ist es eindrucksvoll, erklärt zu bekommen, wie zum Beispiel 20 Hektar einer Gemeindeflur bei der Neuordnung »aus der Produktion genommen« und als Ausgleichsbiotope naturnah umgestaltet werden. Worte wie Biotop-Verbundsystem, Grenzlinien, kleinflächige Strukturen gehen heute selbst Reißbrett-Technikern glatt von den Lippen. Doch zweifelhaft bleibt, was mit den so schön angelegten Flächen weiter geschieht. Die Pflege der »öffentlichen Hand« zu übertragen, hört sich gut an. Doch die Gemeinden sind damit überfordert, wenn sich nicht örtlich kundige und interessierte Leute der Sache annehmen. Eine dankbare Aufgabe für Jagdpächter und Jagdgenossenschaften.

Ohne private Initiative sind auch staatliche Programme nur halb soviel wert. In Bayern zum Beispiel gibt es fünf davon, die durch das Umweltministerium bezuschußt werden: Da ist das *Landschaftspflegeprogramm* – es soll die Feldflur wieder mit Hecken, Gehölzen, Tümpeln abwechslungsreicher gestalten, Lebensräume schaffen und geschützte Flächen pflegen. Wer mindestens 500 Mark dafür aufwendet, kann mit Zuschuß (bis zu 70 Prozent) rechnen. Dann der *Feuchtflächen-Erschwernisausgleich* – damit soll der Mehraufwand ausgeglichen werden, wenn Feuchtwiesen und Auwälder naturschonend bewirtschaftet (also nicht melioriert und trockengelegt) werden.

Das *Wiesenbrüterprogramm* zielt speziell auf die Erhaltung von gefährdeten Vogelarten, die in Wiesen brüten, wie zum Beispiel Brachvogel und Bekassine; doch auch manches Rebhuhngelege profitiert davon. Der Bauer wird nämlich dafür entschädigt, daß er Wiesen von Mitte März bis Ende Juni nicht bewirtschaftet, danach nur einmal mäht, nicht düngt und nicht mit Herbiziden spritzt. Rund 300 Mark je Hektar werden dafür aus der Staatskasse zugeschossen.

Neueren Datums ist das *Acker- und Wiesen-Randstreifenprogramm* – keine Pestizide und Düngemittel auf mindestens drei bis fünf Meter breiten Streifen. Schmal, aber wichtig zur »Vernetzung« und mit zehn Pfennig pro Quadratmeter abgegolten. Ebenso schutzwürdig wie feuchte Standorte sind *Mager- und Trockenstandorte*. Sie lassen sich nur durch extensive Bewirtschaftung erhalten, indem die Magerrasen und Heiden spärlich beweidet oder einmal im Herbst gemäht werden, wonach das Mähgut von den Flächen entfernt werden muß. Auch hier muß der Landwirt auf Pestizide und Dünger verzichten, wenn er bis zu 900 Mark je Hektar aus der Staatskasse haben will.

Vernünftig und hoffnungsvoll zumindest als Zeichen offiziellen Umdenkens. Besser freilich als punktuelle und streifenweise Enthaltsamkeit und Pflege inmitten großflächig weiterbestehender Intensivierung wäre eine allgemeine Extensivierung auf gesamter Fläche – und ein gerechtes Einkommen für die Bauern durch angemessene Preise für gesunde, naturschonend erzeugte Nahrungsmittel anstatt Zuschüssen und Subventionen aus dem Steuersäckel. Doch das sind Hirngespinste, die politisch nicht

Fasanen lassen sich in Gehölzen und an Waldrändern leichter über den Winter füttern als die Rebhühner im offenen Feld. An Deckung fehlt es hier nicht, und von Getreide bis zu Eicheln und Rüben nimmt der robuste Fresser mit vielem vorlieb. Nicht zu vergessen: eine Handvoll Quarzsand als Magensteinchen, die alle Hühnervögel für die Verdauung in ihrem kräftigen Muskelmagen brauchen. Der Futterplatz kommt auch Hasen und vielen Kleinvögeln und Mäusen zugute. Deshalb jagen hier Sperber, Bussard, Eulen und Wiesel.

159

Bunte Vielfalt: Ein von Gift und Mahd verschonter Rain genügt schon für Kornblume und Margerite. Schicksalsgenossen des Rebhuhns sind Feldlerche, Distelfink und Goldammer (rechte Seite von oben).

ernst zu nehmen sind – so wenig wie vor zehn Jahren Wiesenbrüter- und Ackerrandstreifenprogramme!

Woher kommt es nur, daß sich Naturschützer und Jäger bei soviel gemeinsamen Interessen so oft in den Haaren liegen und Gemeinsamkeit eher an der Basis gedeiht als an den Spitzen der Verbände? Die Dimensionen haben sich gründlich verändert. Vor knapp 200 Jahren nannte Friedrich von Schiller die Jagd »des Kriegsgottes lustige Braut«. Uns heute bliebe das Wort im Halse stecken, wollten wir Atomraketen mit Jagdgewehren vergleichen. Zweihundert Jahre sind nicht lang. Bäume, die heute am Gifthauch unserer Zivilisation dahinsiechen, wurden damals von den ersten »modernen« Forstleuten gepflanzt, die sich noch »holzgerechte Jäger« nannten und von denen derselbe Dichter sagte: »...und eures stillen Fleißes Früchte reifen der späten Nachwelt noch.« Den Jagdspieß, der einst gleichermaßen gegen die bedrohliche Natur wie gegen den feindlichen Nachbarn gerichtet war, haben wir längst umgedreht: »Das Kriegsgeschoß der Haß regiert – die Lieb' zum Wild den Stutzen führt...« Aber lassen wir die Poesie. Der prosaische Alltag bietet kriegerische Vergleiche genug.

Stehen wir nicht mit unseren Pflanzspaten und Hacken vor dem Ansturm der Bagger und Betonmischmaschinen wie die letzten Reiterregimenter, die mit gezogenem Säbel gegen Panzer anrannten? Wirken unsere Hegeringversammlungen im Vergleich mit Aufsichtsratssitzungen und Parlamentsbeschlüssen nicht so ohnmächtig wie Palaver von Stammeskriegern mit Pfeil und Bogen gegen die Donnerbüchsen des Weißen Mannes? Seit Hermann Löns – das ist nun auch fast 90 Jahre her – hat sich nichts geändert: Die Naturverhunzung arbeitet en gros, der Naturschutz kriecht en detail knickebeinig hinterdrein. Unser »en detail«, die Hegebüsche und Wildäkker, da ein Tümpel, dort ein Brachstreifen, summiert sich zu einem Mosaik guter Taten, auch wenn wir nur Quadratmeter retten, während täglich hundert Hektar zugrunde gehen. Ein Schrebergarten als Ausgleich für einen Flugplatz? Warum nicht, solange wir wachsam bleiben, damit nicht immer wieder neuer Beton durch neue Schrebergärten verniedlicht wird. Wir dürfen unsere Biotop-Hege nicht als Alibi für Naturverhunzung mißbrauchen lassen.

Wenn wir hoffen können – für die Wildbahn insgesamt wie für die Rebhühner im eigenen Revier –, dann aus den Kenntnissen über Zusammenhänge und Möglichkeiten, die Auswege andeuten, und aus dem Idealismus, der solche Wege zu gehen versucht. Idealismus – ist das bei Jägern nicht nur eine Ausrede, weil sie weiter Rebhühner schießen wollen? Solche Kritik wird oft laut; sie reicht von sentimentaler Abscheu vor dem Töten »harmloser Tiere« (soweit es nicht in die Anonymität der Schlachthöfe verdrängt ist) bis hin zu ethischen Grundsätzen und logischen Schlußfolgerungen, die ernst zu nehmen sind und die wir Jäger so wenig leichthin abtun können wie die Unruhe des eigenen Gewissens.

Auf rein emotionaler Ebene kann es keine Übereinkunft geben. Wir brauchen die Vernunft, um zu erkennen, unter welchen Voraussetzungen eine nachhaltige jagdliche Nutzung auch im Sinn des Artenschutzes und der Erhaltung von Lebensgemeinschaften positiv wirkt (oder zumindest unbedenklich ist). Am deutlichsten wird das, wo gejagt werden *muß*, um Wildtiere aus wirtschaftlichen und/oder ökologischen Gründen zu regulieren und sie gerade dadurch zu erhalten. Was etwa beim Reh oder beim Schwarzwild jedem vernünftigen Menschen einleuchtet, wird schon schwieriger, wenn es darum geht, ob wir Wild bejagen *dürfen*, das nicht unbedingt reguliert werden muß.

Leute, die die Jagd allenfalls als notwendiges Übel gelten lassen, scheinen Gefühl und Logik auf ihrer Seite zu haben, und der Jäger ist um vernünftige Gegengründe verlegen. Aber auch die *Toleranz* hat sehr viel mit Vernunft zu tun. Denn ohne sie wäre das Zusammenleben in unserer Gesellschaft nicht möglich. Toleranz hat ihre Grenzen nicht dort, wo dem einen das Verständnis für den anderen fehlt, sondern erst bei der Frage, ob und wie das Tun des einen den anderen oder die ganze Gesellschaft schädigt. (Wäre es anders, müßten die Unmusikalischen gegen die Opernhäuser Sturm laufen.)

Dem Rebhuhn ist es gleich, ob ihm uneigennützig geholfen wird oder in der Hoffnung, wieder einmal ein paar Hühner im frühherbstlichen Feld vor dem Hund zu schießen. Jäger werden umso eher Verständnis finden, je mehr sie ihr Gewissen dafür schärfen, daß heute manche Frage, die an sie gestellt wird, gewichtiger ist als früher, als noch nicht unsere ganze lebendige Umwelt bedroht war. Gemeinsamkeiten wie in dem Rebhuhnprogramm von Feuchtwangen lassen hoffen – nicht allein für die Rebhühner.

Der alte Obstanger ist nicht nur eine Augenweide im Frühjahr, sondern das ganze Jahr über ein vielseitiger Lebensraum. Das verblüffende Schlagwort »Mosttrinker sind Naturschützer« will sagen, daß wirtschaftlicher Anreiz dazu beiträgt, diese naturnahe Kulturform zu bewahren (denn »Qualitätsobst« nach EG-Norm gibt es hier nicht). Na, dann prost – auf Wiedehopf und Steinkauz!

Von vielen guten Geistern verlassen

Wildtiere, die um Haus und Hof und im Garten in enger Nachbarschaft zum Menschen leben, hatten schon immer besondere Bedeutung, auch wenn sie weder nutzbringend in die Pfanne gehaut werden konnten, noch als unerwünschte Mitesser verhaßt waren. Manche der Geschöpfe, die der Naturglaube unserer Urahnen beseelt hatte, wurden später durch das Christentum dämonisiert: die Ringelnatter etwa und die Erdkröte oder auch die Eulen, die der Bauer zum Schutz gegen böse Geister ans Scheunentor nagelte. Ästhetisches Empfinden spielte die Hauptrolle. Tiere, die häßlich aussehen, die lichtscheu umherkriechen oder die bei Nacht unheimliche Laute ausstoßen, die mußten wohl mit dem Bösen im Bund stehen. Bei den Mäusen und Ratten war das ohnehin klar; denn die fraßen sogar die Vorräte auf dem Kornboden weg.

Gute Geister waren Lichtgestalten mit melodischen Stimmen, die kleinen Singvögel vor allem, aber auch der Storch auf dem Dachfirst. Mehl- und Rauchschwalbe, die ihre Napfnester unters Dach und in den Stall bauen, waren der

Muttergottes geweiht; sie zu vertreiben, brachte Unglück über das Haus. Mit den Staren war das nicht so klar. Wer weiß heute noch, daß der beliebte Starenkasten ursprünglich nicht der vogelschützerische Vorläufer unserer artgerechten Nistkästen für allerhand Höhlenbrüter war, sondern einfach eine praktische Erfindung, um bequem an die fetten, fast flüggen Jungstare zu kommen? Sie wurden ebenso mit Appetit verspeist wie die vielen kleinen Singvögel, die auf dem »Vogelherd« mit Netzen und Leimruten gefangen wurden. Ganz so, wie heute noch von den Südländern um das Mittelmeer. Und das nicht nur im fernen Mittelalter, als sogar Fürsten wie Kaiser Heinrich am Vogelherd saßen.

Erst durch die modernen Naturschutz- und Jagdgesetze 1934 wurde bei uns der »Dohnenstieg« verboten; das waren kleine Fangsteige im Gebüsch, auf denen an aufgehängten Vogelbeerdolden die beliebten »Krammetsvögel« (Wacholderdrosseln), aber auch viele andere Kleinvögel vom Rotkehlchen bis zum Seidenschwanz in feinen Roßhaarschlingen erdrosselt wurden. Eine gängige Nebeneinnahme für arme Bauern und für schlecht bezahlte Förster und Jagdaufseher. Seit sich jeder über solchen »Vogelmord« empört, müßte es eigentlich von Singvögeln wimmeln. Aber vielen von ihnen geht es wie dem Storch, weil sie von Schutz und Liebe allein nicht leben können, wenn ihnen der Mensch dafür alle Lebensgrundlagen schmälert.

Am leichtesten können wir den Höhlenbrütern helfen, indem wir ihnen Nistkästen aufhängen.

Meisen und Kleiber, Schnäpper und Gartenrotschwanz, Baumläufer und Bachstelze finden geräumige und stabile Wohnungen aus Holzbeton oder sauber aus Brettchen gezimmert, mit passenden Fluglöchern, Spalten oder Nischen auf ihre Ansprüche zugeschnitten, hygienischer und sicherer als morsche Löcher in hohlen Bäumen, die es kaum mehr gibt. Die Siedlungsdichte der »nützlichen Helfer«, die Raupen von

Der Neuntöter (oben links) ist ein Singvogel mit Falkenschnabel und räuberischen Gewohnheiten: Er erbeutet große Insekten und kleine Reptilien, und was er nicht gleich frißt, spießt er als Vorrat auf Dornen. Der einst häufige Heckenvogel ist selten geworden.
Die Rauchschwalbe (oben rechts) holt ihren Nistmörtel aus Lehmpfützen auf Feldwegen. Die Miete im Kuhstall bezahlt sie durch eifrige Fliegenjagd.
Die schönste aller Eulen haust im Dachgebälk des Kirchturms (Schleiereule, links). Die Mäusejägerin ist an enge Nachbarschaft zum Menschen gebunden. Seit es keine Kornspeicherböden voller Mäuse mehr gibt, müssen in strengen Wintern viele Schleiereulen verhungern.

163

Auch Bachstelze (oben) und Hausrotschwanz (rechts) gehören zu den guten Geistern um Haus und Hof. Als Nischenbrüter finden sie manchen Nistplatz zwischen Ziegeln, Balken und Brettern. Wie alle Insektenfresser verlassen sie uns im Spätsommer und kehren im Frühjahr aus südlichen Winterquartieren zurück, von den Menschen freudig als Frühlingsboten begrüßt.

unseren Obstbäumen und Gemüsebeeten fressen, läßt sich dadurch zweifellos steigern. Doch Opas Nistkasten-Vogelschutz muß es sich gefallen lassen, mit Blick aufs Ganze kritisch relativiert zu werden. Ebenso wie manche »klassische Hege« im Jagdrevier. Verpufft nicht viel Schutzaufwand ins Leere, wenn der gesteigerte Nachwuchs nur die Sterblichkeit erhöht, weil der Lebensraum außerhalb der Nistkästen einfach nicht mehr Individuen trägt? Machen die Arten, die wir intensiv fördern, nicht vielleicht anderen, empfindlicheren mit ähnlichen Ansprüchen übermäßig Konkurrenz in den eng gewordenen »ökologischen Nischen«?

Viele Menschen wollen sich durch die komplizierten Fragezeichen der Wissenschaft nicht den Spaß an der Freud' verderben lassen. Den sollen sie auch haben; nur die selbstgerechte Überzeugung, daß edles Gefühl und geschickte Manipulation schon genügen, um die Natur in Ordnung

zu bringen, die müssen wir umso mehr in Frage stellen, je mehr wir Einblick in die unübersehbar vernetzten Zusammenhänge der Lebensgemeinschaften gewinnen. Ein paar hohle morsche Eichen im Wald sind letztlich eben doch mehr wert als hundert schöne Holzbetonnistkästen im Fichtenstangenholz. Der alte Obstanger am Dorf mit seinen Astlöchern für Steinkauz und Wiedehopf läßt sich durch ausgeklügelte Spezial-Nisthilfen nicht ersetzen; vor allem dann nicht, wenn die Grillen und Heuschrecken, Maikäfer und dicken Nachtfalter fehlen, von denen diese Vögel leben.

Den Schwalben können wir mit einem Brettchen unter der Decke den Nestbau erleichtern – aber es muß schon ein Fenster im Kuhstall offen bleiben, und wir dürfen die Fliegen darin nicht vergiften, mit denen sie ihre Jungen füttern müssen. Und wenn es keine lehmigen Pfützen mehr auf dem betonierten Hofplatz und auf der asphaltierten Dorfstraße und auf den befestigten Feldwegen mehr gibt, dann kann das Schwalbenpaar überhaupt kein Nest bauen; denn dazu muß es den »Mörtel« erst herbeitragen. Kein Mensch nagelt mehr Eulen ans Scheunentor. Aber wenn die moderne Scheune kein Eulenflugloch mehr unterm Giebel hat und der moderne Kirchturm keine Schallöcher mehr im Turm, dann ist das für die Schleiereule genau so schlimm. Wo sogar schon auf dem Land (»Unser Dorf soll schöner werden«) der geschorene Rasen den bunten Bauerngarten, Blaufichten die Apfelbäume verdrängen, alte Hollerbüsche abgehackt und Brennesseln totgespritzt werden, dort ist das Futterhäuschen mit Sonnenblumenkernen für den Winter ein faules Alibi.

Ökologisches Umdenken hat in den letzten Jahren viel bewirkt, damit die alte Vielfalt und »Unordnung« zurückkehren und mit ihnen viele Geschöpfe, die wir mit unserer einfältigen Ordnung vertrieben hatten.

Es gibt auch Ausnahmen: Die Wacholderdrossel zum Beispiel sieht man immer häufiger, und von allen Fernsehantennen heult der Türkentauber sein monotones »gru-gruh-gru«. Niemand weiß, warum die kleine Taube vor 40 Jahren aus ihrer Heimat in Kleinasien und auf dem Balkan so stürmisch nach Nordwesten aufgebrochen ist, im Zeichen des schwarzen Halbmonds, den sie als guter Hausgeist aus moslemischen Landen um den Nacken trägt.

Haus, Hof und Garten sind kein Gegensatz zur »freien Natur«. Auch sie sind Lebensraum, Biotop für viele Tiere, bis hin zu den Spatzen und Amseln in den Großstädten, den Dohlen und Turmfalken in den Kirchtürmen und den Mauerseglern, die um Hochhäuser jagen. Ein Blick durchs Fenster in einen naturnahen Hausgarten kann oft mehr bieten als zwei Stunden auf einem Hochsitz zwischen Fichtendickung und Maisacker.

Die Wacholderdrossel (oben) scheint in unseren Tagen eine Entwicklung zu nehmen, die bei der Amsel schon Jahrzehnte zurückliegt: Sie brütet immer zahlreicher in Gebieten, wo sie früher nur als Durchzügler vorkam, sie überwintert immer häufiger bei uns und läßt sich immer mehr in Gärten und Anlagen sehen.
Die kleine Türkentaube (links) hat vom Balkan aus in den letzten 40 Jahren ganz Europa erobert. Sie hat die gleiche Jagdzeit wie die Ringeltaube, aber in Ortsnähe ist sie vor Nachstellungen meist sicher. Der zierliche Vogel kann es sich leisten, als Standvogel im Winter bei uns zu bleiben, denn er entfernt sich nie weit von Hühnerhöfen und Futterplätzen.

165

Fuchs, du hast die Gans gestohlen...

»Wer streckt sein rotes, tückisches Gesicht
Dort aus des Waldes grünbelaubten Hallen?
Verruchter Räuber! Nähere dich nicht,
Du würdest in die Hand des Rächers fallen!«

Diese pathetischen Verse stellte Carl Emil Diezel 1849 dem Kapitel »Der Fuchs« in seinem Buch »Erfahrungen aus dem Gebiete der Niederjagd« voran. Und er fährt fort: »Kein anderes Kapitel dieses Buches habe ich mit so großem Eifer angefangen wie dieses. War ich doch seit jeher ein abgesagter Feind jener Erzräuber, von denen es handeln soll. Es wird aber für mich, wenn es darauf ankommt, ihnen auf jede erdenkliche Weise Abbruch zu tun, keinen Unterschied machen, ob ich die Feder in der Hand habe oder das Gewehr.«

»Diezels Niederjagd« – die klassische »Bibel« für Generationen von Jägern bis in unsere Tage. Das Verhältnis der Menschen zu den tierischen Jägern ist zwiespältig. Als »Erzräuber« verhaßt waren und sind vor allem die größeren von ihnen, die als Konkurrenten erbeuten, was der Mensch gern in die eigene Pfanne hauen würde, sei es als Jäger oder als Viehhalter. Aus den Zeiten, als Großraubwild noch wirklich existenzbedrohend und lebensgefährlich den schlecht bewaffneten Menschen entgegentrat, hat sich vieles auf die kleineren Arten übertragen, die heute übriggeblieben sind. Neben den Konkurrenzneid trat das Mitleid mit den »armen Opfern« der »Räuber«. Der Mensch als Rächer mit dem Flammenschwert direkt als Stellvertreter des lieben Gottes. Nachdem der liebe Gott bei seiner Schöpfung nichts verkehrt gemacht haben konnte, mußten die Raubtiere wohl Geschöpfe des Teufels sein. So gingen sie in die Allegorie ein und ins Bewußtsein des Volkes. Mit Unterschieden: Wenn Bauern und Mönche Bären erschlugen, die in ihre Herden einfielen, bekamen sie Rüffel von der Obrigkeit, weil sie »des Herzogs Jagdlust schmälerten«. Adlige Jagdlust setzte sich über Nützlichkeitserwägungen hinweg; ein frühes, wenn auch unbewußtes Artenschutz-Verdienst der Jagd.

Spät erst kam die Einsicht, nicht alles nach menschlichem Maß von Schaden, Nutzen und Lust zu messen. Der neutrale Ausdruck »Beutegreifer« löste den kriminellen Beigeschmack von »Räuber« und »Diebesgesindel« ab. Raubvögel wurden in Greifvögel umgetauft. Übrigens: Auch die Amsel, die den Regenwurm aus dem Rasen zieht, die Meise, die einen Schnabel voller Raupen zum Nistkasten trägt, die Schwal-

ben, die nach Mücken jagen – sie alle sind Beutegreifer. Aber sie gelten als nützlich, weil sie uns Ungeziefer vom Gemüse halten. Doch ist die Amsel nützlich, wenn sie den nützlichen Bodenarbeiter und Düngerproduzent Regenwurm frißt? Die Meise, wenn sie neben Spinnerraupen auch Schlupfwespen fängt? Und ist der Fuchs schädlich, wenn er Mäuse vertilgt?

Es hat eine Zeit gegeben, die Nutzen und Schaden exakt berechnete: Kohlmeise 78:22, Fuchs 44:56 oder so ähnlich. Irrwege der Wissenschaft. Heutige Wildbiologen reden und schreiben ganz unbefangen von »Räuber-Beute-Beziehung«. Bedeutungswandel in geistig-kultureller Evolution; Gerechtigkeit für Verfemte, aber keine Heiligsprechung, zu der manche naturfernen Naturfreunde im Eifer der Wiedergutmachung neigen.

Fuchsfähe auf der Frühpirsch. Ihre Beute trägt sie den hungrigen Welpen im Bau zu. Obwohl der Fuchs keine Schonzeit hat, schützt das Jagdgesetz generell alle Elterntiere, die Junge aufziehen. Leider halten sich eifrige »Raubwildbekämpfer« nicht immer daran.

Lustig geht es am Fuchsbau zu, wenn die Welpen in der Sonne wie junge Hunde spielen. Mit Jagen, Fangen und Raufen üben sie spielerisch das Verhalten ein, das sie später brauchen. Jetzt warten sie gespannt, was Mutter oder Vater ihnen Gutes mitbringen. Die Fähe trägt die Hauptlast, der Rüde hilft gelegentlich bei der Versorgung mit. Manchmal gehören auch noch ältere Geschwister vom Vorjahr mit zur Familie. Wenn sie Gefahr wittert, zieht die Fähe meist über Nacht mit den Welpen in einen anderen Bau.

Blutrausch

Die Bäuerin, die noch ein paar glückliche Mistkratzer als Eierproduzenten hält, hat abends vergessen, den Einschlupf zum Hühnerstall zu verschließen. Am nächsten Morgen ist es verdächtig still im Gehege. O Schreck: Im Hühnerstall eine Walstatt voller Leichen, Blut und Federn an den Wänden – und im hintersten Eck im Tiefschlaf zusammengerollt der Mörder, ein Marder. Er erwacht nicht mehr unter dem Hieb mit der Mistschaufel. Klarer Fall von »Blutrausch«: Kein einziges Huhn hat er angefressen; nur das Blut hat er ihnen aus den Hälsen gesogen. Recht geschieht ihm! Warum hat er nicht nur genommen, was er braucht? Das eine gestohlene Huhn hätte ihm die Bäuerin verziehen, vielleicht den Verlust gar nicht bemerkt. Jetzt hat der Marder den Lohn für seine maßlose Gier, seine Mordlust.

Was war geschehen? Der hungrige Marder schlüpfte in den Hühnerstall, begeistert von dem nahrhaften Duft, der ihm konzentriert in die Nase stieg. Ein Sprung, ein Griff – nicht anders, als wenn er draußen in der Feldhecke die Rebhühner beschleicht. So ein Rebhuhn erwischt er nicht immer sofort tödlich. Wenn es noch flattert, beißt der Marder zu, bis sich nichts mehr rührt. Er kann gar nicht anders; denn eine so überlebenswichtige Verhaltensweise ist fest verankert im angeborenen Repertoire. Doch jetzt im Hühnerstall: Alles plärrt und flattert im Dunkeln durcheinander, die Hühner können ja nicht fort. Und der Marder kann es auch nicht mit dem einen Huhn als Beute. Sein Instinkt ist der unnatürlichen Situation nicht gewachsen: Er muß zubeißen und totschütteln, so lange sich noch etwas rührt. Zwanzig-, dreißigmal. Schwerstarbeit für den kleinen Jäger im Pelz. Als er es geschafft hat, ist ihm der Appetit vergangen. Todmüde rollt er sich zum Erschöpfungsschlaf zusammen. Von wegen Blutrausch!

Natürlich hat der Marder den Hühnern kein Blut »ausgetrunken«, sondern ihnen nur die Hälse durchgebissen. Der Bäuerin ist die tierpsychologische Feinheit gleichgültig. Sie wird nicht mehr so leicht vergessen, den Hühnerstall zu verschließen, und der Marder hat seinen schlechten Ruf weg. Den hatte er bereits beim alten Tiervater Brehm, der in seinem »Tierleben« (1864) über den Steinmarder schreibt, er »würgt mit einer Mordlust und Grausamkeit ohne Gleichen«. Als »Unfug« kreidet er ihm außerdem an, daß er ein Liebhaber von süßem Obst ist. Auch für den studierten Zoologen war der Mensch das Maß aller Dinge.

Die Sache mit dem »Blutrausch« ist geklärt. An einer anderen, modernen Sucht des Steinmarders rätseln Forscher noch vergebens. Vor zehn Jahren etwa fanden Steinmarder in der Schweiz Geschmack am Innenleben von Automotoren. Sie zerbissen Gummimanschetten und Bremsschläuche. Wirklich ein Unfug, der den Autobesitzer teuer zu stehen kommt. Von der Schweiz aus breitete sich die seltsame Freßwelle der Marder nordwärts über Österreich und Süddeutschland aus. Spielerei oder echte Süchtigkeit nach irgendwelchen Geschmacksstoffen in Kautschuk und Plastik?

Die vergeblichen Abwehrversuche reichen von raffinierter Elektronik bis zur simplen Verwitterung mit Mottenkugeln oder Lappen voller Spiritus. Die technikgewohnten Marder sind nicht leicht zu vergraulen. Sie sind als echte Opportunisten aus den Scheunen und Feldhecken immer mehr in die Städte gezogen, sie lärmen auf Dachböden, durchwühlen Abfalltonnen und Komposthaufen, plündern Zwetschgenbäume – und nagen an Automotoren. Auf der anderen Seite drängen die weißkehligen Steinmarder (Hausmarder und Dachmarder heißen sie bezeichnenderweise von jeher) aus den Dörfern immer weiter in das Reich ihres gelbkehligen Vetters, des Baum- oder Edelmarders vor. Der lebt hauptsächlich im geschlossenen Wald, wo er seinen Lebensunterhalt an Mäusen und Eichhörnchen härter verdienen muß als der freche Kostgänger des Menschen.

Mäuselsprung – das typische Verhalten des Fuchses bei der Mäusejagd. Mit dem Gehör ortet er zunächst die Nager unter Gras und Schnee, schleicht sich vorsichtig an, verharrt gespannt wie ein vorstehender Hund, nimmt noch einmal mit allen Sinnen Maß – und dann kommt der hohe Sprung auf die Beute. Wenn der Fuchs Glück hat, bekommt er die Maus zu fassen. Doch längst nicht jeder Sprung ist erfolgreich. Mäuse lieben die Wärme, deshalb »maust« der Fuchs gern am hellen Tag im Feld oder auf Waldkulturflächen, wenn er dabei nicht gestört wird.

Das Bild dieses »Maschinisten« ist mit einem gezähmten Jungmarder gestellt. Aber es kommt der Wirklichkeit nahe: Steinmarder haben eine Vorliebe für Automotoren entwickelt. Am schlimmsten ist es im Frühsommer, wenn die Jungmarder auslaufen. Wildforscher haben sorgfältig alle Tatsachen registriert, aber die Gründe, warum die Marder sich so sonderbar verhalten, sind nach wie vor rätselhaft. Sie mögen freilich enge Schlupfwinkel, und vielleicht werden sie »süchtig« auf bestimmte Geschmacksstoffe in Kautschuk und Plastik. Ein erstaunliches Beispiel, wie ein Wildtier, das schon immer ein enger Kulturfolger des Menschen war, plötzlich moderne Technik als neue »Requisiten« in seinem Lebensraum nutzt. Bisher waren es nur Mäuse, die manchmal einen Motor lahmlegten. Ernähren kann sich der Marder allerdings nicht aus dem Motor. Dazu muß er Mäuse und Ratten jagen, Vögeln nachstellen und nach Obst und Beeren auf Bäume klettern. Hühnerställe gibt es in der Stadt nicht, dafür Mülltonnen, Komposthaufen und Futterschüsseln für Katzen und Igel. Der Steinmarder hat eine reichhaltige Speisenkarte, je nach Jahreszeit und je nachdem, ob er auf dem Land oder in der Stadt wohnt.

Der Baummarder ist der bessere Kletterer; sein Tagesversteck sind meist Baumhöhlen oder alte Eichhörnchenkobel und Bussardhorste in den Wipfeln. Der Steinmarder steckt lieber ebenerdig in Holzstößen, Steinhaufen oder in Karnikkelbauen. Jedenfalls macht der clevere Prolet seinem »edlen« Vetter den Lebensraum streitig. Der Baummarder ist aus manchen Wäldern bereits fast verschwunden. Das spiegelt sich auch in den Jagdstrecken: Fast 50 000 Steinmarder werden jährlich bei uns erbeutet (meist in Fallen gefangen), aber nur knapp 5000 Baummarder.

Beide haben von Mitte Oktober bis Ende Februar Jagdzeit. Im Dezember/Januar liefert ihr feinhaariger Balg das beste Pelzwerk. Wenn Neuschnee gefallen ist, hat der Jäger die beste Aussicht, erfolgreich auf Marder zu jagen. In aller Frühe wird abgespürt, wo der nächtliche Schleicher sein Tagesversteck bezogen hat. Aus Scheune oder Feldstadel wird der Marder mit Radau und Hunden »ausgeklopft«, bis er den draußen wartenden Schützen vor die Flinte springt. Schwieriger ist es, die weiten nächtlichen Wege des Baummarders im Neuschnee zu verfolgen, bis man genau weiß, auf welchem Baum er steckt. Man hat ihn dann erst im Rucksack, wenn er nach dröhnenden Knüppelschlägen an den Stamm erschrocken in den nächsten Wipfel »holzt« – und die Schrote ihn auch treffen.

Mancher Marder wird auch geschossen, wenn der Jäger in Mondnächten bei Schnee am Luderplatz auf den Fuchs paßt. Die meisten aber gehen in die Falle, die der Jäger vorher mit Leckerbissen wie süßen Zwetschgen oder Hühnereiern beködert hat. Das ist eine Kunst für sich, die gelernt sein will. Nichts für zeitknappe Gelegenheitsjäger.

Es ist nicht leicht zu erklären, warum zwei so nah verwandte Arten mit ganz ähnlichen Ansprüchen (die sich aber trotzdem nie kreuzen, obwohl auf die Färbung des hellen Kehlflecks nicht immer Verlaß ist) so ganz verschieden auf das Angebot reagieren, das ihnen der Mensch macht. Die feinen Mechanismen der Anpassung sind schwer zu durchschauen. An der unterschiedlichen Intensität der Bejagung kann es wieder mal nicht liegen; diese ist nur eine Folge der Vorkommenshäufigkeit, und der Steinmarder ist für Flinte und Falle sogar viel leichter erreichbar als »Gelbkehlchen« mit seiner anspruchsvolleren und mehr verborgenen Lebensweise.

Keine Gnade für Opportunisten?

»Fuchs! Fuchs!«– Der Treiberruf elektrisiert alle Schützen beim Waldtreiben. Spätestens jetzt steht jeder reglos, aufs äußerste gespannt. List gegen List; Konzentration und Selbstbeherrschung gegen überlegene Sinnenschärfe, das ist es, was die Jagd auf Jäger soviel spannender macht als das bloße Scheibenschießen auf den biederen Hasen oder auf den erschrocken aufstiebenden Fasan, wobei es allein aufs Schießen und Treffen ankommt. Der Fuchs ist Jäger und Gejagter zugleich. Meister Reineke muß deshalb – wie die Fabel berichtet – schlauer sein als sein übermächtiger Feind und Vetter Wolf, als der tollpatschige Bär und der lauernde Luchs. Und so nimmt er es auch mit dem Jäger und seinem Hund auf, die an die Stelle jener drei großen wilden Jäger getreten sind. Kein anderes Raubwild, das uns geblieben ist, fordert uns so ebenbürtig heraus. Ein erlegter Fuchs will mit Kunst und Geduld verdient sein und steht oft höher im Ansehen als die meisten, recht kunstlos erlegten Rehböcke, wenn wir Kunstfertigkeit und Erlebnisgehalt des Jagens als Maßstab nehmen.

Das ist die eine Seite. Auf der anderen steht die nüchterne Tatsache, daß Wolf, Luchs und Bär vermutlich wenig Sinn für den Erlebnisreiz von Schwierigkeiten hatten, und daß sie sich deshalb Füchse besonders dann schmecken ließen, wenn diese leicht zu haben waren: das Geheck auf und im Bau; jungdumme Jungfüchse bei ihren ersten Streifzügen im Sommer. Wenn wir als Stellvertreter den Fuchs, der mit seiner ho-

In die Marderverwandtschaft gehören die Wiesel, unsere kleinsten Raubtiere. Hier das Großwiesel oder Hermelin, wie es von Rand zu Rand eilig über einen Feldweg läuft. Im Sommer unterscheidet es sich nur durch seine schwarze Rutenspitze vom noch kleineren Mauswiesel. Im Winter trägt das Hermelin einen weißen Pelz, der es zum kostbaren Mantel der Könige gebracht hat. Wiesel sind ausgesprochene Mäusespezialisten; ihr Bestand folgt dem Auf und Ab der »Mäusejahre«.

Man braucht die Autobahn nicht zu verlassen, um einen Turmfalken zu sehen, der im »Rüttelflug« wie an einer Drachenschnur an einem Punkt in der Luft hängt. Jäh stößt er dann zu Boden, um eine Maus zu schlagen. Weil Mäuse seine Hauptbeute sind, er aber in strengen Wintern auch auf Kleinvögel ausweichen kann, und weil er wenig Sorgen um Nistplätze hat, ist der kleine Falke neben dem Mäusebussard unser häufigster Greifvogel. Als Nistplatz bezieht das Paar gern Nischen und Mauerlöcher in Türmen, Ruinen und anderen hohen Gebäuden, aber auch Baumhöhlen, Felslöcher und notfalls einen alten Bussardhorst, ein Krähen- oder Elsternnest. Denn Falken bauen nie eigene Horste.

hen Vermehrungsrate an diese Verluste angepaßt ist, wirklich »regulieren« wollen, müssen wir ebenfalls dort eingreifen. Oder aber, wenn wir das der wertvollen Winterbälge wegen nicht wollen, die Winterjagd mit allen Mitteln und in allen Revieren sehr viel intensiver betreiben.

Ohne die Tellereisen und Fangschlingen der arktischen Trapper (oder ohne das Strychningift verflossener »Raubzeugvertilgung« bei uns zulande) wäre das auf Dauer vermutlich äußerst mühsam; denn die sagenhaften allwinterlichen Strecken mancher Fuchsspezialisten unter den Jägern kommen ja hauptsächlich vom laufenden Zuzug aus der weniger bejagten Nachbarschaft. Wirklich kurzhalten läßt sich der Fuchs offenbar nur, wenn wir neben fleißiger Winterjagd auch im Sommer die Stellvertretung für Wolf, Luchs, Bär, Adler und Uhu übernehmen. Die Tollwut ist ein Notventil, das die Natur unter dem Druck der Übervermehrung geöffnet hat. Mit »Schluckimpfung« werden wir es vermutlich schlecht verstopfen können, ohne neuen Überdruck aufzubauen; ähnlich schlecht, wie wir mit Wurmmedikamenten im Futtertrog die Rehe aus der Apotheke gesundkaufen können...

Als unlängst in der »Pirsch« ein Beitrag erschien, in dem der Autor eine allgemeine Schonzeit für Füchse zur Aufzuchtzeit forderte (Fuchs und Wildkaninchen sind die beiden einzigen heimischen Wildarten, die keine haben) und die Ansicht vertrat, der Fuchs solle nur im Winter des Balges wegen »waidgerecht« bejagt werden, da hagelte es Widersprüche: Der Fuchs müsse mit allen Mitteln kurzgehalten werden, dem Niederwild und den gefährdeten Bodenbrütern zuliebe. Und natürlich, um die Tollwut zu bekämpfen. Aber trotzdem bitte waidgerecht. Der Fuchs ist tatsächlich ein »Opportunist«, der nimmt, was er kriegen kann und was halbwegs genießbar ist. Das ist in der Nachbarschaft des Menschen viel, auch an Abfällen und totgefahrenen Tieren im Straßengraben. Ohne natürliche Feinde und fast ohne überlegene Nahrungskonkurrenten überschwemmen Füchse das Land. Es ist aber ein Trugschluß zu glauben, jeder Fuchs, den wir erbeuten, sei ein Beitrag zur Verminderung des Bestandes. Erwachsene Füchse leben territorial; der Altrüde duldet keinen Rivalen in seinem Revier. Wohl aber eine oder zwei Fähen, mit denen er eine Familie bildet. Die Altfähen wiederum dulden nicht, daß ihre Töchter Kinder bekommen, so lange sie im elterlichen Revier bleiben. Die Jungrüden werden ohnehin vom Vater vor die Tür gesetzt und müssen wandern. In nahrungsarmen Gegenden ist ein Fuchsrevier zwar größer und die Siedlungsdichte entsprechend niedriger als im Überfluß unserer Fluren, aber immerhin: Eine intakte Sozialstruktur bedeutet Geburtenkontrolle und Planstellenverteilung.

Wird so eine Fuchspopulation normal bejagt, wie das heute üblich ist, dann werden »Planstellen« frei, die von Jungfüchsen gleich wieder besetzt werden, die sonst hätten abwandern oder zugrundegehen müssen. Die unerfahrenen Jungen begnügen sich mit kleineren Revieren; eine größere Zahl von Jungfähen kommt zur Fortpflanzung. Die Jagd wirkt bei Tieren mit solcher Lebensweise also zunächst einmal zuwachsfördernd! (Bei den Rehen ist es übrigens ganz ähnlich.) Und es ist sehr die Frage, ob, wie und wo es gelingt, die Schwelle zu überschreiten, jenseits derer erst die Wirkung der Jagd in wirkliche Reduktion und Regulation umschlägt. Nur »ein bißchen Jagd« kann tatsächlich – obwohl die Jäger fleißig sind und die Strecken steigen – weniger bewirken als gar keine Jagd. Die populationsdynamischen Zusammenhänge sind jedenfalls kompliziert und von vielen Faktoren abhängig, die örtlich und zeitlich variabel sind: Nahrungsangebot, Klima und Wetter, Deckungsverhältnisse, Vorhandensein von natürlichen Feinden, Auftreten von Krankheiten und anderes mehr. Die Natur kennt keine Waidgerechtigkeit. Wir können es uns heraussuchen, ob wir lieber nur reife Winterfüchse erbeuten und den »Kindermord« am Heckbau verabscheuen, oder ob wir als grimmige Regulatoren versuchen wollen, die Füchse in den Griff zu bekommen. Was dann freilich keine lustbetonte Freizeitbeschäftigung mehr ist, sondern harte und nicht nur erfreuliche Arbeit. Wobei wir uns von Wolf und Luchs auch dadurch unterscheiden, daß wir die erbeuteten Sommerfüchse nicht sinnvoll als eigene Nahrung zu verwerten pflegen.

Heiligt der Zweck jedes Mittel – oder: Was ist waidgerecht? Fragen, die sich dem selbstgerechten Götterblick entziehen.

Bussard heißt soviel wie »Katzenadler«. Ein kleiner Vetter des Adlers ist der Mäusebussard wirklich. Mit der Katze hat er seinen miauenden Schrei gemeinsam, aber auch das geduldige Lauern vor Mauslöchern. Der stattliche Greifvogel ist kein schneidiger Jäger. Von einer Ansitzwarte aus stößt er nach Mäusen, und oft sammelt er sogar »zu Fuß« auf gemähten Wiesen Heuschrecken und Regenwürmer. Im Frühjahr passen natürlich auch Junghasen und Jungvögel in sein Beuteschema. Als Aasverwerter findet er neben Verkehrsstraßen einen gedeckten Tisch; deshalb sehen wir ihn oft am Straßenrand und auf Telegrafenmasten. Gern kreist er auf breiten Schwingen segelnd hoch am Sommerhimmel.

Schneidige, wendige Jäger im Überraschungsangriff: Im Jugendkleid (oben) sieht der Habicht ganz anders aus als im Alterskleid (rechte Seite oben). Eichhörnchen und Ringeltaube sind Beutetiere von passender Größe. Ganz ähnlich, aber deutlich kleiner ist der Sperber (rechte Seite unten); sein Hauptwild sind Kleinvögel wie Sperlinge, Finken und Meisen.

Haare und Federn

Es stimmt grundsätzlich, daß kein Beutegreifer seine Beutetiere ausrotten kann. Das ist eine Frage der Energiebilanz: Wenn die Jagd zu mühsam wird, kostet sie den Jäger mehr Energie, als ihm die Beute als Nahrung einbringt. Der »Räuber« müßte zugrundegehen oder abwandern, längst bevor das letzte Beutetier aus seinem Jagdrevier verschwunden ist.

Daraus folgt aber nicht ohne weiteres, daß *jeder* Beutegreifer für *alle* seine Beutetiere »harmlos« sei. Es kommt darauf an, ob wir es mit einem anspruchsvollen »Spezialisten« zu tun haben oder mit einem anpassungsfähigen »Generalisten« und »Opportunisten«. Der Fischotter zum Beispiel kann nicht ohne guten Fischbesatz in klaren Gewässern leben. Die paar Bisamratten und Jungenten, die er nebenher erbeutet, sind kein Ersatz, auf den er sich umstellen könnte. Dem Fischadler geht es genau so. Die Wildkatze erbeutet hauptsächlich Kleinsäuger, einschließlich allerhand Jungwild im Sommer. Strenge Winter, wenn die Mäuse unter tiefem Schnee hausen, sind für die Wildkatze echte Regulatoren und begrenzen ihr Vorkommen auf klimatisch mildere Gebiete. Sie kann nämlich nicht wie der Fuchs notfalls vom Aas des Fallwildes leben, erst recht nicht wie der Marder Baumhöhlen und Eichhörnchenkobel nach Insassen absuchen oder gar mit letztem Dörrobst von Ebereschen und Holzbirnbäumen vorlieb nehmen.

Fuchs und Steinmarder sind typische Generali-

sten, denen es nichts ausmacht, wenn sie auf das eine oder andere Gericht auf ihrer vielseitigen Speisenkarte verzichten müssen. Als Opportunisten nehmen sie natürlich mit Vorliebe, was gerade reichlich vorhanden und/oder leicht zu kriegen ist. Das kann für manche Beutetiere wirklich bedrohlich werden, nämlich für solche, die bereits selten sind und im betreffenden Gebiet im Existenzminimum leben; entweder weil es ohnehin ein Randgebiet ihrer natürlichen Verbreitung ist oder weil – wie heute oft – menschliche Einflüsse ihren Lebensraum geschädigt haben. Der Fuchs kann weder die Mäuse, noch die Hasen, Kaninchen oder Rehkitze ausrotten (wohl aber teilweise stärker dezimieren, als das dem Menschen, der Hasen und Rehe selbst erbeuten möchte, lieb ist). Er kann auch Rebhühner oder Birkwild nicht ausrotten, wo diese Vögel in intakten Lebensräumen so häufig vorkommen wie Kaninchen. Wo aber die letzten Rebhühner oder Birkhühner auf dem Präsentierteller des Existenzminimums sitzen, kann sie der opportunistische Beutegreifer bei Gelegenheit leicht mitnehmen. Das belastet weder seine Energiebilanz noch seine künftigen Lebensaussichten; denn dafür sind viele andere, häufige Beutetierarten da.

Solche Situationen ergeben sich vor allem dann, wenn auf der einen Seite der anpassungsfähig vielseitige »Räuber« kräftig von unserer Kulturlandschaft profitiert, in der jedoch andererseits das betreffende Beutetier nicht mehr zurechtkommt. Schließlich haben Füchse und Birkwild seit zehntausend Jahren ausgeglichen zusammengelebt, und sie tun es in Finnland und Sibirien heute noch.

Ob ein »Räuber« seine Beutetierbestände regulatorisch beeinflussen kann oder ob seine eigene Vermehrungsrate und Siedlungsdichte vielmehr vom Auf und Ab seiner Beute bestimmt werden, hängt noch von anderen Faktoren ab. Kleine und zahlreiche Tiere – Mäuse, manche Insekten – neigen zu periodischen Bestandsschwankungen, die von klimatischen Einflüssen und vom Nahrungsangebot abhängen.

Stirbt der Fuchs, dann gilt der Balg! Die alte Einteilung von »Nutzwild« und »Raubwild« ist ungenau. Denn den Fuchs können wir zwar nicht essen, aber sein dichter Winterbalg bringt mehr ein als das Wildpret eines Hasen. Die scharfen Sinne des Fuchses fordern vom Jäger Geduld, Selbstbeherrschung und schnelle Reaktion, wenn es darauf ankommt. Passionierte Fuchsjäger holen sich in Schneemondnächten stundenlang kalte Füße, um Reineke an seinem Paß zu erwarten, ihn mit der nachgeahmten Hasenklage anzulocken oder um am Luderplatz mit seinem Hunger zu rechnen, bei dem er aber nie die Vorsicht vergißt. Füchse werden mit Dakkeln und Terriern aus dem Bau »gesprengt« – und dann nicht selten vorbeigeschossen, denn auf der Flucht versteht sich Reineke auf Deckungsuchen und Hakenschlagen. Bei der Treibjagd schießt den Fuchs nur, wer eisern ruhig steht und eine sichere Hand bewahrt. Den guten Winterbalg ordentlich herzurichten als wertvollen Rohstoff für Gerber und Kürschner, das gehört zum Jägerhandwerk. Denn wer nicht verwertet, was er erbeutet, der handelt sinnlos.

Der Einfluß von Fuchs, Wiesel, Turmfalke, Eulen auf Mäuse, von insektenfressenden Singvögeln auf Insekten ist gering. So viel, wie zu einer merklichen Verminderung nötig wäre, können sie gar nicht fressen. Massenvermehrungen brechen eher durch Nahrungsmangel und Krankheiten zusammen. Wohl aber steigert ein solches Beuteangebot die Aussichten solcher Beutegreifer, vorübergehend mehr Junge aufzuziehen und besser zu leben – umso mehr, je stärker sie auf das betreffende kleine Beutetier spezialisiert sind.

Die Verhältnisse ändern sich, je mehr sich Größe und Häufigkeit von »Räuber« und Beute einander annähern. »Fuchs gegen Maus« ist ein anderes Wechselspiel als »Fuchs gegen Hase«; Rehe kann der Fuchs nur als Kitze erbeuten und als Erwachsene höchstens ausnahmsweise bei harter Wintersnot. Der Wolf dagegen kann Rehe und sogar Rotwild sehr wohl »verdünnen«. Es gibt zu diesen Wechselbeziehungen viele gut erforschte Einzelbeispiele. Sie alle lassen sich nicht verallgemeinern, nicht auf andere Arten und Biotope übertragen. Wohl aber regen sie zum Beobachten und Nachdenken an und bewahren vor voreiligen Schlüssen.

Wer reguliert die Regulatoren? Es kommt darauf an, ob sich der »Räuber« selbst an den Druck übermächtiger Gegner anpassen muß, ob er Jäger und Gejagter zugleich ist, oder ob er unbehelligt und konkurrenzlos am Ende einer Nahrungskette steht. Dann sind zwecks Selbstregulierung seine Vermehrungsrate entsprechend klein, sein Raumbedarf groß und seine Siedlungsdichte gering. Deshalb fiel es auch dem Menschen so leicht, das an keinen Feinddruck angepaßte Großraubwild so schnell auszurotten.

Mit der Funktion von Raubwild als »Gesundheitspolizei« ist es auch nicht so einfach. Jeder Fuchs müßte verhungern, wenn er nur »kranke und schwache« Mäuse und Hasen fangen könnte. Jeder Wolf oder Luchs erst recht. Sie alle »testen« ihre Beutetiere ständig, indem sie ihnen nachstellen. Vollkräftige, gesunde, aufmerk-

same Beutetiere werden eher eine Chance haben zu entkommen. Weil aber dabei der Zufall eine große Rolle spielt, stellen sie trotzdem den Hauptanteil am Lebensunterhalt der »Räuber«. Allerdings unterschiedlich auf die Altersgruppen verteilt. Unerfahrene Jungtiere sind stärker gefährdet – und werden deshalb im Überschuß auf die Welt gebracht. Wobei es darauf ankommt, wie sich eine Tierart an die Jagdstrategien ihrer Freßfeinde angepaßt hat: mit sehr vielen Nachkommen, die mehr dem Zufall überlassen werden, oder mit weniger, die von den Eltern sorgfältig gepflegt und bewacht werden.

Die eigentliche Auslese der irgendwie behinderten oder weniger lebenstüchtigen Beutetiere ist nur im statistischen Durchschnitt langer Zeiträume zu erfassen – aber eben doch ein wichtiger Antrieb der Anpassung und Evolution. Das alles ist wieder einmal viel unübersichtlicher und vielschichtiger, als es Menschen mit bestimmten Nutzinteressen oder Schutzvorlieben gern hätten. Es wird nicht einfacher dadurch, daß der Mensch in die alten Wechselbeziehungen so grobschlächtig mit Bevorzugung hier, Benachteiligung dort eingegriffen hat. Die schwer zu entwirrenden Zusammenhänge und die Regeln, die sich daraus ableiten lassen, gelten jedenfalls für behaarte Beutegreifer ebenso wie für befiederte. Während jedermann einsieht, daß etwa der Fuchs, der Dachs und der Fischotter recht verschieden zu beurteilen sind, wenn es um das unvermeidliche Krisenmanagement der Naturpflege und des Artenschutzes geht, fällt die gleiche Einsicht bei Habicht, Bussard und Wanderfalke vielen Menschen schwer. Vögel haben nun mal eine eifrigere Lobby als Säugetiere; aber deshalb sollten sich Jäger und Vogelschützer nicht dauernd in den Haaren bzw. Federn liegen.

Wenn ein Fuchs vor unseren Augen ein Rehkitz reißt, ein Habicht einen Fasan schlägt, ist das wie ein spannender Krimi. Aber in jedem Kriminalfall ermöglicht erst die sorgfältige Ermittlung von Ursachen und Wirkungen ein gerechtes Urteil durch einen unbefangenen Richter.

Götterboten und Galgenvögel

Welches ist unser größter heimischer Singvogel? Die Antwort: »der Kolkrabe« verblüfft zoologisch nicht so sattelfeste Naturfreunde immer wieder. Tatsächlich sind die Rabenvögel, von denen bei uns neun Arten vorkommen, eine Familie der Singvögel. Dank ihrer vielseitigen Anpassungsfähigkeit als »Nicht-Spezialisten« und ihrer Begabung, in einem relativ langen Leben aus Erfahrungen zu lernen, behaupten sie sich dem Menschen gegenüber erfolgreich. Wenn auch einige von ihnen als »Schädlinge« unbeliebt sind – ihre Klugheit und Gelehrigkeit haben schon immer Eindruck gemacht. Zwei weise Raben waren die Ratgeber und Boten des germanischen Göttervaters Wotan, und Wilhelm Buschs lustige Bildergeschichte von »Hans Huckebein, dem Unglücksraben« erfreut uns noch heute.
Wer nur das Krächzen der Krähen, das Zetermordiogerätsche des Eichelhähers kennt, wundert sich über die Zuordnung dieser Sippe zu den Singvögeln. Das verliebt melodiöse Geplauder der Häher im Vorfrühling, die glucksenden Selbstgespräche der Krähen, die Stimmenvielfalt einer Dohlenkolonie belehren uns eines Besseren.
Die meisten Rabenvögel sind eher häufiger geworden, wo sie in Nachbarschaft zum Menschen leben, und sie sind fast die einzigen Vögel ihrer Größe, die keineswegs im Bestand gefährdet sind. Ihre Ungenießbarkeit für den Kochtopf trägt dazu bei, daß sie weitgehend unbehelligt bleiben. Die örtlichen Traditionen von Hährsuppe und gebratenen Jungkrähen sind fast erloschen – und angesichts der hohen Schadstoffbelastung von Eiern und Fleisch dieser langlebigen Allesfresser, Aas- und Abfallverwerter auch nicht mehr ratsam. Bis vor dem Zweiten Weltkrieg wurden Saatkrähen aus Ostpreußen als »Waldtauben« an Berliner Hotels geliefert.
Doch nicht hauptsächlich des Wildprets wegen oder wegen der hübschen blau-schwarzen Schmuckfedern des Eichelhähers wurde den Rabenvögeln – besonders Rabenkrähe, Elster und Eichelhäher – früher nachgestellt, sondern

178

in der Absicht, sie als »Nesträuber« der Gelege von Bodenbrütern und kleinen Singvögeln zu dezimieren. Die Schwierigkeit, die scharfsinnigen Vögel zu überlisten, reizt den Jäger noch dazu. Bestimmt kann durch schwerpunktmäßiges Kurzhalten der Nestplünderer manches gefährdete Gelege, manches Küken und auch mancher Junghase gerettet werden. Ganze Krähenpopulationen lassen sich aber mit der Flinte nicht kurzhalten, und wirksamere Methoden wie Massenfallen und Gift sind aus guten Gründen längst verboten.

Immerhin: Rabenkrähen haben kaum natürliche Feinde; harten Wintern weichen sie als Strichvögel aus und finden an Müllhalden, Straßenrändern und in Städten besseres Auskommen als je zuvor; es überleben also viele. Andererseits sind die vielen, bis zum dritten oder vierten Lebensjahr unverpaarten Jungvögel selbst die ärgsten Nestplünderer und Störenfriede ihrer als Brutpaare etablierten Artgenossen. Da ist schwer abzuwägen, welche Auswirkungen es hat, wenn der Jäger einige Krähen schießt – wieviele, wo, wann, das alles kann irgendeine vorübergehende Rolle spielen oder auch praktisch wirkungslos in der Masse untergehen.

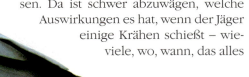

Das wäre alles kein Problem, wenn Rabenkrähe, Elster und Eichelhäher dem Jagdrecht unterstehen würden, mit entsprechender Jagdzeit ähnlich wie Fuchs und Marder. Das aber ist nur beim Kolkraben der Fall. Er hat allerdings ganzjährige Schonzeit. Es war schon die Rede davon, daß er aus den Bergwäldern weiter ins Alpenvorland hinaus vordringt. Auch in der Norddeutschen Tiefebene hat der Kolkrabe von seinen Restvorkommen in Schleswig-Holstein aus weite Gebiete bis vor die Tore von Hannover wiederbesiedelt. Zum Mißvergnügen der Krähen, für die der große Vetter ein übermächtiger Konkurrent und Nestplünderer ist. Sogar den Habicht verdrängt der große Rabe aus seinem Brutrevier. Ist der Kolkrabe nun eine zusätzliche Belastung der gemeinsamen Beutetiere, oder schafft ihnen der große Herr viele kleine Wegelagerer vom Hals und kassiert dafür selbst den Schutzzoll? Derartige Wirkungsgefüge sind Stoff für fleißige Forschungsarbeiten; frei Schnauze und Gefühl läßt sich nicht dahinterkommen.

Die übrigen Rabenvögel unterstanden schon immer dem Naturschutzrecht, allerdings waren die drei häufigsten und am weitesten verbreiteten, nämlich Rabenkrähe, Elster und Eichelhä-

Kluge, vielseitig anpassungsfähige Rabenvögel: Die Rabenkrähe als typischer »Nichtspezialist« kommt mit den verschiedensten Lebensbedingungen zurecht. Sie profitiert von allen genießbaren Abfällen des Menschen und kommt deshalb in der Kulturlandschaft häufiger vor als alle anderen Vögel von vergleichbarer Größe. In Nord-, Ost- und Südeuropa nimmt die grauschwarze Nebelkrähe ihren Platz ein – zwei geografische Rassen der selben Vogelart mit dem gemeinsamen Namen Aaskrähe. Die Verbreitungsgrenze geht längs durch Deutschland: entlang der Elbe. Als »Nesträuber« dezimieren Krähen auch die Gelege der eigenen Artgenossen. Unter natürlichen Feinden haben sie Habicht und Uhu zu fürchten sowie als stärkere Konkurrenz aus der eigenen Sippe den Kolkraben.

179

Saatkrähen sind Koloniebrüter; viele Horste stehen nebeneinander in hohen Baumkronen. Von der paarweise territorial brütenden Rabenkrähe unterscheidet sich die zierlichere Saatkrähe vor allem durch den schorfig nackten, weißgrauen Hautfleck um die Schnabelwurzel. Doch den bekommen erst die erwachsenen Vögel; Einjährige sind an der Stelle noch dicht befiedert. Bei uns gibt es nur wenige Brutkolonien. Die großen Saatkrähenschwärme, die im Winter bis in unsere Städte kommen, stammen aus Osteuropa.

her, nicht ausdrücklich geschützt und durften vom Jäger erbeutet werden. Die Jäger waren's zufrieden, und den drei Vogelarten hat es nicht geschadet. Erst seit 1986 hat internationales EG-Recht sie mit in den »besonderen Schutz« einbezogen, und seitdem herrscht viel Streit um Rechtsstandpunkte. Auch von vielen Natur- und Vogelschützern wird es als Schildbürgerstreich empfunden, der Rabenkrähe den gleichen Schutzstatus zu gewähren wie dem Kuckuck oder dem Pirol. Landwirte sind erbost: Was wäre schon dabei, aus einem Schwarm Krähen, die der keimenden Saat zusetzen, aus den Hähern, die Ähren aus dem Weizenfeld oder Kirschen vom Baum tragen, ein paar zu schießen? Die momentane Vertreibung könnte schon Abhilfe schaffen, ganz ohne den überspannten Anspruch einer »Regulation«, die gar nicht zu schaffen wäre.

Die vernünftige, pragmatische Lösung droht im Streit der Prinzipienreiter unterzugehen. Der Stolz mancher Vogelschutz-Funktionäre, nun endlich »alle Singvögel« unter Schutz zu haben, ist genau so albern wie manche Jagdschutzparolen aus der Mottenkiste der »Raubzeugvertilgung«. Deutsche Gründlichkeit scheint in der EG-Bürokratie einen üppigen Nährboden gefunden zu haben.

Unter Schutz steht auch die Saatkrähe. Jäger haben nichts gegen sie, da sie auf Pflanzen- und Kleintiernahrung ausgerichtet ist und uns größtenteils im März verläßt, um ihre Brutgebiete in Osteuropa aufzusuchen. Nur wenige bleiben in kleinen Brutkolonien bei uns zurück; denn Saatkrähen sind im Gegensatz zu den territorialen Rabenkrähen Koloniebrüter. Wenn sie sich in Gärten, Parks, in Friedhöfen oder Alleen ansiedeln, fallen sie durch Lärm und Schmutz lästig. Den Konflikt mit erbosten Besitzern unter Nistbäumen geparkter Autos und mit Anliegern, die um ihre Morgenschlafruhe gebracht werden, entscheiden Bürgermeister und Feuerwehr – unter Umgehung der Naturschutzbehörde – leider oft kurzerhand gegen die Brutkolonie. Geschärftes Umweltbewußtsein hat auch hier schon Besserung bewirkt: Wie Gänseblümchen und Löwenzahn gilt auch Saatkrähengeschmeiß auf dem Rasen bei einsichtigen Bürgern mehr als sympathische Naturerscheinung denn als Ordnungswidrigkeit.

Ein großartiges Naturschauspiel ist es, wenn Saatkrähen im Winter zu Hunderten in der Abenddämmerung zu ihren Schlafplätzen ziehen. Ähnlich wie die herbstlichen Starenversammlungen kann man das mitten in Städten erleben. Rabenvögel sind überhaupt nicht menschenscheu, so argwöhnisch sie direkte Nachstellungen zu vermeiden wissen. Seit sie nicht mehr bejagt werden dürfen, zeigen auch Rabenkrähen im Feldrevier deutlich verringerte Fluchtdistanz. Früher unterschieden sie den Jäger genau von harmlosen Spaziergängern oder Feldarbeitern; sogar das Jägerauto kannten und fürchteten sie. Ebenso wie Saatkrähe, Stockente und Lachmöwe weiß die Rabenkrähe im Winter die Stützpunkte zu nutzen, die sie an Fütterungen in städtischen Anlagen und an Parkgewässern hat. Erfolg vielseitiger Anpassungsfähigkeit und Klugheit.

Unter den übrigen Rabenvögeln steht besonders die Elster im Ruf der Nestplünderei. Das Elsternpaar baut seine auffälligen Kugelnester – die Nestmulde ist mit einer Reisigkuppel überwölbt – an Waldrändern, in Feldgehölzen und Parkanlagen in Baumwipfel; meist mehrere, bevor es sich für eines als Nistplatz entscheidet. Vom Brutrevier aus streifen Elstern nicht so weit in die offene Feldflur wie die Krähen; dafür suchen sie umso intensiver die nähere Umgebung im Gebüsch ab. Unter allem Kleingetier, das sie dort finden, spielen zur Brutzeit natürlich Vogelgelege und Kleinvogelnestlinge eine dankbar angenommene Rolle. Wäre der Einfluß der Elstern auf ihre kleine Singvogel-Verwandtschaft jedoch wirklich so verderblich, dann müßte das eher noch mehr für die Dohlen gelten; denn die brüten gleich kolonieweise in passendem Mauerwerk – Burgruinen sind ebenso beliebt wie Kirchtürme – oder in alten hohlen Bäumen. In ihrer Umgebung bleibt nicht leicht ein Finken- oder Drosselnest unentdeckt. Doch Finken und Drosseln gehören noch immer zu den häufigsten Arten.

Der volkstümliche Name »Nußhäher« ist mehrdeutig. Er kann den Eichelhäher meinen, anderswo den Tannenhäher. Beiden gemeinsam ist die »Hähersaat«: Der Eichelhäher versteckt Eicheln und Bucheckern, der Tannenhäher in Bergwäldern Zirbelnüsse im Waldboden als Vorrat. Sie finden nicht alle Verstecke wieder, und so wachsen in unseren Wäldern junge Eichen, so weit und breit kein alter Eichbaum steht. Die schweren Früchte können ja nicht vom Wind verfrachtet werden. So macht sich der Häher um die Mischverjüngung der Wälder verdient. Trotz ihrer Vorliebe für Eicheln und Nüsse verleugnen die Häher ihre allesfresserische Rabensippe nicht. Was wir dem Eichelhä-

Im Winter sind Schwärme von Hunderten von Saatkrähen auf Feldern ein gewohnter Anblick. Oft sind auch kleinere Trupps von Dohlen mit dabei. Müllhalden sind besonders nahrhafte Anziehungspunkte für die Wintergäste. Zentrale Nachtquartiere für Tausende von Saatkrähen sind Baumgruppen oft mitten in Städten in Anlagen und Friedhöfen.

Brut- und Jagdrevier der Elster sind Feldgehölze, Waldränder, Parks und Gärten. Jungvögel werden noch eine Zeitlang vom Elternpaar betreut, wenn sie das Nest bereits verlassen haben, aber noch nicht ganz flügge sind. Der kekkernde Ruf (»Schackern«) läßt sich leicht nachahmen, indem man eine halb gefüllte Streichholzschachtel kräftig schüttelt. Außerhalb der Brutzeit streifen Elstern in kleinen Familiengruppen durchs Gehölz. Ihre Neugier nach glitzernden Gegenständen hat ihnen den Ruf der »diebischen Elster« eingebracht.

her als Plünderer von Vogelnestern und Kirschbäumen verübeln, müssen wir ihm als tüchtigem Schädlingsvertilger (von Mäusen bis zu den Raupen des Eichenwicklers) zugute rechnen. Sein lebhaftes Wesen und sein buntes Gefieder machen den »Markwart« als Wächter und Warner im Wald zusätzlich beliebt – nur nicht beim Fuchs, dem er mit Warngeschrei die heimliche Pirsch verdirbt.

Im Herbst streichen die vorsichtigen Waldvögel, die sonst nur vom Waldrand aus etwas in die Feldflur vorstoßen und nicht gern über offene Flächen fliegen (sie wissen warum: der Habicht!) manchmal auf weiten Wanderungen zu fruchttragenden Eichenbeständen. Der »Häherstrich« war früher besonders bei Jungjägern beliebt; die von der Schmuckfedernindustrie begehrten bunten Federn brachten zumindest das Patronengeld ein, und die Hähersuppe schmeckte besonders gut, wenn noch eine fette Ringeltaube mit dabei war. Gegen solches Jagen auf den häufigen Vogel läßt sich kaum etwas sagen, zumindest nicht mehr als etwa gegen Tauben- oder Entenjagd. Eine andere spannende Jagd war zu Balzzeit, wenn die Häher gruppenweise durch die Wipfel huschen und sich dabei geschwätzig unterhalten.

Die Erinnerung an solche Beute aus Jugendtagen ist gewiß nicht belastet mit dem Gefühl, irgendwie unangemessen in das Naturgefüge eingegriffen zu haben. Der junge Jäger hat dabei mehr gelernt und erspürt, als wenn er gleich auf einen Rehbock losgelassen worden wäre. Aufrichtige Sympathie zu den klugen Rabenvögeln ist kein Widerspruch zur jägerischen Lust, sich mit ihren scharfen Sinnen zu messen. Aber der

Jäger sollte das mit der Einstellung tun, die er auch anderem Wild entgegenbringt, das er mit gutem Recht aus Überfluß erntet – nicht in der Pose des erbitterten »Raubzeugvertilgers« von anno dazumal.
Auch der spontane Ausspruch eines biederen Waidgenossen, als er vom bevorstehenden Häherschutz hörte: »Ja, was sollen wir denn auf unserer Treibjagd dann überhaupt noch schießen!?« ist kein brauchbares Argument. Wenn es auf einer Treibjagd nichts mehr zu schießen gibt als ein paar Häher, sollte man auf die Volksbelustigung verzichten. Sonst brauchen wir Jäger uns nicht zu wundern, daß verständige Naturfreunde über uns den Kopf schütteln.
Vorerst scheint im »Rabenstreit« kein vernünftiges Ende absehbar. Zyniker trösten sich mit dem Unterhaltungswert der juristischen Klimmzüge, mit denen sich einzelne Bundesländer um Ausnahmeregelungen bemühen. Die Rabenvögel sind's nicht allein. Wer in seinem Keller eine Mausefalle aufstellt, muß genau unterscheiden zwischen Waldmaus (geschützt) und Hausmaus (ungeschützt). Es ist schon seltsam, daß Juristen und Bürokraten keine anderen Sorgen haben, als das Ansehen des sonst so dringend nötigen Artenschutzes zu ruinieren...
Jedenfalls der Vergangenheit gehört nun eine Jagdmethode an, die tierpsychologisch wie jagdhistorisch gleichermaßen interessant ist: die »Hüttenjagd« mit einem gezähmten Uhu. Wie alle Singvögel »hassen« auch die Rabenvögel erbittert auf jede Eule, die sie bei Tageslicht entdecken. Dieses Verhalten machte sich der Jäger zunutze, indem er den Uhu oder auch eine andere größere Eule, etwa einen Waldkauz, mit einer Fußfessel an einen Sitzpflock (die »Jule«) hängte und sich selbst in Schußentfernung eine Deckung suchte – oft eine eigens erbaute »Krähenhütte«. Aus der Schießscharte dieses »Bunkers« oder auch aus einer anderen, provisorischen Deckung konnten nun Krähen und Elstern geschossen werden, während sie auf den Uhu haßten oder sich in der Nähe auf einen »Fallbaum« niederließen.

Da Greifvögel das gleiche Verhalten gegenüber ihrer nächtlichen Konkurrenz zeigen, fielen früher besonders während der Zugzeiten im Herbst und Frühjahr viele Bussarde, Falken, Weihen und sogar Adler dieser »Hüttenjagd« zum Opfer. Mit der Schonung der meisten Greifvögel blieb die alte Jagdart auf Rabenvögel beschränkt. Der lebende Uhu – selbst gefährdet und geschützt – wurde dann durch eine Attrappe ersetzt. So scharfsichtig die Krähen sind – sie fallen auf das Gebilde aus Hasenbalg und Hühnerfedern herein, wenn es nur eulenartig aufgestellt ist und sich der zugehörige Jäger unsichtbar versteckt hat.
Der Uhu war durchaus nicht immer ein bedauernswerter Gefangener. Jung aufgezogen und gut gepflegt, entwickelte er Zuneigung und Vertrauen zu seinem Pfleger. Und wenn er wohl auch nicht begeistert auf seiner »Jule« an der Sonne saß, betrachtete er eine geschossene Krähe doch als willkommene Beute. Unter den vielen und teilweise abscheulichen früheren Methoden, das verhaßte »Raubzeug« mit allen Mitteln zu »bekämpfen«, war die Hüttenjagd sicher eine der anständigeren – und sie brachte manchen Jäger zu besseren Einsichten.

Unverkennbar wie der Vogel selbst ist das Nest der Elster: Über die Nestmulde wölbt sich eine Kuppel aus lockerem Gezweig. Nur ein Schlupfloch bleibt in dem Kuppelnest oder »Kobel«. Meist beginnt das Paar mehrere Nester, bevor es bei einem bleibt. Früher wurden Elstern- und Krähennester »ausgeschossen«, um die Gelege des »Raubzeugs« zu zerstören. Dabei kamen oft Waldohreulen, Turmfalken und Baumfalken ums Leben, denn diese Vögel bauen selbst keinen Horst und sind auf alte Nester anderer Arten angewiesen.

183

Stimme aus der Urzeit

Hirsche sind das Jahr über ziemlich stumme Tiere. Ein leises, näselndes Mahnen: »Wo bist du denn?« im Rudel; ein kurzes, bellendes Schrekken bei unverhoffter Gefahr – das ist schon alles. Eine Maus macht im Verhältnis zu ihrer Größe viel mehr Lärm. Einmal im Jahr aber schwingt sich der Rothirsch zu uriger Stimmgewalt auf. Der deutsche Wald hallt wider vom Orgeln und Röhren der Hirsche auf den Brunftplätzen, so daß die Städter in vollen Omnibussen zum Waldwirtshaus fahren, um das »Hirschebrüllen« zu erleben.

Verzeihung: Unter Jägern schreit, meldet, röhrt oder orgelt der edle Hirsch natürlich; er knört, trenzt, läßt den Sprengruf hören – alles hörbildhafte Ausdrücke für die vielfältig modulationsfähige Tonfülle des gewaltigen Brunfttrufes, den unser europäischer Rothirsch hören läßt, wenn sich in den Wäldern die Buchen kupferrot, die Bergahorne goldgelb verfärben. Wenn die Hirsche einmal nicht mögen, sind die Hirschebrüller auch mit dem zufrieden, was ihnen der Förster aus der Dickung heraus auf der Gießkanne oder dem Ochsenhorn vorbläst. Es ist keine Schande, daß sie den Schwindel nicht merken. Sogar die Hirsche selbst fallen darauf herein, wenn es der Jäger gut genug versteht, ihnen einen Nebenbuhler vorzuröhren.

Wir können froh sein, daß die Natur gerade unserem Rothirsch eine Errungenschaft verliehen hat, die neben der Becherkrone seines Geweihs einen Höhepunkt in einer langen Entwicklung darstellt, eben die mächtige Löwenstimme. Seine asiatischen und nordamerikanischen Verwandten würden sich weit weniger zur Belebung des Fremdenverkehrs in Harz und Heide, Schwarzwald und Alpen eignen. Sie pfeifen nämlich nur wie eine rostige Dampfpfeife. Keine Spur von Majestät. Den Vogel in des Wortes wahrer Bedeutung schießt der stattliche Axishirsch ab: Vor seinem Gehege im Wildpark schaut man unwillkürlich nach oben, wo denn da eine Amsel so laut pfeift. Nicht auszudenken, wenn auch wir in unseren Wäldern dem Hirschepfeifen lauschen müßten!

Man kann es keinem Menschen verdenken, daß er das großartige Naturschauspiel der Hirschbrunft erleben möchte. In die ehrliche Naturbegeisterung mischt sich oft Sensationslust: Der Zaungast verspürt wohliges Gruseln vor Urgewalten, obwohl unter Hirschen blutige Titanenkämpfe die Ausnahme sind. So schlagen sich mehr oder weniger geschickte Wildfotografen, liebenswerte Naturschwärmer und verhinderte Waidmänner einzelgängerisch durch die Büsche, um zu lauschen und möglichst auch zu sehen... Sehr zum Kummer der verantwortlichen Forstleute und Jäger.

Wer sich nicht damit begnügen will, die Hirschbrunft nur akustisch von ferne zu erleben, wer keinen Jäger oder Förster kennt, den er begleiten und von dem er etwas vom kenntnisreich behutsamen Umgang mit den Wildgeschöpfen lernen darf, für den sind die zahlreichen Wildgehege ein empfehlenswerter Ersatz. Dort, buchstäblich als Zaungast, kommt der Naturfreund mit Auge und Ohr auf seine Kosten – und er hat dabei die Gewißheit, daß seine Anwesenheit niemand schadet, vor allem nicht dem Wild selbst. Solche Gehege – wenn sie keine Zoogatter sind, sondern naturnah großzügig angelegte Schaugehege – sind »Blitzableiter«, die verderbliche Störungen von den Refugien der »freien« Natur ableiten. Es geht leider nicht mehr anders, seit in unserem Land auf jeden Hirsch mehr als tausend Menschen kommen. Es soll Städter geben, die das Brunftrudel bei Nacht mit der Taschenlampe angehen und die dann über das Schweigen im Walde enttäuscht sind. Solche Leute sollten sich lieber eine gute Hirschbrunft-Schallplatte kaufen, wenn sie schon nicht den Förster fragen wollen, wo sie sich geduldig lauschend hinsetzen können, ohne zu stören.

Wenige Tage sind es meist nur in jeder Brunft, an denen das Hirschkonzert seine volle Klangfülle erreicht. Oft folgen den Mitte September mit Spannung erwarteten ersten Orgeltönen nur spärliche akustische Darbietungen: flaue Brunft an verregneten Tagen, in milden Nächten

Im Februar/März wirft der Rothirsch seine Geweihstangen ab. Vorher bildet sich am knöchernen Stirnzapfen (»Rosenstock«), auf dem die Geweihstange sitzt, eine Trennschicht, indem sich Knochenzellen auflösen. Schließlich bekommt die Stange das Übergewicht und bricht ab, wie ein reifer Apfel vom Ast. – Sofort nach dem Abwurf beginnt sich der leere Sockel vom Rand her mit neuem Gewebe zu überwallen. Eine stark durchblutete, dünn behaarte Haut, der »Bast«, baut das neue Geweih auf. Von unten nach oben fortschreitend, verfestigt sich das Geweih, indem phosphorsaurer Kalk – der Hauptbaustoff aller Knochen – in das Gewebe eingelagert wird. Nähr- und Baustoffe werden durch die Blutbahn herangeschafft; gesteuert wird das ganze durch den Hormonhaushalt des Hirsches.

– bis dann unter frostklarem Sternenhimmel Reif auf die Waldwiesen fällt und die Luft vibriert unter dem Dröhnen der Stimmen aus der Urzeit. Vielfältig abgestimmt sind die einzelnen Lautfolgen: Die Stimmlagen reichen vom tiefsten Kellerbaß bis zum überschnappenden Diskant. Das selbstbewußte Röhren des Platzhirsches klingt anders als das herausfordernde Melden eines suchend umherstreifenden Nebenbuhlers; das böse Brummen eines Althirsches anders als das gierige Plärren eines halbstarken Beihirsches. Der lang aushallende Orgelton: »Hier bin ich – wehe dem, der sich hertraut!« wird abgelöst von wütend abgehackten Beleidigungen, die sich zwei ebenbürtige Rivalen ins Gesicht schreien, vom hastig hervorgestoßenen rauhen Sprengruf hinter dem brunftigen Tier oder hinter dem ausreißenden Beihirsch – und das alles aus nah und fern in dutzendfachem Hall und Widerhall.

Die ganze Fülle dieses akustischen Erlebnisses ist freilich selten geworden in unseren heimischen Wildbahnen. Beengt und bedrängt ist der letzte Lebensraum für unsere letzte Großwildart; vielfältige Störungen und der Zwang zu intensiver Jagd lassen kaum mehr zu, daß sich Rotwild in seinem hochentwickelten, fein differenzierten Verhalten frei in Raum und Zeit entfalten kann. Nicht nur in den Bergwäldern der Alpen leben die Hirsche nur noch im Asyl …

Kein Platz für große Tiere?

Knapp 100 000 Stück Rotwild leben in unserer Bundesrepublik; ungefähr 30 000 von ihnen müssen jedes Jahr von Jägern erlegt werden, um den Zuwachs abzuschöpfen und zu verhindern, daß der Wildbestand zum Schaden des Waldes zu groß wird. (Natürliche Feinde – das wäre vor allem der Wolf – hat dieses Wild bei uns keine mehr.) Verglichen mit den Rehen, von denen es rund zwei Millionen gibt und jährlich 700 000 erbeutet werden, ist das nur ein Zwanzigstel. Dafür ist ein Stück Rotwild aber etwa fünfmal so groß wie ein Reh (die Hirsche noch um ein gutes Drittel schwerer als die weiblichen Tiere), und vor allem hat Rotwild ein ausgeprägtes Sozialverhalten. Es fühlt sich nur im Rudel, im engen Kontakt mit vertrauten Artgenossen wohl. Deshalb ist Rotwild nicht so allgegenwärtig breit über die Landschaft verteilt wie die einzelgängerischen Rehe, die nichts von Artgenossen wissen wollen. Deshalb können wir Rotwild auch nicht fast beliebig weit durch eifriges Jagen »verdünnen«, ohne seinen Bestand zu gefährden.

Die unterste Grenze für eine überlebensfähige Population in einem isolierten Gebiet kann mit rund 200 Stück angenommen werden (je etwa zur Hälfte Hirsche und weibliche Tiere), von denen mit einem jährlichen Nachwuchs von gut 60 Kälbern zu rechnen ist. Als Lebensraum wer-

den dafür etwa 6000 bis 20 000 Hektar benötigt, je nach gegebenen Lebensbedingungen; das entspricht einer »Wilddichte« von drei Stück bis zu nur einem Stück je 100 Hektar (= 1 Quadratkilometer). Aus einer solchen Rechnung folgt aber keineswegs, daß sich das Wild gleichmäßig über die Fläche verteilt. Es steht vielmehr in Rudeln beisammen, die je nach Jahreszeit, Gelände, Wilddichte und innerer Struktur des Wildbestandes (Gliederung nach Geschlechtern und Altersklassen) wechselnd zusammengesetzt sind. Es gibt im Gesamtlebensraum »Kerngebiete«, die ständig von relativ viel Wild bewohnt werden, während Randgebiete nur zeitweise und in geringerer Zahl genutzt werden.

Dementsprechend verschieden ist auch die Belastung der Vegetation, von der diese großen Pflanzenfresser und Wiederkäuer nun einmal leben müssen. Rotwild ist kein wählerischer »Selektierer« wie das Reh, das sich nur die energiereichsten Knospen und Triebe aus dem Angebot herausklaubt. Rotwild ist ein eher genügsamer »Graser«. Fast wie eine Rinderherde bummelt so ein Rudel über eine bewachsene Fläche und nimmt lieber die Gräser und Kräuter am Boden, als daß es die Köpfe nach den Zweigen von Büschen und Bäumen hebt.

Sein Sozialverhalten, seinen Körperbau und sein mächtiges Geweih hat der Rothirsch ursprünglich in offenen »Parklandschaften« – savannenartig locker bewaldeten Gebieten des nacheiszeitlichen Mittel- und Osteuropas – entwickelt. Er ist eigentlich gar nicht der »König der Wälder«, sondern meidet den dichten Wald, wenn es geht. Es geht leider fast nicht mehr. Denn alles Land außerhalb der Wälder ist bei uns entweder landwirtschaftlich genutzt oder von Menschen besiedelt. Aus seinem Ernährungsgarten, der Feldflur, hat der Mensch die Rudel großer Pflanzenfresser seit dem Mittelalter zunehmend verdrängt. Andere offene Biotope, wie Auwälder mit Überschwemmungszonen an den großen Flüssen oder weite Moore und Heiden, gibt es heute fast nicht mehr. Das Rotwild wurde auf die kargen Standorte der großen geschlossenen Wälder zurückgedrängt und in den Wald hineingezwungen. Das sind vor allem die – auch klimatisch wenig günstigen – Hochlagen der Mittelgebirge. In den rauheren von ihnen fehlt dem Rotwild der Winterlebensraum fast im gleichen Ausmaß wie in den Bergwäldern der Alpen – entsprechend intensiv muß es dort über den Winter gefüttert werden.

Im Flachland gibt es Rotwild bei uns nur noch in den weiten Wäldern der Lüneburger Heide – fast das einzige große Rotwildvorkommen, wo noch ein ganzjährig ausreichender Lebensraum vorhanden ist und wo das Wild auch nicht so rigoros von den Äckern der meist großbäuerli-

Um Sommeranfang zeigt das neue Geweih schon seine endgültige Form; noch sind die Spitzen nicht verhärtet. Basthirsche sind hungrig – Geweihwachstum und Haarwechsel zehren Nahrungsenergie auf. Um Mitte Juli/Anfang August ist es dann so weit: Die nährende Basthaut hat ihre Schuldigkeit getan; die Adern trocknen ein. Darunter kommt das neue Geweih zum Vorschein, wenn der Hirsch »fegt«, das heißt die Basthaut abscheuert. Das Geweih ist zunächst knochenhell. Seine braune Färbung bekommt es erst von Pflanzensäften aus Baumrinden und von Farbstoffen aus der Erde; denn der Hirsch »schlägt« mit dem Geweih immer wieder übermütig an Büschen und Stämmchen und im Schlamm der Suhlen. So werden auch die spitzen Enden schön elfenbeinhell poliert. Von der abgefegten Basthaut übrigens bleibt nichts zurück: Der Hirsch äst die Fetzen restlos auf.

Aufmerksame Rotwildmütter. Keimzelle der Rudel ist die Mutterfamilie aus Alttier, Kalb und dem vorjährigen Jährling (Schmaltier oder Schmalspießer). Die Hirsche bilden mit zwei bis drei Jahren eigene »Herrengesellschaften«, die den Kinderstuben aus dem Weg gehen. In diesem Bild könnte man das schwächere Tier rechts für ein Schmaltier halten, doch der Blick von hinten zeigt ein pralles Gesäuge: ebenfalls ein Muttertier! Darauf muß der Jäger ganz besonders achten; denn verwaiste Kälber sind verloren.

chen Landwirtschaft ausgesperrt wird. Daß landwirtschaftlicher Großgrundbesitz auch bei nur geringem Waldanteil einen relativ hohen Rotwildbestand erhalten kann, zeigen die Verhältnisse, die früher in »Ostelbien« herrschten. Ein Abglanz davon hat sich in Schleswig-Holstein bis vor die Tore von Hamburg erhalten. Und wer Rotwild einmal in den Felderweiten Ungarns, in den Mooren von Masuren oder in den Schilfauen an der Donau in Jugoslawien erlebt hat, der weiß, wo dieses Wild seine Lebensansprüche optimal erfüllt findet.

Auch im Schottischen Hochland fühlt sich Rotwild ohne Wälder sehr wohl, trotz karger Äsungs- und rauher Klimabedingungen. Daß es in den Fichtendickungen unserer Wirtschaftswälder überhaupt leben kann, zeugt von erstaunlicher Anpassungsfähigkeit. Diese wird mit veränderten Lebensgewohnheiten erkauft – kleine Trupps und drei- bis sechsköpfige Familiengruppen anstatt der artgemäßen Großrudel –, vor allem aber mit notgedrungener Ernährung im und vom Wald: Verbiß von Jungpflanzen und Schälen von Baumrinde als gravierende forstliche Wildschäden. Der Teufelskreis schließt sich, wenn intensive Bejagung und zunehmende Beunruhigung durch wirtschaftende und erholungsuchende Menschen das enorm lernfähige Wild so vorsichtig machen, daß es sich auch dort nicht aus der Deckung traut, wo Waldbesitzer und Jäger genügend Wildwiesen für hirschgemäße Grasäsung angelegt haben.

Nur noch selten können wir in mitteleuropäischer Wildbahn erleben, wie wohl sich Rotwildrudel auf freien Flächen fühlen: im Sommer auf den Almen und sogar Schneefeldern im Gebirge hoch über der Waldgrenze (der Schweizerische Nationalpark im Engadin ist so eine eindrucksvolle »Sommerfrische«, freilich auch mit seinen eigenen Problemen) oder – besonders verblüffend – auf den großen Truppenübungsplätzen. Panzerrollbahnen und militärischen

Schießbetrieb ordnet das Rotwild dort ebenso als »aus Erfahrung harmlos« ein, wie wir das von den winterlichen Schaufütterungen im Harz oder in den Alpen gegenüber den Besuchern kennen. Nur wenn der Mensch als direkter Verfolger erkannt oder als überraschende Störung empfunden wird, stört er den naturgegebenen Lebensrhythmus bis hin zu der quälenden Vergewaltigung, daß sich das Wild nur noch bei Nacht aus dichter Deckung traut und seine Geselligkeit der steten Fluchtbereitschaft opfert. Der Rothirsch ist auf dem Weg von der Wildnis zum Zoo. Diesen Weg sind vor ihm einige Grö-

Zum Wohlbefinden des Rotwildes gehört das Schlammbad in der Suhle, besonders an warmen Sommertagen. Es dient der Abkühlung und der Körperpflege. Beim Brunfthirsch hat es dazu noch Imponierfunktion, wenn er schlammtriefend wie ein schwarzer Teufel aus der Suhle steigt.
Im spielerischen Kräftemessen lernen Rothirsche im Rudel einander einschätzen; eine Rangordnung wird ausgerauft. In der Brunft kann daraus ein ernster Zweikampf zwischen ebenbürtigen Rivalen werden. Verletzungen und Todesfälle sind dabei nicht eingeplant, können aber als Unfälle vorkommen.

ßere und noch Anspruchsvollere gegangen, die einst den Lebensraum mit ihm teilten: Auerochs, Wisent, Elch, Waldwildpferd. Wären sie heute noch in unseren Feldfluren und Wirtschaftswäldern denkbar? Wird das Rotwild das nächste große Tier sein, für das es keinen Platz mehr gibt? »Jagdliche Fehlentwicklungen zusammen mit zivilisationsbedingten Ursachen unseres dicht besiedelten Industrielandes gefährden gegenwärtig die Existenz des freilebenden Rotwilds«, schreibt Bützler (1986) in seinem Rotwildbuch. Und weiter: »Einsichtige Hege könnte sie bewahren und den Rothirsch zu dem machen, was er sein sollte – der Stolz unserer Wildbahn!« – Diese einsichtige Bewahrung muß unser eigentliches »Hegeziel« sein.

Einst zogen in unseren Wäldern noch Größere als der Rothirsch ihre Fährten. Der Wisent (oben) wurde zu Beginn unseres Jahrhunderts knapp vor der Ausrottung gerettet. Das mächtige Wildrind lebt wieder in vielen Gehegen und Tierparks, in freier Wildbahn nur noch im Nationalpark Bialowieca an der polnisch/russischen Grenze. – Für den Elch (rechts) ist unsere Landschaft zu eng geworden, obwohl er in Skandinavien und in Osteuropa sein Vorkommen kräftig ausgedehnt hat. Die größte Hirschart der Welt hat in ihrer Lebensweise viel mit dem Reh gemeinsam; beide sind enger miteinander verwandt als mit dem Rothirsch.

Weniger anspruchsvoll als das Rotwild und deshalb als Ersatz beliebt: Der Damhirsch (links) wurde aus dem Mittelmeerraum schon durch die Römer eingeführt. Seit langem viel in Gehegen gehalten, läßt er uns seine Wandlung zum Haustier erleben. – Aus Japan und der Mandschurei stammt der kleine Sikahirsch (unten). Je nach Herkunftsrasse schwankt seine Größe zwischen Damhirsch und Reh. Er ist die einzige der vielen asiatischen Hirscharten, deren Einbürgerung bei uns gelungen ist.

Edelhirsch und Rindenfresser

Was ist am Hirsch »edel«? Nehmen wir Anpassungsfähigkeit und geistige Regsamkeit als Maßstab für unsere Bewunderung, dann müßten wir den Raben höher schätzen als den Adler, die Sau höher als den Hirsch. Seltsam: Die klugen, vielseitig begabten Tiere – auch Krähe und Ratte gehören dazu! – stehen tief unten auf der Skala menschlicher Wertschätzung. Vielleicht gerade deshalb, weil sie mit ihren Eigenschaften uns einen Zerrspiegel unseres Wesens vorhalten. Da bewundern wir lieber die schönen, dummen, hochspezialisierten Geschöpfe, die Spitzensportler und Filmstars unter den Tieren...
Das Attribut »edel« beruht auf unserem Gefühl, ebenso wie unsere Zuneigung zum »anmutigen« Reh oder zum »lieblichen« Gesang vieler Vögel. Diese durchaus verständliche Wertung allein reicht aber nicht aus, um Wert und Funktion einer Wildtierart in der Lebensgemeinschaft zu erfassen oder gar über ihr Daseins-

Rotwild lebt gesellig und fühlt sich in größerer Rudelgemeinschaft am wohlsten. Es herrscht eine ausgeprägte Rangordnung mit einem erfahrenen Leittier als Chefin. Der Hirsch tritt nur in der Brunft zum Kahlwildrudel. In der Gemeinschaft lebt sich's sicherer: jemand paßt immer auf.

recht zu urteilen, so wenig wie der bloße Nützlichkeitsstandpunkt; denn Schönheit wie Nutzen sind recht menschlich subjektive Begriffe. Das Schöne in der Natur zu erhalten, ohne in erster Linie nach dem Nutzen zu fragen, ist bestimmt richtig. Nur dürfen wir das nicht auf die stolze Schönheit von ein paar »Wappentieren« beschränken. Wir brauchen ein Gefühl für die Harmonie natürlicher Wechselbeziehungen: nicht allein Arten schützen und hegen, sondern Lebensgemeinschaften bewahren!

Hirsche gehören zu den seltsamsten Tiergestalten. Wären die Geweihträger längst ausgestorben, würden wir sie im Museum bestaunen: Ein großes Huftier, das seine Knochen nicht nur, wie es sich gehört, innen im Körper als Stützpfeiler für Muskeln, Sehnen und Eingeweide verwendet, sondern voller Übermut ein langes und dickes, noch dazu reich verzweigtes Knochenpaar frei auf dem Kopf trägt! Und das Verrückteste: Diese Geweihknochen sitzen nicht zeitlebens auf der Stirn, wie etwa die Hörner eines Rindes; nein, sie gehen jedes Jahr verloren und werden wieder neu gebildet!

Kein Wunder, daß gerade der Rothirsch von den Menschen seit Urzeiten in den Rang eines mystischen Symbols erhoben wurde. Der Geweihzyklus muß als ein Gleichnis des ewigen Wechsels von Werden und Vergehen erscheinen. So war bereits bei den Kelten der Hirsch dem Sonnenkult geheiligt, und im Christentum ist der »Hubertushirsch« mit dem Erlöserkreuz zwischen den Geweihstangen bis heute eines der geläufigsten Legendensymbole.

Den Hirschen selbst ist das Geweih Waffe, Werkzeug und Erkennungsausweis in einem, wie den alten Rittern Schwert und Wappenschild. Ästhetisch »edel« erscheint uns ein starkes Hirschgeweih in seiner harmonisch geschwungenen Gliederung. Ein Imponierorgan ist es im Verhalten der Hirsche untereinander und damit verwandt mit der Krone auf menschlichem Königshaupt. Seine Rolle als Imponierorgan zwecks Ausweis einer dicken Brieftasche oder gesellschaftlichen Ansehens an den Trophäenwänden vieler jägergrüner Kleinkönige unserer Zeit steht auf einem anderen Blatt...

An der südöstlichen Landesgrenze zwischen Bayern und Österreich – etwa vom Chiemgau bis ins Waldviertel – gibt es einen Landstrich, wo der Volksmund einfach von »den Großen« spricht, wenn die Hirsche gemeint sind. Der Ausdruck ist wohl nur noch der älteren Generation geläufig. Auch im ländlichen Bereich ist vieles Bodenständige abgekommen und mancher wurzelechte Jägerbrauch vom lehrbuchmäßigen »Brauchtum« verdrängt worden. Aber es lohnt sich doch, dem Klang der alten Worte nachzusinnen. Das Jägerhandwerk wird von den beiden großen Entwicklungsströmen des Lebendigen getragen: dem biologischen und dem kulturellen. »Die Großen« – das bezeichnet nicht einfach nur den Unterschied zum viel kleineren Reh. Auch die Achtung schwingt darin mit, die das größte Wildtier unserer Heimat genießt, das ja auch »Hochwild« und »Edelwild« genannt wird. Die noch Größeren, die den Lebensraum voreinst mit dem Rotwild teilten, sind in Sprache und Sage schon fast vergessen. Zur Majestät des »geweihten« Hirsches haben sie es alle nicht gebracht. Das Hirschgeweih ist eben doch geeignet, das Augenmaß für Wertmaßstäbe etwas zu verbiegen.

Den »Großen« fehlt heute bei uns die artgemäße Großzügigkeit der Lebensgrundlagen. An den Wald als Zufluchtstätte haben sie sich notgedrungen angepaßt. Aber der ist nirgends mehr »Hirschwald«, sondern Nutzwald und Erholungswald für immer mehr Menschen. Übermäßige Fütterung und Einstallung in Gehegen das eine, rigorose Verminderung das andere Extrem. Die Illusion »Ich schieß' den Hirsch im wilden Forst« der eine, die Schwärmerei vom »unbeeinflußten Gleichgewicht der Natur« in kleinen Restgebieten der andere Wahn... Wollen wir unsere »Großen« nicht eines Tages vollends hinter Gitter sperren, wo wir die Größeren schon haben, werden wir allen guten Willen und alle Kunst zusammennehmen müssen. Der Mittelweg zwischen Trophäenzucht und Ausrottung kann noch in den meisten Gebieten gegangen werden, wo Rotwild in freier Wildbahn lebt.

Dazu wird es nötig sein, den Rothirsch nicht mehr allein als Objekt der traditionellen Jagd (der »edle Hirsch«) oder als Schädling der Forstwirtschaft (der »große rotbraune Rindenfresser«) zu heiligen oder zu verteufeln.

Kummer des Forstmanns: Rindenschälungen durch Rotwild. Links Sommerschälung (im Saft) an einer noch ganz jungen Douglasie. Mitte frische Winterschälung (flächig abgenagte Rinde) an einer stärkeren Fichte. Rechts stark geschälter Fichtenbestand mit alter, bereits überwallter Sommerschälung. Wenn auch die Baumrinde die Schälwunden überwallt, bleibt doch das Holz geschädigt. Fäulnispilze dringen ein; oft bricht der Bestand durch Sturm oder Schneedruck vorzeitig zusammen. Bäume, die immer wieder und ringsum geschält werden, sterben ab. Die Schäden sind um so schwerer, je einseitiger der Wald aufgebaut ist und je mehr das Wild in ihn hineingezwungen wird. Rotwildrudel würden lieber auf freien Wiesen äsen.

*Seite 197 rechts
(zur Grafik)*

*Rotwildvorkommen in der Bundesrepublik Deutschland und in Europa.
Die Verbreitung in Deutschland ist auf Bergwälder (Alpen, Mittelgebirge) und auf wenige Flächen der Norddeutschen Tiefebene (Lüneburger Heide) begrenzt.
Die DDR schließt an die osteuropäischen Vorkommen an.
Hauptvorkommen in Europa sind im Osten (Polen, ČSSR, Ungarn, Jugoslawien, Rumänien), Österreich (Alpenraum), Südnorwegen, Schottland und Spanien. Die südeuropäischen Vorkommen sind gering und gefährdet, das einzige Vorkommen in Afrika (Atlashirsch) fast erloschen.
Die Buchstaben geben die Verbreitung geographischer Rassen (Unterarten) an:
A = Cervus elaphus elaphus
B = C. e. hippelaphus
C = C. e. corsicanus
D = C. e. barbarus
E = C. e. maral
F = C. e. atlanticus
G = C. e. scoticus
H = C. e. hispanicus
Die einzelnen Unterarten sind nicht scharf voneinander getrennt. Sie wurden teilweise auch durch Aussetzungen miteinander vermischt, sogar auch mit der nordamerikanischen Form, dem Wapiti (C. e. canadensis). In großem Maßstab eingebürgert wurde europäisches Rotwild in Argentinien und Neuseeland.*

196

Die Jagd beruft sich auf ihr historisches Verdienst, das Rotwild bis in unsere Zeit gerettet zu haben. Das begann schon mit den Bannforsten Kaiser Karls des Großen im 9. Jahrhundert. Ohne fürstliche Jagdlust und ohne den Wildpretbedarf der Hofhaltungen wäre sicher auch das Rotwild schon im Mittelalter von der land-, holz- und fleischhungrigen Bevölkerung ausgerottet worden. Und der Wald wäre gleich dazu durch die Schornsteine und durch die Mägen von Ziegen und Rindern gewandert. »Ohne Jäger kein Wild« – das ist historische Wahrheit, vor allem was das Rotwild betrifft. Den noch größeren Pflanzenfressern und dem großen Raubwild konnten auch herrschaftliche Jagdleidenschaft und die rücksichtslose Härte, mit der sie sich gegen die Nöte und Begierden der Untertanen durchsetzte, nicht helfen. Sie waren eben weniger »edel« als der Hirsch mit seiner Symbolkrone auf dem Haupt!

Auch als die Jagdherrschaft – teilweise durch Revolutionen gezwungen – nachgiebiger geworden war, hütete noch immer die Furcht den Wald und das Wild. Und wo es gar nicht mehr anders ging, ließen es sich adlige Jagdherren etwas kosten, das edle Wild in »Thiergärten«, in großen Jagdgehegen, zu erhalten, wenn es in der freien Wildbahn der Landeskultur aufsässiger Untertanen weichen mußte.

Aus solchen Refugien hat sich das Rotwild in unserem Jahrhundert wieder weiter ausgebreitet, hat manche Wälder, aus denen es verschwunden war, wieder besiedelt. Das letzte bedeutende Beispiel war die Wiederkehr des Rotwildes in den Pfälzerwald in den 30er Jahren. Seitdem schrumpfen die Rotwildgebiete bei uns eher wieder. In Nachbarländern wie der Schweiz, Südtirol und manchen Gebieten Österreichs ist dagegen die Wiederausbreitung des Rotwildes noch in Gang; auch in Skandinavien dringt es weiter nach Norden vor. Zusammen mit den großen, unangefochtenen Rotwildbeständen in Spanien, Schottland, Ost- und Südosteuropa ist die Gesamtsituation in Europa nicht schlecht. Nur eben die zersplitterten und

beengten Restvorkommen in unserem überbevölkerten Land bereiten Sorgen, die mit den herkömmlichen jagdlichen Vorstellungen wohl kaum zu lösen sein werden.

Nicht mehr die Furcht vor dem Herrn und seinen Knechten hütet den Wald und das Wild, sondern das erwachte – wenn auch manchmal sentimental unverständige – Naturempfinden des »mündigen Bürgers«. Und der ist gegen vermeintliche Jagdprivilegien eher mißtrauisch. Wo er dem Wild zuliebe gar eigene Einschränkungen hinnehmen soll – Stichwort: Waldbetretungsrecht! –, müssen ihm die Zusammenhänge zwischen den Lebensansprüchen von Wildtieren und den Schutzbedürfnissen für den Wald mühsam klargemacht werden. Wenn dabei die Rolle der Jagd nicht dienend im Hintergrund bleibt, sondern sich – tatsächlich oder auch nur in unbedachter »Optik« – feudalverdächtig in den Vordergrund drängt, hat der Wildschutz verspielt. Die Jägerei hat sich zu lange auf ihren historischen Lorbeeren ausgeruht und merkt auf einmal erschrocken, wie Planungen eines modernen, wissenschaftlich fundierten Wildlife Managements drauf und dran sind, Wildschutz mit Methoden zu betreiben, mit denen Jäger Anpassungsschwierigkeiten haben, die aber der Öffentlichkeit glaubwürdiger zu vermitteln sind als manche alten Traditionen und Illusionen.

Wo es um die Belange der Forstwirtschaft geht, muß Jagdwirtschaft den kürzeren ziehen, auch wenn reiche Jagdpächter noch so hohe Unsummen für ein »Hochwildrevier« bezahlen. Doch wo es nicht allein um materiellen Nutzen oder Schaden geht, sondern um das eigenständige Lebensrecht eines so hochentwickelten Wildtiers und um das ethische Anliegen, es unserer Landschaft zu erhalten, dort muß sich auch der Forstwirt sagen lassen, daß der Hirsch, der ein standortwidriges Fichtenstangenholz zuschanden schält, ein besserer Ökologe ist als der Waldbesitzer, der es vor vierzig Jahren gepflanzt hat.

Die beiderseitigen Monokulturen – Hirsche unter Kiefern oder Fichten im Kahlschlagbetrieb –

sind relativ einfach zu handhaben. Das Umdenken zu naturnäheren Lebensgemeinschaften verlangt mehr Wissen, Können und Fingerspitzengefühl vom verantwortlichen Wirtschafter – denn auch der naturgemäß bewirtschaftete Wald bleibt Wirtschaftswald, der Wertholz liefern muß. – »Für die im Wald entstandenen Schäden ist in erster Linie die Einseitigkeit der Forstwirtschaft der letzten Jahrzehnte, in zweiter Linie die völlig verkehrte jagdliche Anschauung des gleichen Zeitraums verantwortlich... Wenn es nicht gelingt, den deutschen Wald wieder zu einem Mischwald zu machen, der dem Wild natürliche Lebensmöglichkeiten in ausreichendem Maß gibt, kann mit einer Erhaltung unseres edelsten Wildes ... nicht mehr gerechnet werden.« – Das sagte der damalige Oberstjägermeister Ulrich Scherping bereits 1936(!) vor dem Deutschen Forstverein in Stettin. Und er fügte hinzu: »Für die Übergangszeit muß der Wildstand durch scharfen Abschuß auf ein Mindestmaß an Zahl, ein Höchstmaß an Qualität gebracht werden...«

Stirbt das Rotwild mit dem Wald? Vermutlich nicht – siehe Schottisches Hochland. Die makabre Vision erspart dem Jäger nicht, seine Interessen in den Rahmen zu fügen, den der Wald als Lebensraum, die Waldwirtschaft und das öffentliche Artenschutzbewußtsein für die Erhaltung des Rothirsches setzen. Die Gewichte haben sich verschoben; nicht unbedingt zum Nachteil des Wildes, wenn man die Dinge nüchtern betrachtet. Es sollte sich lohnen, den schicksalhaften Weg von der Wildnis zum Zoo auf praktikablen Zwischenstationen so weit wie möglich hinauszuzögern.

Unten links: Rotwildvorkommen in der Bundesrepublik Deutschland. Rechts: Rotwildvorkommen in Europa. (Erläuterungen siehe Seite 196 links.) (nach W. Bützler, ›Rotwild‹, BLV, 3. Aufl. 1986)

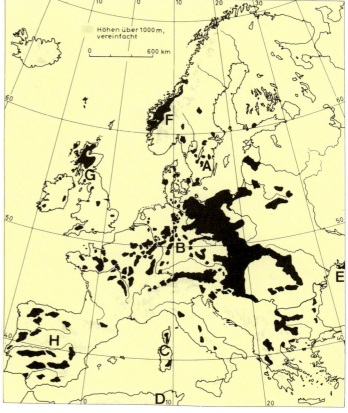

Wald ist mehr als Bäume

»O Täler weit, o Höhen,
o schöner grüner Wald,
du meiner Lust und Wehen
andächt'ger Aufenthalt...«

Das Bild, das die deutsche Romantik vom deutschen Wald gezeichnet hat, ist nur einer von vielen Stempeln, die der Mensch seit mehr als zweitausend Jahren der ursprünglichen Vegetationsform Mitteleuropas aufgedrückt hat.

Im Juni 1982 – damals sprachen Politiker noch vom »sogenannten« Waldsterben, das so schlimm wohl nicht werden könne – erschien in der »Pirsch« ein Kommentar »Menetekel«, in dem es hieß: »... Es gibt Katastrophen, die nicht schlagartig die Welt erschüttern, sondern die sich so unmerklich einschleichen, daß wir uns an ihre Anzeichen gewöhnen und uns erst am Ende, wenn sich ihr ganzes Ausmaß enthüllt, entsetzt fragen: Wie konnte das nur geschehen? Das allmähliche Sterben von Bäumen gehört dazu, das uns erst stutzig macht, wenn es sich zum Sterben von Wäldern ausweitet.... Ist dieses stumme Sterben nicht viel entsetzlicher als der vielzitierte stumme Frühling, der uns bis jetzt erspart geblieben ist, weil immer noch Vögel in grünen Bäumen singen?

Die Experten erklären uns die chemischen und meteorologischen Ursachen für den sauren Regen so einleuchtend, daß wir fragen müssen: Ja, warum habt ihr die Folgen denn nicht gleich vorausgesehen? Offenbar deshalb nicht, weil politische Versprecher und technische Macher einfach kurzsichtig sind. Dafür sehen sie in der Nähe um so schärfer und können aktuelle Probleme – wie zum Beispiel wieder blauen Himmel über dem Ruhrgebiet zu schaffen, ohne die Produktion der Fabriken zu schmälern – tadellos lösen, selbstverständlich nach dem neuesten Stand der Technik und zum Wohl der Menschheit. Das klappt immer, und auch heute können wir optimistisch in die Zukunft blicken: Wie das Heil gegen den Smog in Düsseldorf und Essen aus den hohen Schornsteinen gekommen ist, so könnte es gegen den sauren Regen aus der Atomenergie kommen, die ja alles noch viel

höher in die Luft blasen kann und uns von Feuer und Schwefel unabhängig macht... Der Wald ist unser Rock, der uns näher sein muß als das Hemd. Wenn wir ihn nicht mehr flicken können, werden wir in unseren prächtigen Hemden aus Waldbautheorien und Holzmarktsorgen, aus Wildschadengezänk und Jagdromantik ganz schön frierend im Freien stehen...«

In dem wohl gescheitesten und zugleich ergreifendsten Buch über das Waldsterben, »Tännlefriedhof« von Wolf Hockenjos (1984), steht: »...Die angeschlagene Lebensgemeinschaft gibt immer neue Rätsel auf: Wald, das ist mehr als eine bloße Ansammlung von Bäumen... Was derzeit mit dem Wald geschieht, das nennen wir Waldsterben, und wir meinen damit seine Vergiftung durch menschengemachte Luftschadstoffe... Noch will es uns nicht in den Kopf, daß das Schicksal der Lebensgemeinschaft Wald zur Schicksalsgemeinschaft mit uns Menschen werden könnte. Aber wir wittern die Gefahr. Wir spüren, daß wir eine weitere Schwelle irreparabler Zerstörung überschritten haben... Wald – Freund und Seelentröster, Hort der Geborgenheit, Primärerlebnis unserer Kindheit: Wer oder was soll diese seine Segenswirkungen einmal ersetzen...?«

Nur noch wenige naturnahe Wälder kommen bei uns dem »Urwald« nahe, in dem die Bäume wachsen und sterben, wie die Natur es will. Wo ein alter Stamm zusammengebrochen ist, gibt es Licht und Nahrung für den Nachwuchs, die natürliche Waldverjüngung. Je nach Standort – Boden, Klima, Höhenlage – sind Naturwälder aus verschiedenen Baumarten zusammengesetzt. Zu den Bäumen gehört die »Begleitflora« in den unteren Stockwerken des Waldes, der Strauch- und Krautschicht, bis hinunter zu den Pilzen, ohne die Bäume nicht leben können. Hier gibt es »Planstellen« für sehr viele verschiedene Tierarten, von denen aber keine besonders zahlreich vorkommen kann.

199

Vom Menschen geprägt

Waldgeschichte ist Menschheitsgeschichte. Was vorher war, kann die Wissenschaft nur mit Indizienbeweisen rekonstruieren. Unter dem Mikroskop läßt sich Blütenstaub erkennen, der im Boden die Jahrtausende überdauert hat. Aus dieser »Pollenanalyse« können wir uns ein Bild machen, wie die Wälder ausgesehen haben mögen, die allmählich die Tundra eroberten, die nach der letzten Eiszeit vor 20 000 Jahren zurückgeblieben war. Wälder rauschen nicht ewig; sie kommen und gehen und wandeln sich im Rhythmus der weltweiten Klimaschwankungen.

Holzproduktion ist das Rückgrat der Forstwirtschaft. Von allen Menschen haben zuerst die Forstleute gelernt, die Gaben der Natur nicht rücksichtslos zu plündern, sondern pfleglich und nachhaltig zu nutzen. Wirtschaftliche Nachhaltigkeit läßt sich auch im einförmigen »Kunstforst« erreichen, der nach Altersklassen aufgebaut ist und im Kahlschlag abgeerntet wird. Biologische Stabilität und Nachhaltigkeit auch der ökologischen Waldfunktionen setzen mehr voraus: die Bäume fragen, nach welchen Gesetzen die Natur sie wachsen läßt! Dazu muß der Forstmann in Jahrhunderten denken und planen. Im Wald erleben wir das Wirken unserer Urgroßväter und säen, was erst unsere Urenkel ernten werden.

Doch die Zeiträume, in denen das geschieht, erscheinen uns Eintagsfliegen ewig. Es übersteigt unsere Vorstellungskraft, daß vielleicht in abermals zehntausend Jahren eine neue Eiszeit unseren Wäldern den Garaus macht und damit auch unserer Kultur, die aus den Wäldern gewachsen ist. Falls das nicht uns selbst schon vorher mit eigenen Mitteln wesentlich schneller gelingt...

Seit dem frühen Mittelalter gibt es bei uns keinen Urwald mehr. Die Wälder, die von der großen Landrodung verschont blieben, weil ihr Boden zu karg, ihr Klima zu rauh war für den Ackerbau, wurden frühzeitig intensiv genutzt. Der Mensch lebte nicht mehr wie in grauen Vorzeiten als streifender Sammler, Jäger und Fischer in Harmonie mit der Lebensgemeinschaft des Waldes. Er begann, den Wald von außen her auszubeuten.

Das Beamtenscherzwort vom »Ministerium zur Ernährung der Landwirtschaft durch die Forsten« hat seine historische Wurzel: Die frühe Landwirtschaft lebte vom Wald. Schweine-, Schaf-, Ziegen- und Rinderherden weideten im Wald; denn Stallhaltung war nur notdürftig über den Winter möglich. Im Winterstall brauchte das Vieh Einstreu – sie wurde aus dem Wald geholt. Und wenn das spärliche Heu knapp wurde,

Laubmischwald mit der Buche als herrschender Hauptbaumart würde von Natur aus den Großteil unseres Landes bedecken. Wo Licht auf den Boden fällt, sprießt die Naturverjüngung. Naturgemäße Waldwirtschaft beachtet die Wuchsgesetze des Standorts und geht von der dauerhaften Erhaltung der Bodenfruchtbarkeit aus. Der Wald ist kein Acker, der jährlich abgeerntet und umgepflügt wird.

Ein Stück Natur, das in den Wirtschaftswald zurückkehrt: Das »altmodische« Holzrücken mit Pferden hat sich in vielen Fällen als schonender für Boden und Bäume und daher langfristig als wirtschaftlicher erwiesen als das Wüten grobschlächtiger Großmaschinen. Endstation Sägewerk (rechte Seite). Bretter, Balken, Spanplatten, Zellulose entstehen aus den gefällten Bäumen. Als Bau- und Werkstoff, vom Gartenzaun bis zum hochwertigen Möbelfurnier, ist Holz nicht zu ersetzen. Wertholzwirtschaft ist an die Stelle des alten Raubbaus von Brennholz und Holzkohle getreten. Holz ist ein lebendiger Werkstoff. Wenn er ausgedient hat, geht er ohne schädliche und lästige Rückstände wieder in den Naturkreislauf ein.

mußten Reisig und Rinde aus dem Wald es strecken. Holz aus dem Wald war der einzige Baustoff für Häuser, der einzige Werkstoff neben dem teuren Eisen und dem zerbrechlichen Ton. Holz war die einzige Energiequelle für die Heizung. Nicht nur für die Dörfer und das ländliche Gewerbe – das hätte der Wald noch verkraftet. Über seine Kraft aber ging allmählich der Holzbedarf für Städte und Flotten, der Energiebedarf für die wachsende Industrie: Kalköfen, Bergwerke, Eisenhütten, Glasschmelzen, Salinen – sie alle brauchten Holz, Holzkohle, Pottasche in ungeheuren Mengen.

Die Wälder wurden ausgeplündert und verwüstet. Die Stämme wurden als Bauholz zu Tal geflößt, das Jungholz zu Kohle gebrannt, das Reisig verheizt, die Sämlinge vom Vieh gefressen – und auch damals schon von allzu vielen Hirschen, die unter herrschaftlichem Schutz im aufgelockerten Weide-Wald ein besseres Leben hatten als unter der Fuchtel des Wolfes in den alten Urwäldern. Die Menschen wurden immer mehr. Der Dreißigjährige Krieg brachte nur eine kurze Erholungspause für Wälder und Wölfe.

Was wir auf Johann Elias Ridingers Kupferstichen aus dem 17. Jahrhundert sehen, ist nicht der Urwald, in dem der Besuchsjäger den Hirsch mit dem Leithund lanciert, um ihn für die Meutejagd zu bestätigen. Es ist der geschundene, devastierte Wald, in dem nur noch die alten mächtigen Huteichen erhalten waren, die man als Nahrungsspender für Vieh und Wild geschont hatte. Hutwald (das hat nichts mit der Kopfbedeckung zu tun, sondern kommt von der Hut, dem Hüten von Vieh) – frühe Form der rücksichtslosen Intensivnutzung. Reste davon sind bis heute erhalten geblieben, vielhundertjährige Eichen unter Naturschutz; am bekanntesten im »Urwald« (der eben keiner ist) um das Dornröschenschloß Sababurg im Reinhardswald.

Die Holzkultur begann unter Holznot zu leiden, und Not macht erfinderisch. Neben oft grotesken Erfindungen zur Einsparung des knappen Rohstoffs schuf das späte 18. Jahrhundert die entscheidende Wende: die Geburt einer planmäßigen Forstwirtschaft. Notgedrungene Abkehr vom blinden Raubbau hatte schon seit dem 16. Jahrhundert zu vereinzelten Forstordnungen geführt. Ihr systematischer Ausbau ersparte unserer Heimat die endgültige Waldverwüstung, die Verkarstung und Versteppung, wie sie schon viel früher in Südeuropa und Nordafrika eingetreten war – und den Untergang der antiken Hochkulturen besiegelt hatte.

Der deutsche Wald, wie wir ihn seit etwa 200 Jahren besingen, ist wirklich ein deutsches Kulturverdienst, vorbildlich für die Forstwirtschaft in aller Welt. Die ersten Forstleute stammten aus den Reihen fürstlicher Jagdbediensteter; die »hirschgerechte« Jägerei wurde »holzgerecht«. Der Gedanke der *Nachhaltigkeit* wurde geboren: Nicht mehr nutzen, als nachwächst. Erleichtert wurde die neue Waldpflege dadurch, daß neue Möglichkeiten der Landwirtschaft viele Lasten vom Wald nahmen: Einführung von Kartoffel, Klee und Hülsenfrüchten, Intensivierung der Grünlandwirtschaft machten die Viehhaltung vom Wald unabhängig; Waldweide und Streunutzung ließen nach; Stallhaltung des Viehs und Mineraldünger steigerten die Ackererträge ohne Rückgriff auf den Wald. Die Industrie nutzte mit Kohle und Erdöl neue Energiequellen.

Die verwüsteten, ausgepowerten Wälder konnten in weiten Gebieten nicht mehr anders aufgeforstet werden als mit den schnellwachsenden, anspruchslosen Fichten und Kiefern. Das schien dem Nutzdenken auch vernünftig, wurde nicht nur als Notlösung empfunden. Es war dann noch ein weiter Weg bis zur Einsicht, daß der Wald mehr ist als eine Summe von Bäumen, deren Holz Nutzen bringt. Durch Kriegs- und Notzeiten immer wieder zurückgeworfen, entwickelte sich die Idee des *naturnahen Waldbaus,* eines *»Dauerwaldes«* als natürliche Lebensgemeinschaft, die stabiler ist als schematisch dem Standort aufgezwungene Kunstforste und gerade deshalb auf Dauer auch wirtschaftlich lohnender. Der zunächst rein holzwirtschaftlich kommerzielle Gedanke der Nachhaltigkeit wurde ausgeweitet auf die nachhaltige Bewahrung der *vielfältigen Funktionen des Waldes,* von denen einige heute lebenswichtiger sind als der Holzertrag.

»Die Alternative in besiedelten und bewirtschafteten Regionen ... lautet also nicht ›Naturschutz oder Naturnutzung‹, sondern ›Naturschutz durch streng nachhaltige Nutzung‹! ... Wird dabei die Erkenntnis beachtet, daß auf die Dauer eine nachhaltige Nutzung nur in einem gesunden Wald beziehungsweise in einer gesunden Landschaft möglich ist, so erstreckt sich der auf diese Weise bewirkte Schutz weit über die wirtschaftlich interessanten Arten hinaus auf das gesamte System des Waldes beziehungsweise der Landschaft mit allen darin enthaltenen Arten.« (Rolf Hennig, 1988) Auf das Wild als einen Teil der Lebensgemeinschaft, auf die Jagd als einen Teil ihrer Nutzung treffen diese Gedanken gleichermaßen zu.

Das Nachhaltigkeitsprinzip der frühen Fostwirtschaft führte aus der Holznot des 18. Jahrhunderts. Ein ökologisch ausgeweitetes Nachhaltigkeitsdenken, auf unsere gesamte belebte Umwelt bezogen, könnte einen Ausweg aus den Nöten unserer Zeit aufzeigen. Der Wald darf nicht sterben, denn nur mit ihm können wir überleben.

Wunderwelt des Kleinen: Ein Spinnennetz im Frühtau, Meisterwerk der Ingenieurbaukunst, die der Spinne angeboren ist. Im Wald gibt es mehr Mäuse als Hirsche. Nicht nur an Zahl, auch an Gesamtgewicht (Biomasse) neigt sich die Waagschale zugunsten der Kleinen. Maus ist nicht gleich Maus – näher betrachtet. Die langschwänzige Waldmaus (rechte Seite oben) ist ein gewandter Hüpfer und Kletterer, der seine Vorräte sogar in Vogelnistkästen hortet. Die Rötelmaus (Mitte) gehört zu den kurzschwänzigen Wühlmäusen; als Schädling an Forstkulturen macht sie sich unbeliebt. Die Spitzmaus (unten) ist gar keine Maus, sondern ein Insektenfresser, verwandt mit Igel und Maulwurf.

Neben dem Pirschpfad

Wie arm wäre der Jäger, wenn er nur Auge und Ohr für die begehrte Jagdbeute hätte! Der Augenblick höchster Spannung und Konzentration, wenn Kimme und Korn ins Leben gerichtet sind und der Finger am Abzug liegt, ist ein seltener Höhepunkt. Der Reiz verflacht, wenn er sich zu häufig wiederholt. »Jagd ist Schauen, Jagd ist Sinnen, Jagd ist Ausruhen, Jagd ist Erwarten, Jagd ist Dankbarsein...«, sagte der große Jägerdichter Friedrich von Gagern. Dazu gehören die vielen kleinen Dinge neben dem Pirschpfad, die jedes für sich kein geringeres Wunder der Natur sind als der hochgeweihte Hirsch. In der Vielfalt des Kleinen treten uns die allgültigen Gesetze der Natur oft klarer vor Augen als in der Einzelerscheinung des Großen.

Der Wald ist voller Wunder! Gleich, ob wir uns der Stimmung des Augenblicks hingeben, uns einfach am Schönen freuen, oder ob wir näher hinter die Kulissen schauen wollen, was hinter der Harmonie des Schönen steckt: Reich beschenkt kehren wir von jedem stillen Reviergang heim, wenn wir den Laufkäfer am Weg, die Blindschleiche im Gras, die Unke im Tümpel, die Grasmücke in der Hecke nicht übersehen haben, wenn wir uns am Zirpen der Grillen, am Duft der Heckenrosen freuen. Würden sie alle fehlen, das Revier wäre ärmer, als wenn Rehbock und Hirsch daraus verschwänden.

Der Altweibersommer mit seinen Spinnenfäden im Frühtau gehört zum Herbst wie der Brunftschrei der Hirsche. Welche kunstreiche Jägerin ist so eine Netzspinne! Unsere Vorfahren wußten auch noch geschickt mit Netzen umzugehen. Seit das Schießpulver erfunden ist, sind wir rechte jagdhandwerkliche Stümper geworden. Wie laut und häßlich ist alles Menschenwerk neben der tödlich präzisen Schönheit des Spinnennetzes, einer der wunderbarsten technischen Leistungen der Natur. Steigen wir überhaupt noch oft genug aus dem Auto, um wahrzunehmen, was um uns ist?

Eines lebt vom anderen in vielfältiger Wechselbeziehung. Das ist nicht das »ökologische Gleichgewicht«, das wir so gern anführen, wenn wir glauben, es nach unserem Gutdünken »erhalten« oder »in Ordnung bringen« zu müssen. Ein Gleichgewicht gibt es nicht; nur den unablässigen Pendelschwung um einen höchstens zeitweilig stabilen Mittelwert, der sich ständig neu einpendelt unter wechselnden Einflüssen. Der Zwang zu fortwährender Anpassung an sich wandelnde Lebensbedingungen ist der Motor der Evolution. Seit der Mensch das Tempo des Wandels tausendfach beschleunigt hat, geht der natürlichen Evolution der Atem aus.

Die grünen Pflanzen sind die Lebensgrundlage für alle Tiere. Nur sie sind in der Lage, durch ihr Blattgrün (Chlorophyll) mit Hilfe von Sonnenlicht und Wasser aus dem Kohlendioxid der Luft und den Mineralstoffen des Bodens auf chemischem Wege organische Substanzen aufzubauen. Viele Tiere leben direkt von Pflanzen. Aber auch die Fleischfresser sind indirekt, auf dem Umweg über ihre Beutetiere, auf pflanzliche Nährstoffe angewiesen. Der Kreislauf schließt sich, wenn abgestorbene Tiere und Pflanzen, Beutereste und Stoffwechselprodukte von Abfallverzehrern weiterverwertet und zuletzt durch Pilze und Bakterien in ihre anorganischen Bestandteile zerlegt werden, die dann im Humus des Bodens wieder neuen Pflanzen zum Aufbau neuer organischer Substanz zur Verfügung stehen.

Je kleiner Tiere sind, eine um so kürzere Lebensdauer und kleineren Lebensraum haben sie, vermehren sich jedoch schnell und zahlreich. Je größer dagegen eine Tierart ist, desto weniger natürliche Feinde hat sie über sich und desto widerstandsfähiger kann sie gegen Umwelteinflüsse sein. Große Tiere können es sich leisten, sich bei längerer Lebensdauer und größerem Lebensraum spärlicher zu vermehren: Immer weniger Nachkommen reichen aus, um die Art in Wechselbeziehung zur Umwelt zu erhalten.

Wir Menschen schließen gern von uns auf andere, wenn wir meinen, daß die höchstentwickelten Lebewesen auch die wertvollsten und wichtigsten im Naturhaushalt seien. Doch die Summe der Kleinen ist gewichtiger und wichtiger für die Kreisläufe in einer Lebensgemeinschaft. Unsere Augen sehen das nur nicht so deutlich, weil sie auf ein Beuteschema fixiert sind, das vom Hirsch nicht weit unter das Kaninchen reicht. Es fällt uns bereits schwer, uns vorzustellen, daß die »Biomasse« (das ist das Gesamtgewicht) der kleinen Nagetiere oder der Insekten auf einem Hektar Waldfläche die des dort vorhandenen Schalenwildes haushoch übertrifft. In die Dimensionen des Allerkleinsten, der Organismen im Boden, kann sich unser Auge nur mit dem Mikroskop, unser Verstand nur mit Hilfe des Computers vortasten.

Aus den Augen, aus dem Sinn – deshalb bewegt es uns mehr, wenn ein Reh auf der Waldstraße überfahren wird oder ein Uhu gegen die Hochspannungsleitung fliegt, als wenn Regenwürmer, Tausendfüßler, Milben, Springschwänze und Bodenbakterien zu Hunderttausenden und Millionen umkommen, weil sie die Gifte und Säuren nicht vertragen, mit denen unser Fortschritt Luft und Regen schwängert. Wir merken

es erst, wenn die Bodenfruchtbarkeit soweit ruiniert ist, daß vor unseren Augen Große sterben: Bäume und Wälder.

Als Ende des vorigen Jahrhunderts die größeren Wildarten stark dezimiert wurden, spotteten manche Zeitgenossen, künftige Jägergenerationen würden sich wohl mit der Jagd auf Fledermäuse und Maikäfer begnügen müssen. Eine groteske Fehlprognose: Rehe, Hirsche und Wildschweine vermehrten sich bald wieder stark, sobald die unmittelbare Verfolgung nachließ. Fledermäuse und Maikäfer sind fast verschwunden, obwohl sie gewiß nicht mit Flinte und Fangnetz auszurotten sind. Wieder einmal die Qualität des Lebensraumes!

Wenn Kleine in großer Zahl zur gleichen Zeit auftreten und uns noch dazu etwas wegfressen, was wir gern selbst nutzbringend verwerten möchten, geraten wir in Panik. Der Griff zur Spraydose oder zur Großbegiftung vom Hubschrauber aus ist nicht viel vernünftiger, als es frühere Bittprozessionen gegen den Teufelsspuk waren, wenn Feldmäuse massenhaft die Kornfelder unterminierten oder Raupen das

Laub von den Bäumen fraßen. Die Massenvermehrung ist nur möglich, wenn der »Schädling« neben zufällig günstigen Wetterbedingungen vor allem einen reich gedeckten Tisch vorfindet. Borkenkäfer zum Beispiel gibt es in jedem Wald; sie gehören zur Lebensgemeinschaft wie alle anderen auch. Wenn die junge Käfergeneration aus den Schlupflöchern in einem abgestorbenen Fichtenstamm ausfliegt, in dem vorher die Larven Nahrung fanden, dann müssen sie in einem natürlichen Mischwald viel Glück haben, wenn einige von ihnen in der Nähe wieder einen passenden Stamm finden, von der richtigen Baumart und in angeschlagenem Gesundheitszustand, in den sie mit Aussicht auf Erfolg ihre Eier legen können. Erst wenn die Fichten in Reinkultur in Reih' und Glied stehen und alle angeschlagen sind, weil sie dort von Natur aus gar nicht hingehören, dann hat der Borkenkäfer seine Chance zur Massenvermehrung, zur »Schädlingskalamität«. Im natürlichen Bergfichtenwald der Hochlagen, wo es sogar viel mehr totes Holz gibt als im gepflegten Nutzforst, hat er die Chance erstaunlicherweise nicht: Dort ist das Klima zu feucht und kühl für den Käfer.

Lebensgemeinschaften, die von Natur aus auf Vielfalt angelegt sind wie der Wald, reagieren besonders empfindlich, wenn der Mensch sie in Einfalt zwingt. Im Laubmischwald leben viele Tiere bunt verteilt, aber keines besonders zahlreich. Das Ökosystem ist nicht auf einseitigen Massenbetrieb eingerichtet. Wird er ihm aufgezwungen, indem der Mensch Monokulturen pflanzt, reagiert der Organismus fieberhaft: Einige seiner Glieder – ob Hirsch oder Borkenkäfer – verstehen es, die Gunst der Stunde zu nutzen, aber durch ihren Massenfraß bricht die naturwidrige Struktur bald zusammen. Weg mit der Fichtenmonotonie – es kann nur Besseres nachkommen. Nämlich: Entweder bildet sich auf der zusammengebrochenen Fläche allmählich wieder ein standortgemäßer Wald mit der alten Vielfalt; das kann einige Jahrhunderte dauern. Oder der Wald schafft es nicht mehr und es entsteht Buschland, Heide oder Steppe – ein neues Ökosystem, das bei geringerer Lebensvielfalt besser an den »Massenwechsel« einseitiger Kostgänger angepaßt ist – schlechtere Chancen für Borkenkäfer und Spechte, bessere für Mäuse und Hirsche.

Der eilig wirtschaftende Mensch steht oft ratlos vor dem langen Atem natürlicher Entwicklungen. Neben dem Pirschpfad gibt es viel zu sehen, was uns hilft, die Zusammenhänge besser zu verstehen. Zählen wir nur einmal die Jahresringe am Stumpf einer alten Eiche – wir können leicht auf 300 kommen – und überlegen wir uns, was dieser Baum in seinem langen Leben »erlebt« hätte, wenn Bäume ihre Umwelt wie wir Menschen erleben könnten.

Ein wichtiges Glied in einer gesunden Waldlebensgemeinschaft sind die Staaten der Waldameisen (linke Seite). Hunderttausende von fleißigen Arbeiterinnen türmen die Kuppel aus dürren Fichtennadeln als Klimaanlage über das unterirdische Nest. Andere Insekten haben keine Chance zur schädlichen Massenvermehrung, wo ein Ameisenvolk lebt und jagt. – Der Vogelzwerg Goldhähnchen (oben links) huscht durch die Wipfel von Nadelbäumen auf der Jagd nach kleinsten Insekten und Larven. – Hirschkäfer-Männchen bedrohen sich mit ihren geweihartigen Greifzangen (oben rechts). Im Mulm alter Eichenstümpfe haben sie bis zu sieben Jahre als Engerlinge gelebt, bevor sie für wenige Tage das Licht des Waldes erblicken.

Schilderwald: Ohne Schranken und Verbotstafeln geht es leider nicht mehr, wenn allzu viele Menschen allzu gedankenlos den Wald als Freizeitstätte nutzen. Es läßt sich schon darüber streiten, ob all die vielen befestigten Wege und Straßen für Forstwirtschaft und Waldpflege wirklich nötig sind. Doch vom vorhandenen Wegenetz aus, dazu noch von vielen Wander-, Lehr- und Trimmpfaden, läßt sich die Waldnatur erleben und genießen, ohne zu stören, was neben den Wegen wächst und lebt. Der einzelne Mensch stört wenig; wo Hunderte hintreten wächst kein Gras mehr.

Wurzeln und Wipfel

Wald ist nicht gleich Wald. Auch ohne den Einfluß des Menschen wären Naturwälder je nach Standort verschieden. Klima und Boden bestimmen, welche Baumarten in welcher Zusammensetzung den Wald bilden und welche anderen Pflanzen unter ihren Wipfeln gedeihen, in der Strauch- und Krautschicht. Das wird uns an Extremen klar, wenn wir einen Bergwald in den Alpen mit einem Auwald an einem Flußufer vergleichen. Was dazwischen liegt, wäre bei uns von Natur aus größtenteils mit Laubmischwäldern bewachsen. Herrschende Baumart wäre weithin die Buche, gemischt mit Eiche, Hainbuche, Linde, Ulme, Ahorn, Esche. Die Fichte gäbe es von Natur aus nur in höheren Berglagen, gemischt mit Tanne, Buche und Bergahorn. Kiefer und Birke wären auf arme sandige oder moorige Standorte beschränkt.

Im Wirtschaftswald ist die natürliche Waldgesellschaft weitgehend verändert: In unseren Wäldern dominiert das Nadelholz mit den wirtschaftlich wichtigsten Baumarten Fichte und Kiefer zu gut zwei Dritteln (Bundesdurchschnitt: Fichte 42%, Kiefer 27%). Nur ein knappes Viertel (23%) kommt auf die Buche, und die »deutsche Eiche« muß sich mit 8% der Waldfläche begnügen. Die übrigen Mischbaumarten haben so geringe Anteile, daß die grobe Statistik sie beim Nadelholz der Fichte, beim Laubholz der Buche zuschlägt. Die Durchschnittszahlen sagen wenig darüber aus, wie Wälder im einzelnen aussehen. Neben der Baumartenverteilung kommt es auch auf die Art der Bewirtschaftung an, und das alles ist abhängig von den Ansichten und Bedürfnissen der Waldeigentümer und von den Ansprüchen, die die Gesellschaft an den Wald stellt.

Knapp die Hälfte unserer Waldfläche (45%, in manchen Bundesländern bis über 60%) ist in Privatbesitz; ein Viertel (25%) wird von Kommunen bewirtschaftet, und nur rund 30% sind Staatswald. Allen hilft der Wald – aber leider helfen nicht alle dem Wald, obwohl das dringend nötig wäre. Die Holznutzung ist nach wie vor das Rückgrat der Waldwirtschaft. Aber wir haben es nicht mehr so bequem, daß alle anderen Funktionen des Waldes einfach im »Kielwasser« einer sachverständigen Bewirtschaftung als Dreingabe mitschwimmen, wie man früher einmal geglaubt hat. Die Wohlfahrtswirkungen des Waldes oder, wie man heute nüchtern sagt, seine *Schutzfunktionen für Boden, Wasserhaushalt und Klima* treten nicht nur in den ausgesprochenen Schutzwäldern an Berghängen immer mehr in den Vordergrund. Läßt sich bei der Holzwirtschaft noch über Bewirtschaftungsmethoden streiten, so wird bei den Schutzfunktionen unmißverständlich klar, daß sie ein Wald um so besser erfüllt, je konsequenter seine Pflege den Gesetzen folgt, die der Forstmann der Natur ablauschen kann.

Zwiespältig sind die Ansprüche, die unsere Freizeitgesellschaft an den *Erholungswald* stellt. Nicht zuletzt deshalb, weil sie vielen Wildtieren im Wald das Leben schwer machen. Von Anfang an ein Reibungspunkt zwischen Naturschutz, Waldbesitzern und Jägern. Doch vom Naturschutztag 1988, der sich mit Freizeitbelastungen der Natur befaßte, waren bemerkenswerte Töne zu hören: Fremdenverkehr, Naherholung und Sport gehören nach Ansicht von Professor Konrad Buchwald zu den größten Gefährdungen naturnaher Ökosysteme und tragen erheblich zum Aussterben von Pflanzen- und Tierarten bei. Planung und Lenkung des heutigen Freizeitbewußtseins wurden gefordert, das »Natur« lediglich als Kulisse, Fassade oder Reklame benutzt. Sogar Bundesumweltminister Töpfer sprach in diesem Zusammenhang von einem »desolaten Zustand«.

Erst wenn das Kind in den Brunnen gefallen ist, sieht man sich nach einem Deckel um. Wobei manche Kinder gar nicht von selbst in den Brunnen fallen, sondern nur, weil sie mit dem Bad ausgeschüttet wurden. So war es auch mit der schrankenlosen Öffnung des Waldes für alle Freizeit- und Erholungsbedürfnisse. Die »Möblierung des Waldes« mit Rastbänken und Grillplätzen und allerhand Sportgeräten ist inzwischen wieder aus der Mode gekommen. Schließlich kann sich jedermann auch ohne solchen Firlefanz im Wald erholen. Zum Beispiel beim Pilzesuchen. Doch so einfach ist das auch nicht mehr: Die wissenschaftlichen Mykologen, die »Schwammerlprofessoren«, haben bereits 1983 auf einem Kongreß darauf hingewiesen, daß ein Drittel aller Großpilze auf Roten Listen steht und daß das massenhafte Pilzesammeln

Sooo dick ist der Baum! – Wie sollen Menschen zu verständigen Waldfreunden werden, wenn sie keine prägenden Kindheitserlebnisse im Wald mehr haben? Der Förster oder Jäger, der schon einmal eine Schulklasse durch den Wald geführt hat, weiß, wie begeisterungsfähig und lernbegierig Kinder sein können – und wie groß der Nachholbedarf an Naturwissen bei manchen Lehrern!

Wo der Wald so aussieht, liegt die letzte Hoffnung bei den »Pionieren«, die den Boden begrünen und in deren Schutz vielleicht wieder eine neue Generation von Bäumen wachsen kann, wenn es gelingt, die tödlichen Schadstoffe aus Luft und Regen zu verbannen. Hier kommt es auf jede Eberesche, jeden Hollerstrauch, jeden Weidenbusch an.

ihre Ausrottung beschleunigt – zum Schaden der Waldböden und der Bäume. Wer weiß denn schon, daß die Wurzelsymbiose zwischen Waldbäumen und Pilzen, die Mykorrhiza, eine der Lebensgrundlagen des Waldes ist?

Die damals erhobenen Forderungen nach Handelsverboten und Sammelbeschränkungen für Waldpilze hat das Artenschutzrecht inzwischen erfüllt. Den freien Schweizern und den sonst wenig gesetzesfrommen Italienern sind solche Beschränkungen übrigens längst geläufig. Aber in bundesdeutschen Wäldern muß sich der verwöhnte Bürger erst an die Erkenntnis gewöhnen, daß die Gaben der Natur nicht unerschöpf-

lich sind, wenn sich allzu viele rücksichtslos bedienen. Jeder einzelne ist für Naturschutz, solange dieser seine eigenen Ansprüche, seine eigene Bequemlichkeit nicht schmälert; jeder Politiker, jeder Funktionär führt das Wort im Munde, so lange ihn die Tat keine Wähler oder Mitglieder kostet. Und hinter alledem steht der allmächtige Kommerz, und hinter diesem wieder stehen die Ansprüche und die Bequemlichkeit der Menschen, die fleißig weiter an dem grünen Ast sägen, auf dem sie sitzen. Woher sollen da harte Maßnahmen für den »sanften Tourismus« kommen? Wie sollen da Einsichten in naturschonendes Wirtschaften, Energiespa-

ren, ja, auch in biologischen Landbau, naturgemäße Waldwirtschaft, naturnahe Jagd Allgemeingut werden ohne den Zwang der letzten Stunde, in der alles zu spät ist?

Ist es die unausweichliche Tragik des Naturschutzes, daß er gegen die eigentliche Natur des Menschen anzukämpfen hat, die auf Maßlosigkeit und Selbstzerstörung angelegt ist? Wir Jäger haben frühzeitig gewarnt, und das Freizeitkind wäre wohl nicht so tief in den Brunnen gefallen, wenn Politiker mehr auf die besorgten Einwände gehört hätten. Doch die Schadenfreude bleibt uns angesichts der sterbenden Wälder im Hals stecken; wir sitzen mit vielen im gleichen Boot und im gleichen Glashaus.

Wie eh und je leuchten im Hochsommer die korallenroten Dolden der Vogelbeeren an den Waldrändern. Wer erntet nicht alles die reifen, roten Vogelbeeren: Drosseln in Schwärmen, vor allem die Wacholderdrossel, der »Krammetsvogel«, der einst ein beliebtes Jagdwild war. Auf dem Grenzstein hat der Fuchs seine Losung hinterlassen und auf dem Pirschsteig der Marder. Vogelbeerkerne und rötliche Schalenreste in beiden verraten die Vorliebe der Feinschmecker. Rehe lesen die zu Boden gefallenen Beeren ebenfalls gern auf. Ein Vitaminstoß aus der Apotheke des Waldes.

Der Vogelbeerbaum, die Eberesche, ist ein genügsames Gewächs. Seine Kostgänger, die Drosseln, verbreiten die Samenkerne von den Auwäldern bis hoch ins Gamsgebirg. In rauhen Mittelgebirgen – in der Rhön, im Harz, im Erzgebirge – ist er ein Charakterbaum der Landschaft. Prachtexemplare gab es dort in alten, sturmzerzausten Alleen an den Landstraßen. Ansonsten ist die Eberesche ein »Halbbaum« ohne großen holzwirtschaftlichen Wert. Doch die Zeit ist vorbei, als die Ebereschenverjüngung, die der Krammetsvogel zum Nulltarif sprießen läßt, als »forstliches Unkraut« mißliebig war. Der Vogelbeerbaum ist mehr als nur ein willkommener Blitzableiter für die Fegegelüste des Rehbocks. Er ist mit seiner fruchtbaren Genügsamkeit ein Stück Hoffnung. Trostreicher Anblick, wo sich

Labile Berghänge brauchen den Wald als Schutzmantel. Wenn der Boden rutscht, gibt es kein Halten mehr. Erosionsschutz ist die wichtigste Waldfunktion an Berghängen, nicht nur im Hochgebirge. Die öden Karstgebirge in Dalmatien und Griechenland sind warnende Beispiele.

im verlichteten Fichtenaltholz der Boden begrünt und junge Ebereschen als erste über Springkraut und Hollerstrauch aufstreben in die Lichtschächte zwischen den Stämmen.

Können wir uns einen Vogelbeerwald vorstellen? Er könnte hier vielleicht in 40, 50 Jahren stehen anstatt der Fichten, die eigentlich gar nicht hierher gehören, und anstatt der Eichen, Hainbuchen und Linden, die früher einmal da waren – und die vielleicht wiederkehren werden, wenn die Menschen aus Schaden klug geworden sind. Die Krammetsvögel, die Füchse, Marder und Rehe hätten sicher nichts gegen den Vogelbeerwald.

Was einem doch so einfällt beim Anblick eines Vogelbeerbaums, der – vorerst noch – der einzige Farbtupfer vor einer dunklen Fichtendickkungskulisse ist. Der Waldbesitzer hat dort vor 25 Jahren wieder Fichten gepflanzt, nachdem ein Sturm das rotfaule Fichtenaltholz geworfen hatte... Der Ansitz am Rand dieser Fichtendickkung gilt den spätsommerlichen Rehen, die nicht allein schuld daran sind, daß hier nur eine einzige Eberesche unter zehntausend Fichten wachsen durfte. – Trotz allem, die Zeit der Vogelbeeren erscheint nicht ganz hoffnungslos.

211

Als gewaltiger Zimmermann schafft der Schwarzspecht (rechte Seite) Wohnraum für sich und viele Kleinere. Nachtaktiv heimliche Kobolde sind die Siebenschläfer (oben). Eicheln und andere Baumsamen fressen sie ebenso gern wie Insekten, und manchmal rumoren sie auch auf Dachböden und in Speisekammern von Hütten und waldnahen Häusern. Den Winter überstehen die Bilche oder Schlafmäuse in Erdlöchern unter Baumstümpfen in tiefem Winterschlaf.

Die in Höhlen wohnen

Wer von uns schon einmal ein Haus gebaut hat, der weiß, welche Kopfschmerzen man davon bekommen kann. Einmal und nie wieder, sagen die meisten und gewöhnen sich lieber an alle Mängel ihres Eigenheims, anstatt wieder von vorn anzufangen. Da sind die Spechte ganz anders. Sie zimmern sich in jedem Frühjahr neue Nisthöhlen. Obwohl sie das in langwieriger Arbeit mit kräftigen Schnabelhieben tun, bekommen sie keine Kopfschmerzen davon. Die Knochenkonstruktion ihres Schädels fängt die Erschütterung so elegant ab, daß unsere Sturzhelmfabrikanten davon lernen können. Wenn nicht gerade in der Zimmermannswerkstatt die Späne fliegen, machen Spechte nicht minder anstrengende Instrumentalmusik, indem sie an eisenharten Hornästen »trommeln«, ohne daß ihnen das Trommelfell platzt. Der Buntspecht macht das manchmal sogar an echten Eisenstangen, an Blitzableitern und Antennen auf den Dächern.

Obermeister der Zimmermannsinnung ist der Schwarzspecht. Der fast krähengroße Vogel gibt

Heimstatt für viele

sich nicht wie seine kleinere bunte und grüngraue Verwandtschaft damit ab, an morschem Holz den Weg des geringsten Widerstandes zu suchen oder gar auch einmal eine alte Höhle frisch zu renovieren. Nein, es müssen dicke Stämme sein, am liebsten aus hartem Buchenholz. Davon taugt längst nicht jeder für die Kinderwiege. Zwei, drei Höhlen werden jedes Jahr begonnen, bevor sich das Paar für eine neue Wohnung entscheidet. Dadurch betreibt der Schwarzspecht nebenbei »sozialen Wohnungsbau«: Rauhfußkauz und Hohltaube wären ohne Schwarzspechthöhlen obdachlos, und auch manche kleineren Höhlenbrüter, wie Meisen und Kleiber, ziehen gern ein. Siebenschläfer schlagen ihr Sommerquartier in der Villa Specht auf, und der Baummarder merkt sich die gefüllte Speisekammer.

Nur in größeren Wäldern mit genügend starken Altholzbeständen hören wir noch den durchdringenden »Regenruf« als zuverlässige Wettervorhersage oder können uns vom schallenden Gelächter des schwarzen Magiers mit dem feuerroten Scheitel verzaubern lassen. Als Zaubervogel galt er ja früher – denn was so ein Schwarzspecht alles kann, geht wirklich nicht mit rechten Dingen zu.

Spechte sind hochspezialisierte Waldvögel. Nicht alle sind so gewaltige Zimmerleute wie der Schwarzspecht, der nicht nur seine Bruthöhlen in Hartholz meißelt, sondern auch zum Nahrungserwerb faustgroße Löcher tief in dicke Fichtenstämme hämmert, in deren rotfaulem Innern die großen Roßameisen hausen. Die mag er noch lieber als die Waldameisen, in deren Burgen er oft tiefe Breschen schlägt. Auch morsche Baumstümpfe voller Holzmaden werden vom Schwarzspecht regelrecht zerspant; die einzigen Gelegenheiten, bei denen wir ihn vom Waldboden auffliegen sehen. Sonst sind die Stämme im Altholz sein Reich.

Grün- und Grauspecht dagegen, die »Erdspechte«, suchen vorwiegend am Boden nach Ameisen und stochern mit spitzem Schnabel und langer Klebezunge in morschem Bruch-

holz. Am häufigsten, auch in Gärten und Parks, ist der Buntspecht; seine kleineren, ähnlichen Verwandten, Mittel- und Kleinspecht, sind viel seltener. Ebenso wie ihr Hochgebirgsvetter, der rindenbraune Dreizehenspecht mit seiner gelben Kopfplatte, sind sie hinter Kleininsekten unter Rinden und in morschem Holz her – Borkenkäfer schmecken besonders gut. Doch im Winter nehmen sie gern auch Haselnüsse und Fichtensamen. Unter »Spechtschmieden« finden wir die zerhämmerten Schalen und zerpflückten Zapfen.

Ein großer Anteil von morschem und totem Holz in allen Stadien des Zerfalls ist ein Merkmal aller Naturwälder, die nicht bewirtschaftet werden. Im Wirtschaftswald kommt es nicht so weit; denn die Bäume werden geerntet, lange bevor sie den Alterstod ihres Jahrhundertelebens sterben. Das läßt sich nicht ändern. Aber wenn der

Wald naturnah bewirtschaftet wird, muß er nicht ordentlich aufgeräumt sein und soll es sich leisten, auch das Endstadium der natürlichen Vielfalt nicht ganz zu verbannen. Das tote Holz ist Heimstatt für viele Lebewesen, unter denen die Spechte Glieder von vielfältig verflochtenen Nahrungsketten sind. In dicken hohlen Bäumen finden auch manche Wildtiere Wohnung, denen sogar Schwarzspechthöhlen zu klein sind: Waldkauz, Uhu, Baummarder, Wildkatze.

Totes Holz ist auch Gerüst und Nährboden für die nachwachsende junge Waldgeneration. Seine Struktur ist dabei wichtiger als seine Masse; denn ein Baum liefert in seinem langen Leben insgesamt weit mehr Masse an Blättern oder Nadeln, Zweigen und Ästen in den natürlichen Kreislauf zurück, als an Holz in seinem Stamm festgelegt ist. Deshalb brauchen Wälder normalerweise auch nicht gedüngt zu werden wie der Acker, von dem sämtlicher Aufwuchs jedes Jahr in die Scheune gefahren wird. Nur dort, wo der Bauer früher den »Abfall« des Waldes als Einstreu für sein Vieh genutzt hat, sind die Waldböden verarmt und ausgehagert.

Angst davor, daß totes Holz zur Brutstätte für massenhafte Schädlingsvermehrung werden könnte, braucht der Forstmann um so weniger zu haben, je mehr sein Wald naturnah aufgebaut ist. Dann nämlich übernimmt die natürliche Lebensgemeinschaft selbst die Sorge für die »Waldhygiene«, um die sich der Forstmann im einseitigen Altersklassen- und Kahlschlagforst mit Feuer und Gift bemühen muß. Selbstverständlich können wir den Spechten und den Siebenschläfern zuliebe nicht auf Holznutzung und Waldpflege verzichten. Aber wir können in kleinen Naturwaldzellen und in den beiden großen Nationalparken im Bayerischen Wald und in den Berchtesgadener Bergen (leider bisher noch nicht in einem der typischen Mittelgebirgs-Buchenwälder) lernen, wie die Natur eigenständig Waldbau betreibt, und ihr einiges abschauen – wenn auch nicht alles nachahmen, was unsere Zeitbegriffe und Nutzbedürfnisse übersteigt.

Seltsam, wie erbittert sich manche Leute, auch angeblich doch sehr naturverbundene Jäger und Forstleute, gegen das »unordentliche« Gewährenlassen der Waldnatur auch in noch so kleinen Gebieten sträuben. Die Überzeugung, daß der liebe Gott alles und jedes auf Erden ausschließlich zum Wohl der Menschen hat wachsen lassen, steckt doch noch tief im Unterbewußten. Und im Umkehrschluß ist das Eingeständnis, wie überflüssig alle unsere Künste doch eigentlich für den Weltenlauf sind, schwer zu verkraften.

Die Spechte freuen sich sogar über das viele tote Holz, das sich seinen frühen Tod aus unseren Fabrikschloten und Autoauspuffen geholt hat. Können wir uns da noch über »Naturtotholz« in unaufgeräumten Wäldern freuen? Es ist kein Widerspruch, wenn wir dabei die Hoffnung haben, daß unter, auf und neben ihm eine neue Waldverjüngung in eine vielleicht bessere Zukunft aufwachsen kann. Alte Bäume überdauern auch im Tod noch Jahrhunderte. Zeit genug zum Überleben für Spechte, Bilche und Marder, Hohltaube und Waldkauz, die alle verschwinden müssen, wo tabula rasa gemacht wird, bevor wieder junge Bäume in Reih' und Glied wachsen dürfen. Bis dahin werden Tageszeitungen wohl noch manchen Leserbrief abdrucken, daß, bitte schön, der deutsche Wald doch besser aufgeräumt gehört; denn Ordnung muß sein, von der Wiege bis zur Bahre.

Schnepfe, Reh und Regenwurm

Viele unserer Wirtschaftsforste sind recht einseitig zusammengesetzt; neben und unter Fichten oder Kiefern wächst nicht viel – weder andere Waldbäume, noch Sträucher und Kräuter. Nackte Nadelstreu auf dem Boden, vielleicht auch Heidekraut, Heidelbeeren, Sauerklee, an schattigen und feuchten Stellen Moose und Farne. Wenn eine Freifläche entsteht, erobert

Der Waldkauz (linke Seite) genießt den Platz an der Sonne vor seiner »Haustür«, einem ausgefaulten Astloch.
Der Buntspecht (oben links) weiß sich zu helfen: Den Kiefernzapfen klemmt er in einen Baumspalt, den er passend zurechtgemeißelt hat, und holt dann die Samen unter den Zapfenschuppen heraus. Unter der »Spechtschmiede« häuft sich der Abfall. – Zu den kleinen Nutznießern des Buntspechts gehören die Haubenmeise (oben) und der Kleiber (links). Sie wohnen gern in alten Spechthöhlen. Der Kleiber mauert den Eingang mit Lehm enger, wenn er ihm zu weit ist. Sein Nest erkennt man bei der Nistkastenkontrolle sofort: Er trägt nicht Moos und Tierhaare ein wie die Meisen, sondern legt seine Eier auf ein dickes Kissen aus Kiefernrindenschuppen.

Ein Zaun im Wald bietet immer einen lehrreichen Vergleich: Drinnen stehen die hineingepflanzten jungen Waldbäumchen prächtig, dazu sprießen ganz von allein vielerlei bunte Laubhölzer und Sträucher: Eberesche, Weiden, Birke, Ahorn, Holunder, Schneeball, Himbeere, dazu saftige Kräuter wie das Weidenröschen. Draußen, wie abgeschnitten, meist nur saures Gras oder nackte Nadelstreu. Drinnen müssen Waldarbeiter manchmal mit der Sense nachhelfen, damit der Wildwuchs die Forstpflanzen nicht unterdrückt. Draußen müssen sie sogar Fichtentriebe mit Teer anschmieren, damit sie den Rehen nicht mehr schmecken. Es gibt zu viele Rehe und zu viele Zäune, als daß der ideale Ausgleich möglich wäre: Wenige Rehe, die auf großer Fläche ohne Zäune von üppigem Krautwuchs und reichlicher Laubwaldverjüngung gut leben können, ohne dem Wald zu schaden. Wieviele Rehe das sein könnten, läßt sich nicht sagen. Wir müssen die jungen Eichen, Buchen und Ahorne fragen und schauen, ob Weiden und Weidenröschen nicht nur auf hohen Windwurftellern wurzeln, wo Rehe nicht hinauflangen.

saures Reitgras die Lichtung; sein Filz läßt keine anderen Keimlinge aufkommen. Der Waldbesitzer pflanzt wieder Fichten oder Kiefern hinein. Etwas anderes »geht« ohnehin nicht, und schließlich liefern die Nadelbäume den schnellsten und besten Ertrag.

Die Zeiten sind noch nicht lange her, als in vielen Wäldern alles, was nicht Nutzholz war, als »forstliches Unkraut« mit Hacke, Heppe und Chemie bekämpft wurde. Waldbesitzer und Forstleute, die einen standortgemäß naturnah aufgebauten Mischwald anstrebten und ihn nach naturgemäß pfleglichen Methoden bewirtschafteten, waren lange eine Minderheit. Sie dachten dabei nicht allein an den Holzertrag (an den natürlich auch, und sie zogen dabei nicht den kürzeren), sondern an die Stabilität des Waldes gegen Sturm und Schneedruck, an seine Widerstandskraft gegen Schädlinge – und in erster Linie an die Bodenfruchtbarkeit und an alle diejenigen Waldfunktionen, die sich im »unterirdischen Wald«, im Bereich der Wurzeln abspielen.

Der Zustand des Bodens ist entscheidend für die Vielfalt des Lebens, das er trägt, für seine Fähigkeit, Wasser zu speichern und Erosionen zu verhindern. Und wenn wirklich einmal der Altbestand durch eine Naturkatastrophe zusammenbricht oder in einer wirtschaftlichen Notlage geopfert werden muß, dann ist es eine Lebensversicherung für den Wald und seinen Besitzer, wenn unter den hohen Wipfeln bereits wieder die nächste Waldgeneration Fuß gefaßt hat und alsbald die Lücken schließt. Seit die Gifte aus der Luft und die Säuren im Regen den alten Bäumen den Garaus machen, liegt in der Verjüngung die einzige Hoffnung auf einen neuen und vielleicht sogar besseren Wald, in

dem der Mensch der Natur nicht mehr so viel ins Handwerk pfuscht. Wir haben nicht mehr viel Zeit!

Die Kraft dazu hat der Wald meist noch, sogar dort, wo ihm der Rechenstift seit zweihundert Jahren Gewalt angetan hat. Auf jedem Fleck, wo Licht und Luft an den Boden kommen, haben die Samen der Waldbäume ihre Chance und dazu eine Vielzahl von anderen Pflanzen, besonders auch die »Pioniere« unter den Laubbäumen und Sträuchern, die auch noch karge Böden besiedeln: Weiden und Ebereschen, Birken, Holunder, Himbeere, Weidenröschen... Woran liegt

es, daß dieser Wildwuchs, in dessen Schutz auch die Sämlinge der Edellaubhölzer und die »Hähersaat« der Eichen und Buchen allmählich aufkommen, weithin nur dort reichlich sprießt, wo der Waldbesitzer einen Schutzraum um freie Flächen oder unter lichtem Altbestand gezogen hat?

Es liegt am allgegenwärtigen hungrigen Äser der Rehe! Die Rehe sind gewiß nicht allein schuld daran, daß unsere Wälder so aussehen, wie wir sie nicht mehr gerne haben. Aber es hat keinen Sinn, wenn sich Forstleute und Jäger die Sünden, Theorien und Nachlässigkeiten der Vergangenheit gegenseitig um die Ohren schlagen. Es geht um die Zukunft, und die besteht aus den Bäumen, die jetzt wachsen können oder nicht.

Wenn Laubholz in eine kleine Lücke im öden Fichtenbestand eingebracht werden soll, wenn eine Reihe Lärchen neben einen Weg gepflanzt wird, müssen die wenigen Pflanzen gegen Verbiß geschützt werden. Doch wo auf weiten, im verjüngungsfähigen Zustand bereitliegende Flächen gerade kaum die Fichte hochkommen kann, dort schneidet der Jäger sich und »seinen« Rehen ins eigene Fleisch, wenn er sich sträubt, die Rehe so energisch kurzzuhalten, daß der junge Wald auch ohne Zaun wachsen und in zwanzig, dreißig Jahren wieder ein besserer Rehlebensraum sein kann. Der Zaun ist zwar mit Geld zu bezahlen; aber er drängt die Rehe um so enger auf den freibleibenden Flächen zusam-

Die im Dunkeln sieht man nicht, aber manchmal kommen Regenwürmer auch nach oben. Meist wenn bei starkem Regen ihre unterirdischen Gänge voll Wasser laufen. Daher haben sie ihren Namen (früher glaubte man, sie fielen mit dem Regen vom Himmel). Eine Himmelsgabe sind sie wirklich, denn ohne die Tätigkeit der Regenwürmer sähe es schlecht aus mit der Bodenfruchtbarkeit. Gärtner wissen das. Für den Waldboden gilt das gleiche. Das Laub, das zu Boden fällt, wandert durch den Darm der Würmer und wird zu fruchtbarster Komposterde. Außerdem lockern und durchlüften Regenwürmer unablässig den Boden. Sie können das aber nur, wenn von oben leicht zersetzliches, nahrhaftes Laub als Nachschub kommt, nicht nur harte, saure Fichtennadeln. Dann streiken die Regenwürmer, und nicht nur Schnepfe und Dachs haben das Nachsehen.

217

men. Ein Zustand, der nichts mehr damit zu tun hat, daß Rehe selbstverständlich natürliche Glieder der Waldlebensgemeinschaft sind und bleiben müssen. Der Jäger, der Ahorn und Weißtanne, Weide und Weidenröschen hinter Zäune verbannt, erfüllt schlecht seine Funktion als Stellvertreter des Wolfes, von dem ein russisches Sprichwort sagt: Wo der Wolf jagt, wächst der Wald (und, muß man hinzufügen, leben Rehe; denn sonst könnte der Wolf nicht jagen).

Es geht dabei nicht allein um die Bäume, aus denen einmal Bretter und Balken werden sollen. Es geht um die ganze Vielfalt der Waldvegetation, auch um die Kraut- und Strauchschicht, die mit ihren Wurzeln und Blättern den Humus bereitet, aus dem der Wald lebt. Wo tritt der Jäger im Herbst die Schnepfe aus dem Lager? Am Rand der zaungeschützten Laubholzgruppe, wo sie unter Fallaub und Mulm die Regenwürmer findet, die sie nebenan im Fichtenstangenholz vergeblich sucht. Denn der Regenwurm lebt vom weichen, leicht zersetzbaren Laub, das durch seinen Darm in den Kreislauf der Bodenfruchtbarkeit eingeht. Das Reh als Nahrungskonkurrent für Regenwurm und Schnepfe? Jedenfalls wären mehr Regenwürmer und mehr Schnepfen erfreuliche Gesundungszeichen für unsere Wälder. Und weniger Rehe könnten auf größerem Raum viel gesünder leben, wenn der Wald sein Korsett aus Maschendraht endlich ausziehen könnte.

Der verkannte Dunkelmann

Der Dachs galt früher als griesgrämiger Einsiedler, Grimbart, ein lichtscheuer Geselle. Wahr daran ist, daß dieser seltsamste aller Marder den Tag tief in seinem Bau verschläft und erst in der Abenddämmerung aktiv wird. Entsprechend schwer fällt es, sein nächtliches Treiben zu beobachten. Doch geduldige Forscher haben sich genug Nächte um die Ohren geschlagen, um Grimbarts Charakterbild zu revidieren: So eine mächtige, viele Meter tief in einen Waldhang gegrabene Dachsburg mit ihren weit verzweigten Röhren und gemütlich ausgepolsterten Kesseln ist Stammsitz einer Großfamilie, die freundschaftliche Beziehungen zu benachbarten Sippen unterhält.

Die Verwandtschaft mit den behenden Mardern sieht man dem plumpen »Gräving« (Gräber) nicht an. Seine Gestalt und seine allesfresserische Ernährung lassen ihn eher wie einen kleinen Bären erscheinen; dazu passen auch sein grobhöckeriges Gebiß, seine Sohlengängerei und die Winterruhe, während der er von dem Fett zehrt, das er sich in nahrhaften Herbstnächten angemästet hat.

So ein fetter Herbstdachs kann so schwer wie ein Rehbock werden. Das gab eine Menge gutes Fett für Stiefelschmiere, eine ansehnliche feste Schwarte, die mit der markanten Schwarzweißstreifung des Kopfes als Zierat für Jagdranzen und Pferdegeschirre begehrt war, feines Haar für Pinsel – und auch das Wildpret wurde meist nicht verschmäht. Mit der rustikalen Selbstversorgung und Allesverwertung sind der heutigen Freizeitjägerei auch die zugehörigen Jagdkünste abhanden gekommen: das nächtliche Dachsstechen mit der harpunenartigen »Dachsgabel«, wenn scharfe Hunde den Dunkelmann auf Weide und Obstanger gestellt hatten, wo er es auf fette Maden unter Kuhfladen und auf süßes Fallobst abgesehen hatte, und das mühsame Dachsgraben mit Pickel und Schaufel, wenn der Dackel oder Terrier tief unten im Bau unter Lebensgefahr Grimbart in die Enge getrieben hatte.

Die Jagdzeit ist kürzer geworden – von Anfang August bis Ende Oktober –, und Dachse werden nur noch beim Ansitz am Bau oder bei gelegentlichen nächtlichen Begegnungen im Mondschein erlegt. Die gegerbte Schwarte gibt einen hübschen Vorleger oder Wandbehang, damit hat es sich auch schon. Mitunter dient der Schuß auch der Abwehr von Schäden im Weinberg oder im milchreifen Mais. Seit der Dachs in manchen Gegenden beinahe ausgerottet wurde, weil die amtlich angeordnete Vergasung der Baue viel mehr ihn traf als den Fuchs, gegen den sie zwecks Bekämpfung der Tollwut gedacht war, seitdem sind viele Jäger toleranter geworden, obwohl sie an die Junghasen und Bodenbrütergelege denken, die dem Dachs im Frühjahr natürlich gut schmecken, wenn er sie bei seiner emsigen Sammeltätigkeit nach Schnecken, Würmern und Mäusen zufällig findet.

Der Dachs hat die Vergasungsaktionen, mit denen sich die Veterinärbehörden blamiert haben, inzwischen überwunden; die Jagdzeit wurde, wo sie vorübergehend abgeschafft war, wieder eingeführt. Doch was spiegelt sich in der deutlichen Zunahme der Jagdstrecken, die bundesweit seit 1980 vom früheren Jahresmittel von knapp 4000 erlegten Dachsen bis über 10000 in den beiden letzten Jahren angestiegen sind? Haben die Dachse wirklich so stark zugenommen, wo sie vorübergehend verwaiste Reviere wieder besiedelt haben? Oder ist die Jagd um soviel intensiver geworden, trotz eingeschränkter Jagdzeit und kaum mehr üblicher Verwertung der Beute? Die meisten (fast 6000!) wurden in Bayern erlegt, 2800 in Baden-Württemberg; in ebenfalls großen Bundesländern wie Hessen, Niedersachsen, Nordrhein-Westfalen nur je um 500. Rätsel der Jagdstatistik und der Verwaltung, die sich nur bei Wildarten, die »Trophäen« auf dem Haupt tragen, um penible Abschußplanung bemüht. Grimbart ist jedenfalls wieder im Kommen und scheint einen Tiefpunkt überwunden zu haben.

Die meisten Säugetiere sind unterseits heller gefärbt als am Rücken. Beim Dachs ist es umgekehrt, und dazu gibt ihm die auffällige Gesichtsmaske ein seltsames Aussehen. Seltsam ist noch mehr an diesem Marder, dessen Lebensweise eher an Bär und Wildsau erinnert. Seine Paarungszeit fällt in den Hochsommer, mit Keimruhe bis ins Frühjahr wie beim Reh. Ein Griesgram ist er jedenfalls nicht – es geht sehr gesellig zu in der Sippe Grimbart.

Trotz aller Verfolgungen leben in unseren Wäldern heute viel mehr Wildschweine als vor dem Zweiten Weltkrieg. Ihre Lebensgrundlage sind Eichen- und Buchenwälder, doch auf den Feldern finden sie viele zusätzliche Nahrungsquellen. Deshalb sind Landwirte nicht gut auf die Schwarzkittel zu sprechen. Der Forstmann schätzt die wühlenden Allesfresser als Schädlingsvertilger im Wald. Der Jäger muß sich Mühe geben, als Stellvertreter von Wolf und Bär die vermehrungsfreudigen Sauen in Schach zu halten. Das ist nicht so einfach, denn an Vorsicht und Lernfähigkeit übertreffen sie alles andere heimische Wild.

Schwein gehabt!

Die Redensart vom Schwein als Glückssymbol hat für den Jäger besonderen Inhalt. Sowie im Spätherbst der erste Schnee fällt, kreisen die Gedanken des Jägers um das Schwein. Nicht um das marzipanrosa Neujahrsferkel mit dem lustigen Ringelschwanz, sondern um die schwarzzottige, wehrhafte Wildsau, das Schwarzwild. Und nicht nur seine Gedanken kreisen um dieses urige Wild, sondern der Jäger selbst kreist. »Auf Sauen kreisen« – das ist fast noch spannender als auf Sauen jagen, und es ist die Voraussetzung dafür, daß nachher bei der Jagd alles klappt, oder auch nicht...

Auf Sauen jagen, auf dieses kluge, scharfsinnige und vorsichtige Wild, ist ein rechtes Glücksspiel. Und damit er dabei »Schwein hat«, ist der revierkundige Jäger schon früh am Tag auf den Beinen. Wo die Sauen stecken könnten, das vermutet er. Gewißheit, welche Dickung die eine oder andere Rotte wirklich angenommen hat, um den Tag über dort verborgen zu ruhen, verschafft der Spurschnee. In weitem Bogen umrundet der Jäger auf Wegen und Schneisen die »verdächtigen« Saudickungen, den Blick am beschneiten Boden: Führen endlich die gesuchten frischen Fährten zu einer Einstandsdickung, dann muß noch vorsichtig ein engerer Kreis geschlagen werden, um zu bestätigen, daß sich die Sauen wirklich »eingeschoben« haben, nicht vielleicht doch noch an einer unübersichtlichen Ecke wieder ausgewechselt sind.

Die Rotte ist festgekreist! Und ein starker Keiler steckt mit drin! Seine mächtige »Schuhnummer«, gut doppelt so stark wie die Tritte der Bachen und Überläufer, hat ihn verraten. Es beginnt ja schon die Rauschzeit; da werden die alten Einzelgänger unvorsichtig. Sauen fest! Am frühen Nachmittag werden die Schützen um die Dickung angestellt. Treiberlärm und Hundelaut. Gesprengt ist die Rotte, die schneidigen Hunde

raufen die Schwarzkittel aus der Dickung. Draußen stehen die Schützen voller fiebernder Erwartung. Wer wird das Schwein haben, den starken Keiler zu erlegen? Oft freilich ist es der Keiler selbst, der das Schwein hat, mit heiler Schwarte davonzukommen. Wäre er sonst so alt und stark geworden?!

Ritterlich wird das Schwarzwild genannt; eine der beiden letzten Großwildarten unserer Heimat (neben dem Rotwild) ist es und die einzige wehrhafte, die Jäger und Hunden gefährlich werden kann. Und doch wird die wilde Sau längst nicht so ehrfurchtsvoll behandelt wie der hochgeweihte Hirsch. Daran sind die Schäden schuld, die Wildschweine an Feldfrüchten anrichten. Das hat ihnen durch Jahrhunderte erbitterte Verfolgung mit dem Ziel der Ausrottung eingebracht. Noch in den 50er Jahren nach dem Zweiten Weltkrieg war offiziell von »Schwarzwildvertilgung« die Rede. Schwarzwild zu »hegen«, ist noch heute nach dem Jagdgesetz verboten (wobei der Gesetzgeber an die längst veraltete Auffassung gedacht hat, die Hege mit Vermehrung und Haltung von möglichst viel Wild gleichsetzt). Es gibt keinen amtlichen Abschußplan und erst seit 1977 eine kurze gesetzliche Schonzeit für erwachsene Sauen (Bachen und Keiler); die Einjährigen (Überläufer) sowie Frischlinge dürfen in den meisten Bundesländern ganzjährig bejagt werden.

Daß unsere Sauen das alles gut überstanden haben, verdanken sie ihrer hohen Lernfähigkeit, ihrer vielseitigen Anpassungsfähigkeit als Allesfresser und ihrer starken Vermehrungskraft. Von Natur aus sind Wildschweine auf klimatisch mildere Laubwaldgebiete beschränkt; denn ohne »Mast« von Eichen und Buchen können sie strenge Winter kaum überleben. Erst wo es ihnen möglich war, aus der Deckung des Waldes heraus die Feldflur als zusätzliche Nahrungsquelle zu nutzen, konnten sie auch in weniger günstigen Nadelwäldern leben (oder sich dort halten, nachdem der Mensch die ursprüngli-

chen Laubwälder »verfichtet« hatte). Auch die Verbreitung in Nordeuropa bis an den Polarkreis erklärt sich durch den Rückhalt an der Landwirtschaft. Landwirtschaftliche Wildschäden sind heute im Zeichen der EG-Überschüsse ganz anders zu beurteilen als in früheren Notzeiten, und außerdem müssen sie von den Jagdpächtern bezahlt werden. So konnten sich die Sauen wieder viel stärker ausbreiten als in der ersten Hälfte unseres Jahrhunderts.

Schon in den 60er Jahren waren die jährlichen Jagdstrecken in der Bundesrepublik gut doppelt bis dreimal so hoch wie vor dem Zweiten Weltkrieg auf gleicher Fläche; damals waren es nur knapp über 10 000. In den 70er Jahren stiegen sie bis aufs Vierfache; 1983/84 kam ein jäher Sprung auf fast 70 000, und 1987/88 wurde mit fast 85 000 erlegten Sauen ein absoluter Rekord verzeichnet. Dabei haben auch einige milde Winter mitgeholfen; denn Schnee ist der beste Jagdgehilfe, ohne ihn geht nicht viel, weder bei Drück- und Treibjagden noch beim Mondscheinansitz.

Eine solche »Explosion« der Schwarzwildbestände in den Griff zu bekommen, ohne wieder in die alte Rücksichtslosigkeit zurückzufallen, die nicht nach einer biologisch sinnvollen Sozialstruktur der Bestände und nach dem Elend verwaister Frischlinge fragte, das ist nicht einfach. 70 bis 80 Prozent der jährlich geborenen Frischlinge müssen erlegt werden, um eine Entwicklung zu bremsen, die den Sauen selbst auf lange Sicht nicht gut bekommen kann. Denn wie immer, wenn der Mensch die alten natürlichen Feinde nicht ausreichend ersetzt und dazu sogar noch mit Fütterung die Regulation durch die Winternot ausschaltet, öffnet die Natur dem Überdruck ein Notventil. Hier ist es die Schweinepest, eine Virus-Seuche, die übermäßig angewachsenen Populationen droht.

Zugute kommt dem Schwarzwild, daß es der Waldbesitzer gern sieht; denn es richtet im Wald keinen Schaden an wie die Wiederkäuer, sondern es erspart dem Forstmann die Fräse, wo es

Eine Bache bringt bis zu acht Frischlingen im Jahr. Bei günstigen Bedingungen kann sich ein Schwarzwildbestand in einem Jahr verdreifachen. Da muß eifrig gejagt werden, um übermäßige Schäden für die Landwirtschaft zu vermeiden und um vorzubeugen, damit nicht die Schweinepest ausbricht. Neben der Einzeljagd auf dem Ansitz – auch bei Nacht und Mondlicht – sind im Wald Drückjagden beliebt. Treiber und Hunde zwingen die Rotte, ihren Tageseinstand in der Dickung zu verlassen. Draußen auf der Schneise stehen die Jäger. Sie müssen geübte Schützen sein, um den Schwarzkittel zu treffen, der eilig in die nächste Deckung flüchtet.

Mittagspause: Acht Zitzen hat die Bache am Gesäuge, deshalb kann sie höchstens soviele Frischlinge aufziehen. Enger Körperkontakt ist auch später gefragt. Sauen »schieben« sich dicht an dicht in den gemeinsamen Kessel. (Im ähnlich sozial organisierten Rotwildrudel dagegen hat in der Ruhe jedes Stück sein eigenes »Bett« mit Abstand zum Nachbarn.) Bis zum Herbst verlieren die Frischlinge ihr gestreiftes Jugendkleid. Ihre Winterborsten sind dann mehr bräunlich im Unterschied zur schwarzgrauen Schwarte der erwachsenen Sauen. Zur »Rauschzeit« im November/Dezember tritt der einzelgängerische Keiler zur Rotte (Bild rechts). In einer Rotte geht es immer lebhaft zu; der Umgangston ist rauh, aber herzlich.

bei seinem »Brechen« (der Nahrungssuche durch Aufwühlen des Bodens) den Boden zum Saatbett für die Waldverjüngung lockert. Dabei vertilgt es auch Puppen und Larven forstlicher Schadinsekten in großer Zahl, und auch Mäuse stehen auf dem Speisezettel. Nur wo Sauen allzu zahlreich vorkommen, ärgern sie den Forstmann, weil er dann Eichen- und Buchensaaten einzäunen und manche Anpflanzung nachbessern muß, wenn die Schwarzkittel sie allzu gründlich umgepflügt haben. Doch das alles ist kein Vergleich zu den Sorgen mit dem Verbiß der Rehe und den Rindenschälungen des Rotwildes.

Die Schweine haben die Entwicklung zum Wiederkäuer nicht mitgemacht; sie sind »primitive« Paarhufer geblieben, die in Körperbau und Verhalten noch manche Anklänge an die gemeinsame Abstammung mit den Raubtieren zeigen. Dazu gehört das wehrhafte Gebiß mit den mächtigen Eckzähnen als Waffe und Werkzeug, aber auch die Vielzahl von bis zu acht Frischlingen, die die Bache nach einer sehr kurzen Tragzeit von vier Monaten schon früh im Jahr zur Welt bringt. Obwohl die lustig braun-gelb gestreiften Frischlinge wie alle jungen Huftiere voll entwickelt geboren werden, laufen sie doch nicht gleich mit Mutter und Rotte. Die Bache baut ihnen einen sicheren »Frischkessel« aus Zweigen und Gras, wo sie ihre erste Lebenswoche verbringen. Wehe dem Störenfried, der sich dieser Kinderstube nähert! Erst später finden sich die Mütter mit ihren Frischlingen wieder zur Rotte zusammen.

Die Rotten sind Mutterfamilien; eine alte Leitbache führt ihre weiblichen Nachkommen samt Kindern und Kindeskindern durchs Leben. Wenn die Gesellschaft zu groß wird, spalten sich unter der Leitung von bisherigen Vize-Chefinnen neue Rotten ab. Der männliche Nachwuchs macht sich gegen Mitte des zweiten Lebensjahres selbständig. Überläufer-Keiler bummeln in Banden von Halbstarken gemeinsam durch den Wald, doch spätestens im dritten Jahr werden

224

die »angehenden Keiler« zu Einzelgängern. Ihre Laufbahn führt dann über das »hauende Schwein« bis zum »Hauptschwein«, wie der Jäger einen starken Keiler nennt, wenn er etwa 6 bis 7 Jahre alt ist. Doch das erleben die wenigsten; denn der »dicke Brocken«, auch wenn er noch nicht so alt ist, reizt die meisten Saujäger eben doch mehr als das mühsame Jagen auf Frischlinge und Überläufer.

Was bei geweihtragenden Wildarten an Vorschriften oft kleinlich übertrieben wird, was das Ansprechen nach Alter und Stärke und die Auswahl beim Abschuß betrifft, das wird bei den Schwarzkitteln oft noch zu leicht genommen. Doch das alte Feindbild wenigstens ist verblaßt, seit uns die Verhaltensforschung so viele Einblicke in das erstaunliche Sozialverhalten, die gegenseitige familiäre Fürsorge und die hohen Intelligenzleistungen der Sauen verschafft hat. Der Schwarzwildforscher Heinz Meynhardt resümierte bereits nach den ersten vier Jahren seiner mittlerweile 16jährigen engen Gemeinsamkeit mit freilebenden Sauen (1980): »Wildschweine verfügen über ausgeprägte Sinnesleistungen. Sie sind in der Lage, sich bestimmte Dinge abzusehen und diese sehr schnell zu erlernen. Ihr Gedächtnis ist überraschend gut. Daß sie bestimmte Dinge oder Personen nach zwei Jahren noch wiedererkennen, war nachweisbar.... Erst wenn man sich viele Jahre mit einer einzigen Tierart befaßt, bemerkt man, wie wenig wir noch immer wissen....« – Inzwischen wissen wir gerade dank Meynhardts Forschungen einiges mehr – aber auch, wie schwierig es ist, eine »schwarzwildgerechte« Behandlung dieses Wildes in die Praxis umzusetzen.

Gezähmte Wildschweine stehen in ihrer geistigen Regsamkeit einem Hund nicht nach. Daß es das Hausschwein nur zur Speck- und Drecksau gebracht hat und nicht wie der Hauswolf zum Freund und Gefährten des Menschen, das liegt sicher mehr an der ungeschlachten Gestalt und den ungehobelten Umgangsformen des Wildschweins als an seinen sozialen Qualitäten.

Im Feld machen sich die Allesfresser unbeliebt. Kartoffel und Rüben, milchreifes Getreide und Körnermais stehen obenan auf ihrer Speisenkarte, vor allem wo der Wald nicht genug »Mast« an Eicheln und Bucheckern bietet. Aber auch wenn sie den Boden nur deshalb umbrechen, um Engerlinge und Drahtwürmer herauszuholen und Mäuse zu fangen, ist kein Bauer begeistert. Eifrige Jagd an gefährdeten Feldern und dafür »Ablenkfütterung« und Ruhe im Innern des Waldes sind wirksame Gegenstrategien. Die Sauen lernen schnell, wo ihnen Gefahr droht. Der Jäger muß sich auf dem Ansitz viele Nächte um die Ohren schlagen, wenn er nicht den ganzen Wildschaden bezahlen will.

225

Schlicht braungrau ist das Tarnkleid der Auerhenne. Sie ist Bodenbrüter wie alle Hühnervögel. Lege- und Brutzeit binden den großen Vogel gut fünf Wochen lang an die Nestmulde am Waldboden. Da tut Tarnung vor den Augen und Nasen vieler Feinde not. Der Hahn kümmert sich nach der Balz nicht mehr um Henne und Familie. Wenn die 6 bis 8 Küken schlüpfen, folgen sie als Nestflüchter gleich der Mutter und lernen aufzupicken, was für sie genießbar ist. Naßkaltes Wetter und viele Feinde machen die Aufzuchtzeit zu einem Wettlauf mit dem Aussterben, besonders dort, wo der Lebensraum im Wirtschafts- und Erholungswald nicht mehr die Ansprüche erfüllt, die das wenig anpassungsfähige Auerwild an ihn stellt.

Heidelbeeren für Auerhühner

Es gibt außer dem Schwarzspecht kaum einen großen Vogel, der so sehr auf Gedeih und Verderb an den Wald gebunden ist wie das Auerhuhn. Es hat dem stattlichen Auerhahn nichts geholfen, daß ihn die Jägerei seit alters her zum Hochwild zählt und ihm in der Skala jagdlicher Wertschätzung den zweiten Platz gleich nach dem edlen Hirsch eingeräumt hat. Auerhähne können alt werden; sie balzen zwölf Jahre lang und mehr in jedem Frühjahr auf dem gleichen Baum. Ob sie danach noch Nachfolger haben, hängt davon ab, ob die Hennen jedes Jahr genug Küken aufziehen konnten. Warum können sie es nicht mehr? Liegt es an forstwirtschaftlichen Veränderungen der Wälder, an ihrer stärkeren Erschließung und Beunruhigung, am vermehrten Druck natürlicher Feinde (Habicht in der Luft, Fuchs, Marder, Dachs, Wildschwein als Nesträuber am Boden), an klimatischen Einflüssen? Wahrscheinlich liegt es an einem Komplex von allen diesen Gründen, der schwer zu durchschauen ist.

An der Jagd jedenfalls liegt es nicht; denn der Auerhahn (Hennen durften auch früher nicht bejagt werden) hat zwar noch eine Jagdzeit auf dem Papier – zur Balzzeit im Mai –, aber alle Bundesländer, wo er überhaupt noch vorkommt, schonen ihn seit zwanzig Jahren. Das ist lange genug, um Sünden der Vergangenheit auszugleichen; denn auch auf den Balzplätzen des »Großen Hahns« verübten Jäger lange Zeit den gleichen Irrtum wie beim »Kleinen Hahn«, dem Birkhahn, indem sie bevorzugt die starken Platzhähne als »alte Raufer« erlegten. Doch die Schonung brachte keine Erholung, im Gegenteil. In allen unseren Mittelgebirgen ist das Auerwild fast oder völlig verschwunden. Am besten hat es sich gerade in klimatisch ungünstigen Hochlagen gehalten, in den Bergwäldern der Alpen und vereinzelt noch im Schwarzwald und Bayerischen Wald. Forstleute, Jäger und Biologen versuchen, die Lebensbedürfnisse der großen Waldhühner besser zu erforschen und dem Aussterben entgegenzusteuern. In manchen Bergwäldern balzen heute wieder mehr Auerhähne, doch viele von ihnen wurden in Volieren gezüchtet.

Allerhand Schnee liegt an einem Sonntagvormittag Ende März 1988 noch in den Wäldern am Osthang des mittleren Schwarzwaldes. Der Förster hat Mühe, seinen Wagen trotz Allradantriebs auf den grundlosen Waldwegen in der Spur zu halten. Über Nacht ist eine Handbreit Neuschnee auf die nassen Reste später Schneemassen gefallen. Bald schon sind lange Reihen großer, kreuzförmiger Tritte neben dem Weg, kreuz und quer durch die lockeren, mit Jungwuchshorsten unterbauten Altbestände aus Kiefern, Fichten und Weißtannen zu sehen. Fährten der Auerhähne! Und da ist auch schon der erste Hahn. In voller Bodenbalz, den Stoß gefächert, den geblähten Stingel (Hals) hochgereckt, stolziert er zwischen den Stämmen, nimmt keine Notiz von dem nahen Auto, aus dem drei Ferngläser ihn mustern. Weiter hinten steht ein zweiter, ein junger Hahn, sichernd, mit bescheiden angelegtem Gefieder. Er traut sich nicht, dem starken Platzhahn ins Gehege zu kommen.

Die Szene wiederholt sich noch mehrmals auf der zweistündigen Pirschfahrt durch das verschneite Schwarzwaldrevier. Sieben, acht verschiedene Hahnen bekommen wir zu sehen, alte und junge, in Balzstimmung stolzierend oder wie ein dunkler Pfahl aufgereckt, einen sogar, wie er Hafer aus einer Rehfütterung klaubt, und einen, wie er schattenhaft durch den Bestand »abreitet«, weil weit hinten zwei Spaziergänger erscheinen. Das vertraute Fahrzeug dagegen scheut keiner, und den Förster, würde er aussteigen, würden die Hahnen wahrscheinlich als guten Bekannten begrüßen. Sie kennen ihn nicht nur von vielen Begegnungen im Wald, sondern von Jugend an als Ziehvater. Denn sie haben in den Zuchtvolieren um das Forsthaus das Licht der Welt erblickt. Bis zu 30 junge Auerhühner, Hähne und Hennen, werden hier jedes Jahr freigelassen, um den Beständen unseres größten heimischen Hühnervogels wieder auf die Schwingen zu helfen. Wir sind mitten in einem der Reviere, wo gezüchtetes Auerwild planmäßig und unter wissenschaftlicher Kontrolle ausgewildert wird. Mit Erfolg, wie zu sehen ist.

Wirklich? Die Begeisterung kann nicht darüber hinwegtäuschen, daß der Erfolg mehr eine Hoffnung ist als eine Tatsache. Der Betreuer kennt sie alle, seine Hähne, und an den Fußringen kann er unterscheiden, in welchem Jahr sie freigelassen wurden. Von den Hennen aber sieht er die meisten nie wieder. Auf den Habicht ist er nicht gut zu sprechen; denn für den hat eine Auerhenne, oder mehr noch ein halbwüchsiges Junghuhn, gerade die richtige Größe, während

Der »auerhuhngerechte« Wald muß lückig und stufig aufgebaut sein, mit viel Heidelbeeren unter lichten Althölzern, mit kleinen Verjüngungshorsten und sonnigen Blößen voller Ameisen. Diese Strukturen haben sich am ehesten in höheren Bergwäldern erhalten – doch dort ist das Klima zu rauh für die Aufzucht. Auch Schutz vor Beunruhigung besonders zur Aufzuchtzeit und im Winter ist für das Überleben der großen Waldhühner nötig.

ihm ein erwachsener Hahn doch eine Nummer zu groß ist. Doch am Habicht und am Fuchs allein kann es nicht liegen. Sind die in Gefangenschaft gezüchteten Vögel doch irgendwie nicht »fit« genug für die freie Wildbahn?

Den Fragen ging 1988 eine Fachtagung im Schwarzwaldforstamt Wildbad nach. Projekte, das Auerwild in die Zukunft zu retten, laufen auch im Harz, im Odenwald, im Bayerischen Wald, in der Rhön und im Sauerland; überall, wo es noch kleine Restbestände gibt oder bis vor kurzem gegeben hat. Wie steht es damit? Im ersten Lebensjahr liegt die Überlebensrate der Küken aus Naturbruten in freier Wildbahn zwischen 25 und 50 Prozent. Die Fortpflanzungsfähigkeit – erst im dritten Lebensjahr – erreicht etwa nur 12 Prozent eines Kükenjahrgangs. Das ist normal und bei allen vergleichbaren Vögeln so, Raubwild hin oder her. Das Gelege einer Auerhenne besteht aus bis zu acht Eiern, doch mehr als drei bis vier Küken pro Henne kommen nicht durch. Mit solchen Vorgaben kann man den Computer füttern und Bestandsentwicklungen durchspielen.

So hat Hans Aschenbrenner herausgefunden, daß bei einer mittleren Überlebensrate von 35 Prozent (im ersten Lebensjahr) eine Population nur dann stabil bleibt, wenn jede Henne wenigstens drei Küken aufzieht. Wären es nur zwei, müßte die Population aussterben. Ebenso, wenn die Überlebensrate dauernd unter 33 Prozent absinkt. Das ist ein schmaler Bereich. Eine Reihe naßkalter Sommer mit hoher Kükensterblichkeit kann einem Restbestand buchstäblich den Rest geben. Hier soll nun das Auswildern von gezüchteten Vögeln Stützen einziehen. Die Kükensterblichkeit ist bei gekonnter Aufzucht in der Voliere gering. Sie wird aber kräftig nachgeholt, sobald die Jungvögel in den Wald entlassen werden.

Ungefähr ein Drittel der ausgesetzten Vögel verstreicht – hoffentlich in Gebiete, die einigermaßen günstige Bedingungen bieten. Das ist tatsächlich oft so. Der Heidelberger Professor Sauer berichtet aus dem Odenwald, wie zielsicher die Zuchttiere weit entfernte Geländepunkte anfliegen und sich dort niederlassen, wo sich früher die letzten Auerhühner gehalten hatten oder wo noch einige überlebt haben. Das angeborene »Suchbild« für auerhuhnfreundliche Wälder und Geländeformen funktioniert offenbar auch bei den Vögeln aus der Voliere. Sorgen bereitet jedoch die »Verinselung« der Restbestände. Um »Biotopbrücken« zwischen den Vorkommensinseln zu bauen, kommt es nicht nur auf den Waldbau mit seinem langfristigen Einfluß auf die Gestaltung der Biotope an. Nötig sind auch mehr Ruhe vor Störungen durch den Tourismus und Kurzhalten von Beutegreifern als flankierende Maßnahmen. Wobei Beutegreifer wie der Habicht Auerhühner gerade dann leichter erbeuten, wenn diese durch Störungen aus sicherer Deckung aufgescheucht werden. Viele Auerhühner verunglücken auch, indem sie gegen Forstkulturzäune fliegen. Solche Zäune sollten daher auffällig verblendet werden – oder gar nicht erst nötig sein. Womit wieder Rehe und Rotwild hereinspielen, die im Übermaß die Qualität des Waldes als Auerwildlebensraum mindern können.

Die Zucht von Auerhühnern ist kein Problem mehr. Aber es wäre verfehlt, sie als Selbstzweck zu betreiben und ständig nachgezüchtete Vögel in Wälder zu entlassen, in denen sie nicht mehr aus eigener Kraft leben können. Könnte es »Auerhühnerien« geben nach dem Vorbild der Fasanerien – ein Faß ohne Boden? Das Schreckbild ist schon deshalb nicht realistisch, weil es dabei ja eben nicht um die Produktion von Jagdwild geht wie beim Fasan, sondern um ein Artenschutzprojekt ohne Hintergedanken – es sei denn der, daß es für die Auerhühner am allerbesten wäre, wenn sie wieder so zahlreich würden, daß sie wie in früheren Zeiten unbedenklich bejagt werden könnten...

Die Experten sind sich einig, daß Auswilderungsaktionen nicht unbegrenzt fortgeführt werden können, schon der hohen Kosten wegen nicht. Doch überall, wo heute wieder von Beständen von 60 bis 80 Auerhühnern berichtet wird (wobei leider die Hennen meist in der Minderzahl sind), und auch dort, wo bereits vermehrt Wildvögel aus Naturbruten unter den beringten Volierenzöglingen auftauchen, ist man noch weit vom Endziel entfernt, das man sich mit etwa 200 Exemplaren als Erfahrungswert für eine eigenständig überlebensfähige Population gesetzt hat. Wenn es gelingen sollte, so hohe Bestände wiederaufzubauen (jeweils bezogen auf Waldflächen von rund 40 000 Hektar), dann kann heute trotzdem noch niemand sagen, ob sie sich ohne weitere Stützung aus der Voliere auch halten oder sogar weiter ausbreiten würden. Die Wahrscheinlichkeit, daß sich dieser Traum in dem einen oder anderen Waldgebiet erfüllt, wächst mit dem Wissen, das die Wildforschung über das Auerwild gewinnt, und mit der Tatkraft, mit der große Forstverwaltungen, voran der Staat, dieses Wissen in Lebensraumsicherung umsetzen. Wobei es kurzfristig darum geht, die wenigen noch vorhandenen auerhuhnfreundlichen Wälder in ihrem Zustand zu erhalten; langfristig darum, größere Waldflächen im gleichen Sinn umzugestalten – und das dauert viele Jahrzehnte.

Ernst zu nehmen sind Bedenken gegen das Auswildern von Zuchtprodukten: Könnten die Einflüsse der Zucht in Gefangenschaft langfristig nicht doch genetische Veränderungen bewirken, die als Anpassung an die Gefangenschaft die Lebenstüchtigkeit in Freiheit mindern? Könnten nicht bei auch nur kurzfristiger Haltung in der Voliere Fehlleitungen in der Jugendentwicklung eintreten? Vieles im natürlichen Verhalten wird schon in den ersten Lebenstagen der Küken geprägt und gelernt; Reaktionen und Verhaltensweisen, die sich später nicht mehr vollkommen entwickeln können. Sogar die Ausbildung des Gehirns und der Sinnesorgane wird bei Nestflüchtern negativ beeinflußt, wenn die Küken von Menschenhand aufgezogen werden. Noch weitgehend ungeklärt sind die Vorgänge der »Biotopprägung«: Wann und wie werden schon beim Küken die Weichen gestellt für Nahrungswahl, Feindvermeidung, Wahl des Nistplatzes? Könnten bei den gezüchteten Vögeln nachhaltige Mängel entstehen, die ihnen das Überleben schwer, Fuchs, Marder und Habicht die Beute leicht machen? Erhalten bleiben soll jedenfalls die Art in ihrer biologischen An-

*Die Verbreitungskarte macht deutlich, daß unsere Auerwildvorkommen die äußersten westlichen Ausläufer der Gesamtverbreitung sind, die bis nach Sibirien reicht. In Randgebieten ihrer Verbreitung sind Wildtierpopulationen immer labil und gegen Schwankungen von Umwelteinflüssen – etwa des Klimas – sehr empfindlich. Es ist bekannt, daß mitteleuropäische Auerwildbestände seit Jahrhunderten immer wieder sehr großen Schwankungen ausgesetzt waren. Das – vielleicht nur zeitweilige – Verschwinden des Großen Hahns aus Harz und Schwarzwald hat für das Gesamtvorkommen kaum Bedeutung. Sind alle unsere Bemühungen um Hege und Wiedereinbürgerung sinnlos? Sicher nicht; denn heute haben wir es nicht mehr allein mit natürlichen Veränderungen zu tun, sondern wir wollen durch Menschen verursachte Schadwirkungen vermeiden und wieder gutmachen. Allerdings: Der Typ des lockeren Kiefern-Heidelbeer-Waldes oder der nordischen Nadelwald-Taiga, den das Auerwild in Skandinavien und Sibirien bevorzugt, ist bei uns oft erst durch Raubbau und Bodenverhagerung entstanden... Es ist schwer zu sagen, was wirklich »naturgemäß« ist, wenn wir nicht allein den Schutz einer einzigen Art im Auge haben.
(Nach H. Aschenbrenner, »Rauhfußhühner«, 1985)*

Im Unterholz mancher Bergwälder, besonders in den Alpen, hat unser kleinstes Waldhuhn überlebt, das Haselhuhn. Aus den meisten Mittelgebirgen ist es verschwunden, seit der dichte Niederwald aus Stockausschlägen von Eichen, Hainbuchen und Linden immer mehr in Fichten-Hochwald umgewandelt wurde. Das Haselhuhn kann nicht wie das Auerhuhn im Winter nur von Nadeln und Knospen der Koniferen leben; es braucht Laubholzknospen und Waldbeeren. Lichte Althölzer wie das Auerwild oder offene Almen, Heiden und Moore wie das Birkwild besiedelt es nicht. Die kleinen Waldhühner leben paarweise und territorial; deshalb unterscheiden sich Hahn und Henne in ihrem Gefieder kaum.

passung an den Lebensraum; nicht bloß ein künstlich aufrecht erhaltenes äußeres Erscheinungsbild wie im Extrem bei Löwen im Zoo, die nur noch hinter Gittern geboren werden.

Viel Aufschluß verdankt die Wildforschung der Telemetrie. Mit Minisendern ausgerüstete Tiere verraten viel mehr über ihre Lebensgewohnheiten und Bedürfnisse, als das durch Sichtbeobachtung je möglich wäre. Auerwild braucht den naturnahen Plenterwald, wie er für den Schwarzwald typisch ist. Nicht umsonst hat es sich hier und in den ähnlichen Bergwäldern der Alpen am längsten gehalten. Der auerwildfreundliche Forstmann bekennt sich zum »Mut zur Lücke«: Er läßt Fichtenzwischenstand unter Kiefernaltholz den Heidelbeeren zuliebe auch dort heraushauen, wo er waldbaulich und ertragsmäßig erwünscht wäre. Und er läßt alte Kiefern und Tannen länger stehen, als es die Ertragsrechnung will. Hier im Forstamt Wildbad – ein Beispiel von vielen – ist die Erhaltung des Auerwildes zu einem waldbaulichen Ziel geworden; zumindest auf den Flächen, wo Einstände erhalten und »Trittsteine« zur Vernetzung von Restlebensräumen geschaffen werden sollen. Und die Leitung der Forstverwaltung im Musterländle hat ihren Segen dazu gegeben, zumal das Auerwildprogramm ja auch ein Aushängeschild für naturnahe Waldgesinnung ist. Damit sollte es auch gelingen, anderen Waldfreunden, die dort wandern und sich erholen wollen, Verständnis für Rücksichtnahme, Schutzgebiete und Wegegebote schmackhaft zu machen. So wie auch die Jägerschaft das Projekt ideell und finanziell fördert, obwohl leicht einzusehen ist, daß bis in ferne Zukunft nicht mehr an den Auerhahn als Jagdbeute zu denken sein kann. Werden Forstleute, Jäger und Wissenschaftler den Wettlauf mit dem Aussterben des Auerwildes gewinnen? Soweit der Mensch immer besser lernt, Biotope »mit den Augen des Auerhuhns« zu bewerten, und soweit er willens und fähig ist, die gestalterischen Konsequenzen und Rücksichten daraus zu verwirklichen, stehen die Chancen nicht schlecht. Selbst wenn langfristige klimatische Einflüsse der Hauptfaktor sein sollten, könnten wenigstens gesicherte Restbestände den Anschluß an den nächsten Aufwärtstrend finden. Denn starke Bestandsschwankungen hat es seit Jahrhunderten immer wieder gegeben. Luftschadstoffe und Waldsterben sind freilich ein Damoklesschwert, das nicht nur über dem Auerwild hängt.

Ganz ähnlich ist übrigens die Situation beim Haselhuhn, dem kleinsten Vertreter unserer Waldhühner. Sein Lebensraum sind die unteren Stockwerke des Waldes, das dichte Unterholz und der üppig wuchernde Niederwald aus Stockausschlägen, reich an Deckung, Knospen, Trieben und Beeren und im Sommer an Insekten, die alle Hühnerküken als eiweißreiche Aufbaunahrung brauchen. Beide Waldhühner, der größte und der kleinste Hahn, sind auf ihre Weise Anzeiger, ob der Wald als Lebensraum intakt ist. Denken wir doch bei dem Slogan »Wald und Wild« nicht immer nur an das Gezänk um Rehe und Rotwild. Sie könnten zur Not sogar ohne Wald leben; das Auerwild nicht.

Auch die Auerhähne waren übrigens früher manchmal so zahlreich, daß sie in alter Forstliteratur als Waldschädlinge eingestuft wurden, weil sie in Pflanzgärten die frischen Triebe der Forstpflanzen »abgenadelt« haben. Vieles ist eben relativ; es kommt auf Maß oder Übermaß an und auf die Einsicht des Menschen, daß sich mit der Natur nachhaltiger wirtschaften läßt als gegen sie. Wir »brauchen« den Auerhahn nicht deshalb, weil wir ihn unbedingt essen, als Jagdtrophäe ausstopfen oder seine Federn an den Hut stecken wollen. Aber eine Welt, in der nur noch wir Menschen und unsere Nutzgeschöpfe existieren könnten, wäre gefährlich aus den Fugen geraten. Die Freude an der Schönheit des Nutzlosen ist vielleicht die beste Sicherung dagegen, daß wir den grünen Ast absägen, auf dem wir sitzen. Denn bis die Wissenschaft entschlüsselt, was genau uns der Auerhahn zu sagen hat, könnte es zu spät sein.

Rote »Rosen« über den Augen und die schwarze Kehle zeichnen den Haselhahn aus. Er erobert schon im Herbst mit leisem, pfeifendem Reviergesang (»Spissen«) ein Brutrevier und eine Henne. Das Paar bleibt über den Winter bis zur Brutzeit beisammen; dann kümmert sich der Hahn aber nicht weiter um die Jugendaufzucht. Das »Haselhahnpfeifen« war früher eine beliebte Lockjagd im Herbst: Eifersüchtig stand der Hahn auf das »Spissen« des vermeintlichen Rivalen zu. Der wissenschaftliche Name Bonasa bonasia deutet auf die Schmackhaftigkeit: »gute Speise«. Doch damit ist es vorbei.

»Auch unter den Thieren giebt es der Jäger nicht wenige, die zu unserer gerechten Eifersucht oft geschickter und glücklicher in ihrer Praxis sind, als wir in der unsrigen ... Raubthiere nennen wir diese unsere behaarten Mitcompetenten zu den leckeren Braten, die wir allein zu schmausen uns berechtigt glauben, folglich jede von ihnen gewagte Beeinträchtigung dieses Alleinrechts für einen Raub ansehen. ... Uns beliebt es also, sie Räuber zu nennen. Denn wäre der Fall umgekehrt, müßten wir uns dann nicht auch gefallen lassen, wenn es ihnen beliebte, den Menschen das allerärgste, allergefräßigste von allen Raubthieren zu betitteln?«
(F. von Wildungen, 1795)

»Ist nicht unter allen lebendigen Wesen der Mensch die schädlichste Gattung? Er allein zerstört mehr einzelne Geschöpfe, als alle Raubthiere zusammengenommen verschlukken und auffressen können. Als geborene Zerstörer der uns untergeordneten Wesen würden wir die Natur selbst erschöpfen, wenn sie nicht unerschöpflich wäre.«
(G. L. von Buffon, 1707–1788)

Einer darf wiederkehren

Von den Großwildarten, die der Mensch schon im Lauf des Mittelalters aus der Kulturlandschaft verdrängt hat, könnte kaum mehr eine in unsere »freie« – in Wirklichkeit so stark beengte und gestörte – Wildbahn zurückkehren. Selbst wenn die Menschen bereit wären, die wirtschaftlichen Schäden zu tragen, würde der Lebensraum einfach zu eng sein, um etwa den Wisent oder den Elch wieder in unseren Wäldern heimisch zu machen. Immerhin hat es nach dem Zweiten Weltkrieg zumindest der Elch geschafft, im Norden und Osten weite Kulturlandschaften wieder zu besiedeln. In Schweden hat er sich enorm vermehrt und ist südwärts bis in Ackerfluren vorgedrungen; aus Rußland und Polen hat er sich westwärts bis vor die Tore von Berlin verbreitet. (Wer hätte das noch 1945 gedacht, als man den vermeintlichen Untergang der Ostpreußen-Elche beklagte, die damals die westlichsten Vorposten waren!) Doch das Schicksal der wenigen Elche, die durch den »Eisernen Vorhang« bis in unsere Bundesrepublik gelangten, zeigt deutlich, daß zwischen unseren Autobahnen kein Platz mehr für so große Wildtiere ist.

Das große Raubwild konnte sich länger halten als die Pflanzenfresser; Bär, Wolf, Luchs wurden erst im vorigen Jahrhundert endgültig ausgerottet. Auch sie sind wieder im Kommen, seit sich die Einstellung der Menschen gewandelt hat. Nicht mehr Ausrottung ist das Ziel, sondern Arterhaltung und – wo möglich oder nötig – Bestandsregulierung durch geordnete Jagd, die sogar harte Devisen einbringt. So rückten einzelne Bären von Jugoslawien bis nach Kärnten und Niederösterreich vor. Wölfe, seit jeher »Kriegsgewinnler«, tauchten in den 50er Jahren in der Lüneburger Heide auf. Auch für sie ist unsere Landschaft zu eng und zu unruhig geworden, als daß sich mehr als einzelne Irrläufer eine Zeitlang unangefochten halten könnten. (Einem Bären, der aus einem Wildgehege entkommen war, ist das 1976 im Pfälzerwald im-

Bei der Wiedereinbürgerung des Luchses sollen großräumig lebensfähige Populationen begründet werden, die sich ohne menschliche Hilfe selbst erhalten. In den Alpen kommt es darauf an, die bestehenden Vorkommen in der Schweiz, in Österreich und Slowenien zu verknüpfen. Für die Aussetzung kommen Gebiete in Frage, die zum größten Teil bewaldet sind und die in staatlicher Regie bejagt werden. Weniger geeignet sind Gebiete mit wenig Wald (hochalpin) oder private Jagdreviere, es sei denn, die Toleranz der Jagdinhaber steht außer Zweifel. Stark besiedelte, waldfreie Täler mit viel Verkehr bilden Barrieren für die Ausbreitung; bewaldete Höhenzüge dagegen sind bevorzugte Wanderrouten des Luchses. Luchse können an Haustieren gelegentlich Schäden verursachen. In der Schweiz übernimmt der Naturschutzbund die Entschädigung, wenn exakt nachgewiesen ist, daß Schafe oder Ziegen vom Luchs gerissen wurden. Hauptbeute des Luchses ist bei uns das Reh. Im Berner Oberland wurden Streifgebiete von 10000 bis 20000 Hektar für weibliche und bis zu 60000 Hektar für männliche Luchse festgestellt. Es wird angenommen, daß der schmale deutsche Teil der Alpen Platz für etwa 50 Luchse hätte. (Nach »Mitteilungen aus der Wildforschung«, WGM)

merhin ein gutes halbes Jahr lang gelungen, obwohl nach ihm gefahndet wurde.)

Auch der Luchs zeigt aus den Wäldern Ost- und Südosteuropas Ausbreitungstendenz nach Westen und Nordwesten. Und weil er der einzige von den verdrängten Großen ist, für den es auch bei uns noch Platz geben könnte, stehen die Chancen für seine Wiederkehr gut. Der Luchs ist ein Einzelgänger, der 20000 bis 60000 Hektar durchstreift. Wenn sich diese Streifgebiete auch überlappen, so kommt auf 5000 bis 10000 Hektar doch höchstens ein Luchs oder eine Luchsin mit ihren meist zwei Jungen, die sie ein Jahr lang führt. Die Fläche entspricht der Größe eines durchschnittlichen Forstamtes! Die große Katze ist ein pirschender Waldjäger, der offene Landschaft meidet. Deshalb, und auch weil er viel schwächer ist als der Bär oder die im Rudel hetzenden Wölfe, bedeutet er keine Gefahr für Weidevieh, abgesehen von Schafen und Ziegen, die im oder nahe am Wald weiden. Der Mensch selbst braucht ihn erst recht nicht zu fürchten, trotz mancher Schauergeschichten.

In der Slowakei und in Slowenien leben Luchse (und übrigens auch Bären) in Wäldern, deren Umgebung kaum weniger intensiv genutzt wird als bei uns und wo der Fremdenverkehr eine große Rolle spielt. Die Konsequenz daraus haben zuerst die Schweizer gezogen. Seit 1971 die ersten Luchse im Kanton Obwalden ausgesetzt wurden, hat das Beispiel Schule gemacht: Weitere Aussetzungen folgten in den Kantonen Neuenburg, Uri, Waadt und Graubünden (im Nationalpark), vor allem aber im Berner Oberland. Dort leben heute wieder zwei bis drei Dutzend Luchse, die durch ein Forschungsprogramm der Universität Bern sehr gut erforscht sind. Urs Breitenmoser und Heinrich Haller, die den Luchsen seit Jahren mittels Telemetrie auf der Spur sind, haben festgestellt, daß ein Luchs in einer Nacht mehr als 20 Kilometer zurücklegt.

Das geglückte Experiment in der Schweiz fand Nachahmung: 1973 begründete die jugoslawische Forstverwaltung in Slowenien ein neues Luchsvorkommen; 1975 versuchten es die Italie-

ner mit weniger Glück im Gran Paradiso (dort gibt es zu wenig Wald); 1977 wurden sieben Luchse aus den Karpaten in der Steiermark freigelassen. Sie blieben nicht, wo sie sollten, sondern suchten über Kärnten Anschluß an ihre slowenischen Artgenossen. 1983 folgte ein Projekt in den französischen Vogesen. Nicht zu vergessen die Aufregung, die es schon 1970 im Nationalpark Bayerischer Wald gab, als ruchbar wurde, daß dort – am Rande der Legalität in einer Überraschungsaktion – Luchse freigelassen worden waren. Da diese Luchse offenbar vorher in Gefangenschaft Menschen kennengelernt hatten, gab es kuriose Zwischenfälle. Ausgerechnet ein Förster erschoß einen Luchs, den er in seinem Gänsestall antraf, angeblich in Notwehr. Und eine ängstliche Dame kolportierte die Schauermär von einem Luchs, der gefährlich knurrend einen Spaziergänger belagert habe, der sich auf einen Hochsitz geflüchtet hatte.

Die Bayerwaldluchse verschwanden innerhalb von kaum zehn Jahren wieder, offenbar ebenso illegal wie sie gekommen waren. Doch neuerdings bekommen die im Nationalpark-Gehege gefangengehaltenen Luchse regelmäßig Besuch von wilden Artgenossen. Zuwanderer aus dem Böhmerwald oder doch Nachkommen der seinerzeit ausgesetzten? Für Schlagzeilen haben auch die in der Steiermark ausgesetzten Luchse gesorgt. Sie gerieten an Muffelwild in einem Gehege, und sogar ein starker Rothirsch soll von einem Luchs gerissen worden sein. Das war Wasser auf die Mühlen tiefsitzender Vorurteile. Schon Tiervater Brehm verteufelte in seinem »Tierleben« (1864) den Luchs als »außerordentlich schädliches Raubthier«, das »in blinder Wuth und unersättlicher Mordgier« mehr Beutetiere reißt, als er braucht. Im Widerspruch dazu führt Brehm aber die richtige Beobachtung an, daß der Luchs am nächsten Tag zu einem größeren Beutetier zurückkehrt.

Franz von Kobell, der in seinem »Wildanger« (1859) dem Zeitgeist ebenfalls mit Attributen wie »Würger« und »Blutgier« huldigt und die gräßlichsten Quälereien schildert, die Luchsen mit den damals üblichen Tellereisen zugefügt wurden, zeigt doch auch Sympathie für das »schöne Raubthier« und bedauert, »es ganz verschwinden zu sehen«. Dem Fortschritt seiner nützlichkeitsbesessenen Zeit, deren erklärtes Ziel die Ausrottung aller »Schädlinge« war, hielt er entgegen: »Besser kann's werden, schöner wird's nicht.«

Dieses Gefühl des noblen Jägers entspricht der Ansicht heutiger Wildbiologen, die nicht mit einer gegenteiligen Nützlichkeitserwartung einverstanden sind, nämlich daß ein paar wiedergekehrte Luchse als gewaltige Regulatoren unter den Rehen wirken würden. »Der ökologische Nutzen ist bescheiden, denn das Verschwinden von Uhu oder Bartgeier, Luchs oder Wildkatze hat für die Ökosysteme ja keine schwerwiegenden Folgen bewirkt, die sich nun durch Einbürgerung wieder rückgängig machen ließen. Die Rückkehr dieser Arten ist ausschließlich ein ethisches, deswegen allerdings nicht minder wichtiges Anliegen«, schreibt zum Beispiel Wotschikowsky (1987). Schöner soll's jedenfalls werden, wenn schon nicht zu bessern ist, was der Mensch der Natur zugefügt hat; den Versuch ist es allemal wert.

Doch wenn so ein großer Neubürger auch nicht unbedingt wichtig ist (vor allem gemessen an dem Aufwand für seine Wiedereinbürgerung), so ist er doch nicht ganz wirkungslos, wenn er erst wieder in seine ökologische Nische zurückgefunden hat. Die Zahl der Rehe und Waldgams, die der Luchs erbeutet, fällt sicher nicht ins Gewicht im Vergleich mit Fallwildzahlen und mit einer Jagdstrecke, die kaum den natürlichen Zuwachs nutzt. Aber der wiedergekehrte Jäger hat Einfluß auf das Verhalten seiner Beutetiere.

Franz von Kobell bedauerte schon 1859 das Verschwinden des »schönen Raubthiers«, das damals gerade ausgerottet wurde. Heute hat der Luchs wieder die Chance zur Wiederkehr in unsere Bergwälder.

Die Wildkatze hat sich in klimatisch milden Mittelgebirgen (Hunsrück, Eifel, Pfälzerwald) erhalten und unter dem Schutz des Jagdgesetzes (seit 1934 ganzjährige Schonzeit) wieder weiter verbreitet. Unsere Hauskatzen stammen nicht von ihr ab, sondern von der orientalischen Falbkatze; doch gibt es Kreuzungen (»Blendlinge«) zwischen Hauskatzen und Wildkatze. Wildkatzen lieben warme und deckungsreiche Lagen, wo es viele Mäuse gibt. Winter mit regelmäßig hoher und langanhaltender Schneelage begrenzen ihre Lebensmöglichkeit. Erwachsene Wildkatzen sind viel stärker als Hauskatzen; junge sehen einer »wildfarben« graugetigerten Hauskatze recht ähnlich.

Sie stellen sich bald auf den neuen Feind ein und »erinnern« sich, wie ihre Vorfahren ihm aus dem Weg gegangen sind. Nicht nur »wo der Wolf jagt, wächst der Wald«, sondern er wächst auch an manchen Stellen wieder besser, wo sich Rehe oder Waldgams eben nicht mehr unbehelligt konzentrieren können, weil sie den Luchs wieder fürchten gelernt haben. Für die Sanierung der Schutzwälder im Hochgebirge ist das sicher hilfreich. Deshalb befassen sich die neuesten, sorgfältiger als damals im Bayerischen Wald vorbereiteten Pläne mit der Wiederkehr des Luchses in den Bayerischen Alpen, zunächst im Mangfallgebirge. Luchsfreunde im Bayerischen Wald sind bereits eifersüchtig.

Frühere Pläne im Harz und im Schwarzwald wurden vorerst zurückgestellt. Dabei spielte auch die Sorge eine Rolle, ob der große Beutegreifer nicht dem letzten Auerwild gefährlich werden könnte. Das ist schwer zu sagen; denn zur Luchsbeute gehören auch Fuchs und Marder. Das ist so ähnlich wie mit dem Iltis im Entenrevier: Natürlich frißt er Eier und Küken, aber auch Wanderratten. Die Frage ist, ob die Ratten, die ein erlegter Iltis nicht mehr fressen kann, nicht mehr Entengelege zerstören, als das der Iltis selbst getan hätte, wenn er am Leben geblieben wäre. Das simple Beispiel aus dem Jungjägerunterricht macht klar, wie hilflos unser Gehirn schon bei den allerersten Schritten ist,

sich derartige Wechselwirkungen vorzustellen. Natürlich frißt der Luchs keine Tannenzapfen, wie es in der Luchs-Sondernummer der Mitteilungen des Schweizerischen Bundes für Naturschutz (1984) ironisch heißt. In der Slowakei stellte Pavel Hell einen Anteil von 64% des Inhalts untersuchter Luchsmägen (dort wird der Luchs regelmäßig bejagt) an Schalenwild fest; 20% bestanden aus Hasen und Nagetieren, knapp 5% aus Rauhfußhühnern und aus anderen Vögeln, 4% aus Insekten und mehr als 2% aus Raubwild. In Schweden ist der Anteil an Schneehasen und Schneehühnern groß, der Häufigkeit dieser Beutetiere entsprechend.

Ein Ausflug in die Rechtslage: Bei uns unterliegt der Luchs dem Jagdrecht, und zwar mit ganzjähriger Schonzeit. Damit sind die Jäger in die Pflicht genommen, gleich, ob sich ein Luchs als Wanderer über Landesgrenzen einfindet oder ob er seine Wiederkehr einem amtlich abgesegneten Wiedereinbürgerungsprojekt verdankt. Damit hat der Luchs die gleiche Rechtsstellung

wie Elch und Wisent, die ebenfalls – mehr aus historischen als aus praktischen Gründen – im Jagdrecht beheimatet sind. Bär und Wolf dagegen stehen unter »besonderem Artenschutz« nach dem Naturschutzrecht. Das ist nicht ganz logisch, aber Zuwanderer sind jedenfalls ihres Lebens sicher, obwohl sie keine Aussicht mehr haben, ansässig zu werden.

Doch Pinselohr, der stille Pirschjäger, könnte sicher auch bei uns in einigen wenigen großen Bergwäldern eine neue alte Heimat wiederfinden, ebenso wie in Slowenien und in der Schweiz. Wir »brauchen« ihn so wenig wie Kranich und Auerhahn, aber auch seine Wiederkehr wäre ein kleines Stück Wiedergutmachung an der Natur. Wir dürfen nur nicht vergessen, daß es wichtiger ist, an einem baufälligen Haus die Fundamente zu sanieren und die löchrigen Fußböden und Decken auszubessern, bevor wir auf eine kupferne Dachrinne und einen schmiedeeisernen Wetterhahn stolz sein dürfen. Aber warum nicht das eine tun, ohne das andere zu lassen?

Sollte sich ein Wolf oder ein Bär zu uns verirren, steht er jedenfalls unter Schutz. Einzelne Braunbären kommen von Slowenien immer wieder einmal nach Kärnten und sind schon bis nahe vor Wien vorgedrungen. Ein Dutzend letzte Alpenbären gibt es noch in Norditalien (Trentino). In der Slowakei (Tatra) leben Bären in dicht besiedelten Fremdenverkehrsgebieten. Bei uns wird Meister Petz kaum wiederkehren können. Wölfe (Bild oben) würden sich wohl häufiger in Harz und Heide verirren, wenn die DDR-Grenze durchlässiger wäre. Ihre Ausbreitungstendenz nach Westen hat zugenommen, seit sie im Osten nicht mehr mit allen Mitteln rigoros bekämpft werden.

Sankt Hubertus, hilf!

»Der Mensch hat sich die Erde und seine Mitgeschöpfe untertan gemacht. Er ist dem biblischen Auftrag, der dies zum Inhalt hat, gefolgt – rigoros, nach eigenem Nutzen und Ermessen – und hat sein Konto überzogen, in mancher Hinsicht auch als Jäger.
Moralische Einsicht und intellektuelle Erkenntnis beginnen, zur Einkehr und verschiedentlich gar zu einer Umkehr zu führen. Dies kann die Wende sein – und eine Chance für den Menschen, aus seiner inzwischen erworbenen absoluten Souveränität heraus Irrtümer und Fehler der Vergangenheit auszugleichen...«
(Dietrich Stahl, 1979)

»O könnt' es Herbst im ganzen Jahre bleiben, so hätt' ich alles, was mein Herz begehrt...« Herbst – Erntezeit, auch für den Jäger. Das Jungwild ist herangewachsen. Als Vorbereitung auf den Winter braucht das Wild Feist unter Decke und Schwarte; das Wildpret ist von bester Qualität. Kühlere Temperaturen machen es leichter, erlegtes Wild vor dem Verderb zu bewahren; doch das ist heute nicht mehr so wichtig wie es früher war, als man noch nicht fast überall alles schnell mit dem Auto zum Zerwirkraum und in die Kühlkammer transportieren konnte. Fast alle Wildarten haben jetzt Jagdzeit. Viele schon seit dem Sommer, aber da sind Jäger kaum öffentlich in Erscheinung getreten. Die sommerliche Jagd ist Einzeljagd auf heimlicher Pirsch oder auf stillem Ansitz. Der Herbst ist die Zeit der Gesellschaftsjagden; Treibjagden in Feld und Wald, Hundelaut, Flintenknall, Hörnerklang und Streckelegen, nachher geselliges »Schüsseltreiben« im Dorfwirtshaus. Seht her, da sind die Jäger!
Und dann kommt am 3. November der Hubertustag, den die Jäger als Fest ihres Schutzheiligen feiern. Da gibt es Hubertusreden bei Hubertusfeiern nach Hubertusjagden im internen Kreis von Jagdvereinen, von denen so mancher den Namen »St. Hubertus« führt. Und da gibt es die Hubertusmessen in den Kirchen mit Hubertuspredigten, in kleinen Dorfkirchen und den Domen der Großstädte.
Die Jäger treten vor die Öffentlichkeit, von der sie sich so oft mißverstanden fühlen, so oft kritisiert und angegriffen werden.
»Seht, ihr lieben Leute, mit der Jagd ist's nicht einfach heutzutage. Es ist bezeichnend, daß man in manchen Kreisen nicht mehr wagt, von ihr zu reden..., heute, wo alle Menschen so verflucht zartfühlend und edel sind und nicht mehr verstehen, daß ein sonst durchaus honoriger Mensch sich dazu hergeben kann, unschuldige Tiere zu töten – und das, o Graus, auch noch herrlich findet. Er ist, sagt man, eben doch ein Rohling oder gar ein Sadist, zum mindesten aber ein ganz primitiver Kerl. Sein ganzes Ge-

schwätz über Tierschutz und Kunst und Philosophie, das kann nicht echt sein. Wie kann ein kultivierter Mensch die Geschmacklosigkeit besitzen, auf die Jagd zu gehen?«

Das schrieb Professor Hans Krieg 1967 in seinem Buch »Ein Mensch ging auf die Jagd«. Und er, der Gründungspräsident des Deutschen Naturschutzrings, fuhr fort:

»Da steht man nun als armer Tor und fühlt sich bemüßigt, das Lob der Jagd zu singen. Aber dieses Lob ist schon oft gesungen worden, vom handfesten Naturfreund, vom lyrischen Schwärmer, vom Wind-und-Wetter-Protzen, vom Strekken- und Trophäenprahler und vom sogenannten dicken Wilhelm, der von der zweiten Million an sein Jägerherz entdeckt hat. Man kann also, wie mir scheint, das Lob der Jagd in vielerlei Tonarten singen und aus sehr verschiedenen Motiven. ...Da ist zunächst einmal jene primitive Lust des Beutemachens. Sie ist nichts anderes als die Lust des Besitzergreifens oder der Aneignung, die nicht nur dem Jäger eigen ist, sondern von Kindesbeinen an jedem normalen Menschen. Ursprünglich stand sie im Dienste der Selbsterhaltung. Da sind aber dann, als nur scheinbarer Gegensatz, die Lust des Bewahrens und der Fürsorge, die unser Gewissen beruhigt; die freundliche, aber strenge Tradition der guten Sitte, die das Beutemachen aus seinem steinzeitlichen Niveau heraushebt, nicht immer ganz ehrlich, nicht immer frei von Torheit, aber für jeden Menschen von Kultur und Würde eben doch unentbehrlich. ...Nicht nur die Waffen ändern sich, nicht nur der Wildbestand und die Landschaft, auch die Menschen ändern sich, ihr Verhältnis zueinander, zur ganzen Umwelt, auch zu den Tieren, die sie jagen und die – neuerdings gibt man es zu – auch so etwas wie eine Seele haben. Es ist kindlich und denkfaul, das nicht zu erkennen und daraus nicht seine Folgerungen zu ziehen...«

Was der alte Zoologe und Naturschutzprofessor, der nie ein »großer Jäger« sein wollte und doch ein leidenschaftlicher Jäger war, geschrieben hat, ist noch heute höchst aktuell.

Jäger haben es schwer

Mit der Jagd ist's wirklich nicht einfach heutzutage. Die älteste Verhaltensweise des Menschen, die 99 Prozent seiner Artentwicklung geprägt hat, stößt auf Unverständnis und Ablehnung, weil heute 99 Prozent unserer Zeitgenossen diesen Ursprüngen zwangsläufig entfremdet sind. Der zivilisatorische Fortschritt hat die handfeste, bodenständige Naturverbundenheit gefressen. Heute wissen wir, wie gefährlich das ist, und als Gegengewicht ist das Wissen um die Gesetzmäßigkeiten der Natur und um die Zusammenhänge in den Lebensgemeinschaften enorm gewachsen. Aus diesen Einsichten wächst die Bereitschaft vieler Menschen zu Umdenken und Umkehr; wenn auch nicht immer frei von verschwommen sentimentaler Natursehnsucht, so doch ehrlich und im Bewußtsein, daß es anders nicht mehr lange weitergehen kann.

Der Jäger, selbst Kind seiner Zeit, sieht sich plötzlich in seinem Selbstverständnis als Naturkenner und berufener Anwalt der Wildbahn von vielen konkurrierenden Ansprüchen bedrängt und von dem Sachverstand vieler Spezialisten überrundet. Ist es nicht so, daß man mit manchem Vogelfreund, den man mit einem dicken Fernglas um den Hals und einem bunten Bestimmungsbuch in der Hand trifft und den man zunächst zum Teufel wünscht, weil er einem die Frühpirsch auf einen Rehbock stört, vernünftiger über Natur, Gott und die Welt reden kann als mit verschiedenen lieben Waidgenossen auf einer Hegeringversammlung? Manche Jäger wollen das nicht wahrhaben und igeln sich starrsinnig ein oder reagieren aggressiv wie Angstbeißer. Und das nicht nur unter vier Augen im Wald, sondern leider auch von Rednerpodien herab. So schaukeln sich Ideologenkriege auf. Praktiker der Hege und des Naturschutzes, die an der Basis in Gummistiefeln im gleichen Dreck stehen, haben dafür wenig übrig. Doch grundsätzliche Fragen bleiben uns dennoch nicht erspart.

Von dem, was Jagd einmal war, können wir heute nicht mehr zehren. Kultur und Tradition, die nicht mehr lebensfähig sind, gehen verloren oder kommen ins Museum. Wer sie krampfhaft nachahmend pflegt, macht sich höchstens lächerlich. Die Kenntnis von dem, was war, kann aber die Antwort auf die Frage erleichtern, was Jagd heute ist und was sie künftig sein und bleiben könnte.

Das erlegte Wild sachgerecht für seine Verwertung als Lebensmittel zu versorgen und zu behandeln, ist ein wichtiger Teil des Jägerhandwerks. Der Jäger muß krankhafte Merkmale erkennen und fleischhygienische und lebensmittelrechtliche Vorschriften beachten. Das dafür erforderliche Wissen und handwerkliche Können ist Bestandteil der Jägerprüfung. Jährlich fallen in der Bundesrepublik rund 16 000 Tonnen Wildpret im Wert von rund 200 Millionen Mark an. Weitere 18 600 Tonnen werden aus dem Ausland importiert.

Die Jagd vom Hochsitz aus (linke Seite) ermöglicht intensives Beobachten und zielsicheres Schießen, ohne das Wild übermäßig zu beunruhigen. Doch sollten Hochsitze möglichst schlicht und unauffällig sein, nicht in übertrieben aufwendiger Bauweise die Landschaft verschandeln.

Der Hund wurde vor 12 000 Jahren aus dem Wolf domestiziert – als erstes Haustier der Menschheitsgeschichte. Die Symbiose aus der geistigen Überlegenheit des Menschen und seinem scharfen Auge mit der feinen Nase, den schnellen Läufen und dem kräftigen Gebiß des Hundes sicherte die Überlegenheit über alle anderen Geschöpfe. Mit dem Aufkommen der Feuerwaffen hat sich der Einsatz von Jagdhunden gewandelt. Wir benötigen sie nicht mehr als »Jagdwaffe«, sondern hauptsächlich als Helfer zum Aufspüren von Wild. Etwa 30 verschiedene Jagdhundrassen werden bei uns verwendet – teils als vielseitige Jagdgebrauchshunde, teils als Spezialisten für besondere Aufgaben.

Da ist zunächst – wie Rolf Hennig (1988) es knapp und klar formuliert hat – die mit Land- und Forstwirtschaft verbundene Bewirtschaftung von Wild als eine Form der Bodennutzung. Und zwar nach dem Prinzip der *Nachhaltigkeit:* Den Zuwachs nutzen und den Grundbestand als »Produktionsmittel« erhalten. Das ist auch der Rahmen, in dem es sich entscheidet, ob und wie Jagd »angewandter Naturschutz« sein kann. Das ist sie nämlich nicht von vornherein. So wie der Forstwirt seinen Wald und der Landwirt sein Feld, so kann auch der Jäger »sein« Revier und »seinen« Wildbestand (die er meist von Landwirten und/oder Waldbesitzern nur gepachtet hat) mehr oder weniger naturgemäß bewirtschaften, je nach seiner persönlichen Einstellung mehr oder weniger naturschutzbewußt. Im ideellen Bereich des Naturschutzes – der ja meist auf Verzicht hinausläuft – tut sich der Jäger leichter als Land- und Forstwirte, weil er nicht vom Ertrag seiner »Wirtschaft« leben muß und daher viel weniger wirtschaftlichen Sachzwängen unterliegt.

Das sachliche Wesen der Jagd läßt sich also verhältnismäßig einfach und einleuchtend darstellen, zumal bei uns das Jagdrecht gesetzlich an das Eigentum von Grund und Boden gebunden ist. Damit eng verbunden ist auch eine andere wirtschaftliche Funktion der Jagd, nämlich die der *Schadenabwehr.* Wildhege muß so betrieben werden, daß Wildschäden an landwirtschaftlichen Kulturen und am Wald möglichst vermieden werden. Da gibt es bereits Konflikte, wenn Grundbesitz und Jagd nicht in einer Hand vereint, sondern an Verpächter und Pächter aufgeteilt sind.

Schwieriger wird es, wenn wir nicht nur nach Sinn und Zweck der Jagd fragen, sondern nach den Motiven, warum sie betrieben wird. Einige der vielen Tonarten, in denen das Lob der Jagd gesungen wird, hat Professor Krieg in dem oben zitierten Abschnitt genannt. In fast ebenso vielen Tonarten – den »handfesten Naturfreund« am ehesten ausgenommen – läßt sich auch Kritik an den Jägern anstimmen. Doch sollte dabei Toleranz walten und nicht immer nur die Kehrseite der Medaille vorgezeigt werden; sogar von dem Geld, das der »dicke Wilhelm« in ärgerlicher Weise für das ausgibt, was er für Jagd hält, kommt einiges zumindest indirekt vernünftigen

Hegezwecken zugute. Jäger sind auch nur Menschen und haben ihre Schwächen. Das einzugestehen, macht die positiven Seiten, die wir gern herausstreichen möchten, öffentlich glaubwürdiger, als wenn für teures Geld versucht wird, PR-Sand in kritische Augen zu streuen.

Da ist der unverschämte Jagdpachtwucher, bei dem der dickste Geldbeutel regiert. Da ist – eng damit zusammenhängend – das »Zweiklassensystem« von Jagdpächtern und revierlosen Jägern, die entweder mitgehen dürfen oder abseits stehen müssen. Von der »dritten Klasse«, nämlich den gelernten Berufsjägern, redet schon fast niemand mehr. Diese eigentlichen Fachleute für Wildhege und Jagdbetrieb, obendrein Amtspersonen als Hilfsorgane der Staatsanwaltschaft, bangen um ihre Existenz, weil geldschwere Jagdverbände nicht fähig sind, sie entsprechend ihren Fähigkeiten zu verwenden. Da ist die blödsinnige Trophäengeilheit, die mit der schlichten Freude an so einem Naturgebilde und Erinnerungsstück nichts mehr zu tun hat. – Lauter Ärgernisse, die der Jagd nicht von außen durch böse Gegner aufgezwungen werden, sondern die von den Jägern und ihren Organisationen von innen her angegriffen werden müßten. Mag sein, daß es sich dabei immer nur um »schwarze Schafe« handelt; sie blöken leider so laut, daß es die »handfesten Naturfreunde« unter den Jägern schwer haben, ihre Stimme zu Gehör zu bringen. Wer da unser Jagen als nachhaltige Bodennutzung – einschließlich dem Einregulieren schadensträchtiger Wildarten – und als Verpflichtung gegenüber den Naturschutz glaubhaft machen will, dem werfen Oberfunktionäre vor, damit werde die Jagd zur »Schädlingsbekämpfung« und zur »Feuerwehr für den Naturschutz« degradiert. Ja, hätten wir nur das

Eine Forderung des Tierschutzes ist der Einsatz von geeigneten Hunden für die »Arbeit nach dem Schuß«, die Nachsuche nach krankgeschossenem Wild. Hier liegt der Schwerpunkt der Zucht und Abrichtung von Hunden und der Ausbildung von Hundeführern. Nicht jeder Schuß trifft das Wild sofort tödlich. Nur die sachgerechte Nachsuche kann die Schmerzen und Leiden des Wildes abkürzen (auch nach den häufigen Unfällen auf Verkehrsstraßen!) bzw. erlegtes Wild vor dem Verderb bewahren. Der Umgang mit dem Hund erfordert Einfühlung, Geduld und Selbstbeherrschung.

Gesellschaftsjagden erfordern sorgfältige Planung und diszipliniertes Verhalten. Treiber müssen aus Sicherheitsgründen auffällige Warnkleidung tragen. Strenge Sicherheitsregeln gelten für den Umgang mit der Schußwaffe. Wenn Jagdunfälle auch nicht ganz auszuschließen sind, so ist ihre Zahl bei uns doch erfreulich gering im Verhältnis dazu, daß in der Bundesrepublik jährlich mehr als vier Millionen Stück Wild auf der Jagd erlegt werden (Löwenanteil: rund 700 000 Rehe, 600 000 Hasen, 500 000 Kaninchen, 150 000 Füchse, 600 000 Wildtauben, 500 000 Wildenten, 400 000 Fasane). Größere Treibjagden – dabei sind Hasen und Fasane das Hauptwild – sind nur gerechtfertigt, wenn der Wildbestand entsprechend hoch ist. Der Jagdaufwand sollte in angemessenem Verhältnis zu Zahl und Wert der Beute stehen.

Ansehen wie die Freiwillige Feuerwehr; wir wären bei vielen Mitbürgern besser gelitten, und auch Oberlandesgerichte kämen nicht so leicht zu dem Schluß, die Jagd sei »ein Vergnügen für gehobene Stände«. Und sogar das Odium des Schädlingsbekämpfers wäre noch leichter zu tragen als das des Lustmörders, einmal angenommen, »die Öffentlichkeit« dächte wirklich in den Extrembegriffen, die sich Verbandsfunktionäre so gern an die Köpfe werfen.

Was ist waidgerecht?

Wir kommen nicht darum herum: Die sachliche Funktion, die vernünftige Aufgabe der Jagd für Natur und Gesellschaft muß in den Vordergrund gestellt werden; die ganz persönliche Freude und Befriedigung, der sportliche Aspekt, der Freizeit- und Erholungswert der Jagd lassen sich dann in zweiter Reihe ebenfalls vernünftig rechtfertigen.

Warum so viel Vernunft, wo Jagd doch bekanntlich eine Passion ist? Eben weil ein *vernünftiger Grund* Voraussetzung dafür ist, Tiere zu töten. So steht es im Tierschutz- und im Naturschutzgesetz. Beide Gesetze erteilen allerdings der »waidgerechten Jagd« eine Blankovollmacht: Sie gilt unbesehen als vernünftiger Grund. Wie lange noch, und Gesetz und Gesellschaft werden danach fragen, was denn »waidgerecht« eigentlich ist?! Das ist ganz ähnlich wie mit der »ordnungsgemäßen Land- und Forstwirtschaft«, die ebenfalls einen Freibrief hat und nun vor der Frage steht, was denn »ordnungsgemäß« ist – allein die Orientierung nach dem Stand der Technik, der Marktlage und Wirtschaftlichkeit, oder nicht doch auch weitgehend die Rücksicht auf den Naturhaushalt, auch dann, wenn es nicht so gut in den eigenen Kram paßt? – Fragen, die unbequem sind, aber notwendig, um die Folgen vergangener Sünden zu bewältigen und Sicherungen für die Zukunft einzubauen.

Junge Jäger lernen das bereits. Früher mußten sie vor allem die Fachbegriffe der Jägersprache lernen; Brauchtumspflege war oft wichtiger als das eigentliche Jagdhandwerk. In einem neu überarbeiteten Jägerlehrbuch liest es sich so (Krebs/Helemann, »Vor und nach der Jägerprüfung«, 1986):

»... Waidgerecht ist der Jäger, wenn er sein Jagdhandwerk mit dem nötigen <u>Wissen und Können</u> beherrscht (dabei auch die traditionellen Brauchtumsregeln – in zeitgemäßer Bewahrung ihres Sinnes – beachtet), wenn er bei Ausübung der Jagd die geltenden <u>Rechtsvorschriften</u> einhält und sich allgemein <u>anständig und ehrenhaft</u> verhält. Die ›Grundsätze deutscher Waidgerechtigkeit‹ einzuhalten, wird vom Jagdgesetz gefordert. Sie bedeuten weit mehr als nur das Verhalten nach äußerlichen Brauchtumsregeln, sondern umfassen vielmehr handwerkliche, rechtliche und charakterliche Anforderun-

Momentaufnahme: Der flüchtende Hase wird gerade von der Schrotgarbe getroffen. Waffentechnik und Schießausbildung sollen gewährleisten, daß das Wild durch den Schuß schnell und möglichst schmerzlos getötet wird. Je nach Schußentfernung und Größe des Wildes wird mit Schrot (auf Niederwild) oder mit der Kugel (auf Schalenwild) geschossen. Kleines Wild wird auf kurze Entfernung am zuverlässigsten durch den Schrotschuß erlegt.

Aus physikalischen Gründen bestehen Schrotkugeln und Jagdbüchsengeschosse aus dem Schwermetall Blei (teilweise mit anderen Metallen ummantelt). Bedenken wegen Bleirückständen im Wildpret und im Boden (auf Schießständen) führten zur Suche nach anderem Geschoßmaterial – eine noch ungewisse Entwicklung. Niemand kann die Jägerprüfung bestehen, wenn er nicht auf dem Schießstand ausreichende Treffsicherheit mit Flinte und Büchse nachgewiesen hat. Auch später müssen Jäger ihre Treffsicherheit durch Übungsschießen in Form halten. Das ist kein Schießsport, sondern nötiges Üben für den Ernstfall, bei dem es um tierschutzgerechtes Töten von Wild geht. Laut Tierschutzgesetz darf ein Tier nur töten, wer die dafür nötigen Kenntnisse und Fertigkeiten nachgewiesen hat.

Im Bundesgebiet gibt es rund 260 000 Jäger; das sind doppelt so viel wie 1925. Seit zehn Jahren wächst die Zahl nicht mehr (um 1960 gab es noch jährliche Zuwachsraten von 4 bis 8 Prozent). Die meisten Jäger sind Landwirte (17%), Angestellte (16%) und Beamte (15%); es folgen Handwerker (13%), Arbeiter (11%) und Kaufleute (10%); freie Berufe stellen 9%, der Rest sind Rentner, Auszubildende und Hausfrauen. – Revierinhaber sind meist Landwirte (30%), Kaufleute (27%), freie Berufe (11%) und Handwerker (10%) – das eigene Revier setzt Grundbesitz oder Wohlhabenheit voraus.

gen. Dazu gehört in heutiger Sicht vor allem, die Jagd ›tierschutzgerecht‹ auszuüben, d. h. beim unvermeidlichen Töten dem Wild keine unnötigen Schmerzen und Leiden zuzufügen . . .
Wie dem einzelnen Geschöpf gegenüber, so hat der Jäger auch die Auswirkungen seines Handelns auf die Gesamtheit einer Wildpopulation und ihre Lebensgemeinschaft zu bedenken. Wo herkömmliche Jagdgepflogenheiten in Widerspruch zu heutigen Erkenntnissen und Notwendigkeiten treten, muß der Jäger seinen eigenen Vorteil dem Wohl des Wildes unterordnen. . . . Zum ›tierschutzgerechten‹ muß auch ein ›naturschutzgerechtes‹ Jagen kommen, das man auch (analog zur Forstwirtschaft) als ›naturgemäße Jagdwirtschaft‹ bezeichnen könnte. – Zeitgerechte Weiterentwicklungen waidgerechten Jagens werden vor allem in dieser Richtung zu suchen sein . . .«

Saat und Ernte, Herz und Verstand

So sehr die Jagd als bodenständige Nutzung mit der Landwirtschaft verbunden ist, so hat es der Jäger doch nicht mit Kulturpflanzen und Haustieren zu tun, sondern mit Wildtieren. Das Gleichnis von Saat und Ernte trifft für den Jäger nicht im gleichen Sinn zu wie für den Bauern. Der Bauer strebt nach Höchsterträgen von Kulturpflanzen, die eigens dafür gezüchtet sind. Die Saat des Jägers, seine Hege, muß anders aussehen. Es geht dabei nicht darum, der Natur etwas abzuringen um des Ertrags willen. Es geht darum, der Natur etwas zu lassen oder zurückzugeben um ihrer selbst willen. Und der Lohn dafür sind nicht volle Scheunen und Speicher, sondern bescheidene und ungewisse Beute.

Es gibt auch die andere, die intensive Hege nach wirtschaftlichen Maximen. Es ist eben ein Unterschied, ob ein Feldgehölz erhalten bleibt, vielleicht noch mit ein paar standortgerechten Sträuchern ausgepflanzt wird, damit dort ein paar Hasen Zuflucht finden und zwei Fasanhennen brüten können, oder ob eine Voliere hineingesetzt wird, in der Hunderte von Fasanen als Flintenfutter herangezogen werden. Ob ein Weiher angelegt und bepflanzt wird, damit neben vielerlei anderem Wassergetier auch eine Entenfamilie dort eine Lebensstätte findet und der Jäger im Herbst den einen oder anderen Erpel an die Rucksackschnur binden kann – oder ob daraus eine Hochbrutflugentenzuchtanstalt und eine zentnerweise mit Mais bekirrte Massenhinrichtungsstätte gemacht wird. So etwas kann durchaus rationell und einträglich sein und paßt sogar irgendwie zur Umgebung der Maismonokulturen und leergefegten Sturzäcker – Saat und Ernte nach modernem Betriebsmanagement. Was dabei auf der Strecke bleibt, sind leider nur die alte Jagdromantik und der neue Anspruch, Jagd stehe im Dienst des Naturschutzes.

Ein halbes Dutzend bunte Gockel, ein oder zwei Hasen dazu am Ende eines Jagdnachmittags, zu

zweit oder zu dritt mit einem guten Hund, ist es nicht genug, um dankbar zu sein, daß es das noch gibt? Ist es nicht genug, um zu begreifen, daß die Saat des Jägers darin bestehen muß, ein Stück Brachland, ein paar Hecken, ein Feldgebüsch zu erhalten, ein paar Meter Randstreifen des Weizenfeldes von Giftbrühe zu verschonen? Kostbar sind die Gaben, die uns die Natur schenkt, wenn wir sie ungestört gewähren lassen. Muß der Jäger die Freude, die er daran hat, rechtfertigen?

Die Liebe, die durch den Magen geht, ist nicht die schlechteste; sie hat eine solide Grundlage. Die Zuneigung zu Geschöpfen, die wir »zum Fressen gern haben«, und die Sorge, daß sie uns erhalten bleiben, wurzeln im uralten Räuber-Beute-Verhältnis. Wir brauchen uns gar nichts einzubilden: Unsere ganze Moral und Ethik kommen aus dem Magen. Diese unsentimentale Art der Partnerschaft mit Tieren ist den meisten Menschen zwangsläufig abhanden gekommen. Unsere Zivilisation füllt sich den Bauch aus Hühner-KZs, Schweinegettos und Kälbergefängnissen. Das stumpft die einen zur Gleichgültigkeit ab (Hauptsache, die Fleischpreise stimmen) und verdrängt das Gefühl der zarter Besaiteten in einen Notausgang: Abscheu und Empörung in dem Augenblick, in dem man zufällig einmal mit dem Tod eines Tieres konfrontiert wird. Da schießt so ein roher Jäger das liebe Bambi oder das nette Häslein tot; da dreht so ein gefühlloser Bauer seinen Tauben den Hals um oder hackt seinem Gockel den Kopf ab, anstatt sich sein Suppenhuhn, unblutig in Plastikfolie, im Supermarkt zu kaufen ...

Da ist ein Reh auf der Landstraße von einem Auto angefahren worden. Mit zwei gebrochenen Läufen und schweren inneren Verletzungen liegt es im Straßengraben. Der zu Hilfe gerufene Jäger macht der Qual rasch ein Ende – und wird von empörten Zuschauern beschimpft: Hätte er das arme Tier nicht zu einem Tierarzt bringen und gesundpflegen können? – Spotten oder schimpfen wir nicht über solchen sentimentalen Unverstand! Jeder von uns ist Mitglied dieser Zivilisation, und deren unersättlicher Magen ist längst keine solide Grundlage mehr für den Umgang mit unserer lebendigen Umwelt. Selbst rat- und hilflos, flüchtet der einzelne aus seinem schlechten Gewissen in die Sentimentalität.

Das Fangen von Raubwild in Fallen ist umstritten (oben: Fuchs im »Schwanenhals«, einem starken Schlageisen). Erlaubt sind nur Fanggeräte, die das Raubwild entweder unversehrt lebend fangen (Kastenfallen) oder es sofort töten (Abzugseisen, Knüppelfallen). Mit Sorgfalt angewendet, leidet Wild in Fallen kaum mehr Qualen als bei der Jagd mit Schußwaffen. Mit Recht ist zu fordern: Fallenjagd nur durch Jäger mit ausreichenden Spezialkenntnissen sowie Weiterentwicklung möglichst qualfrei sicherer Fangmethoden. Die Schonzeiten sind zu beachten, und Fallen müssen so gestellt werden, daß geschützte Wildtiere sicher sind.

Bescheidene Ernte des Jägers (links): Wildtiere, die vor ihrem raschen Tod nicht in Käfigen eingepfercht gemästet wurden – biologisch naturrein.

Dabei schlägt das »Herz für Tiere« meist nicht weniger egoistisch, als unseren Vorfahren der hungrige Magen geknurrt hat. Wer eine aus dem Nest gefallene Drossel aufzupäppeln versucht oder einem flügellahmen Bussard den Schwingenknochen schient, der befriedigt in erster Linie *sein* Herzensbedürfnis, und kaum einer fragt danach, was er damit dem einzelnen Geschöpf antut, oder gar, wie sich die Summe solcher Liebesdienste auf eine Population oder Lebensgemeinschaft auswirken kann. Das Mitleid des Menschen kann für Tiere grausam sein – nicht nur für einen aus Liebe zu Tode gefütterten Schoßhund.

Das Herz allein genügt nicht als Ersatzorgan für den verdorbenen Magen. So nötig seine »höheren« Regungen auch sind, sie können neue Verwirrung stiften, ja sogar die letzten noch halbwegs natürlichen Beziehungen zu Tieren weiter schwächen. (So manche unsachliche, bloß sentimentale Jagdkritik gibt dafür Beispiele.) Das »Herz für Tiere« braucht die Kontrolle durch den Verstand! Nur wenn wir Herz und Verstand zusammennehmen, hat das Leben auf Erden vielleicht noch eine Chance.

Ein sonderbarer Heiliger

Heiligenverehrung steht in unserer Zeit außerhalb von Kirchenmauern nicht hoch im Kurs. Der heilige Hubertus ist eine Ausnahme. Die Symbolkraft des »Hubertushirsches« ist ungebrochen. Um eine zeitgemäße Deutung seiner Legende bemühen sich um den 3. November zahllose Vereinsredner im grünen Rock, und bei kirchlichen Meßfeiern zu seinen Ehren schmettern Jagdhörner in Gotteshäusern beider Konfessionen. Nicht allein Jäger lauschen den Predigten, die von der Verantwortung des Menschen für die ihm anvertraute Schöpfung handeln. Hubertus ist aktuell. Nicht als historische Person – die Kirche selbst hat ihre Zweifel daran, ob der biedere Bischof von Lüttich für die Legende zuständig ist, die ihm ein paar hundert Jahre nach seinem Tod angedichtet wurde und in die er sich mit dem heiligen Eustachius teilt. Auch nicht deshalb, weil seine Verehrung lange Zeit – Symbol und Botschaft ins Gegenteil kehrend – von feudalem Glanz geprägt war. (In dessen Nachahmung nicht stecken zu bleiben mit allzu viel Brimborium, ist allerdings eine aktuelle Mahnung.) Die zeitlose Gewissenserkenntnis, die wir mit dem Strahlenkreuz im Geweih des Hubertushirsches verbinden, ist aus Urzeiten überliefert. Sie hat im christlichen Gewand die uns vertraute Form gefunden – und sie verdichtet sich heute zum Menetekel für die Menschheit, die drauf und dran ist, die ganze Schöpfung ans Kreuz zu schlagen.

Wir Jäger nennen uns gern Hubertusjünger. Wir sind es seit der Steinzeit – damals waren alle Menschen Jäger. Früh bereits verehrten sie – wie heute noch manche Naturvölker – einen mächtigen »Schutzherrn der Tiere«. Die Jagd stand am Anfang aller Religion und Kultur. Später haben die Menschen gelernt, nach anderen Gütern zu jagen als nach der Gottesgabe für den

täglichen Hunger, die das Töten brüderlichen Lebens verzeihend einschließt. Seither leben wir im Widerstreit zwischen maßlosem Mißbrauch unserer Macht und der Ehrfurcht vor dem Leben, das wir nicht geschaffen haben. Hubertus ist überall. Im Hasen, der von Autorädern zermalmt wird, im Fisch, der im vergifteten Wasser krepiert, im Vogel, der keinen sicheren Nistplatz mehr findet, im Baum, der unter Giftschwaden stirbt, im Boden, der unter Beton erstickt – überall dort mahnt uns die Symbolgestalt noch viel erschütternder, als es vor 1200 Jahren die Hirschlegende andeutete.

Wer das Gleichnis begreift, muß die Botschaft weitertragen. Es müssen viel mehr Menschen Hubertusjünger werden, auch wenn sie ihrer Gewissenseinsicht modernere Namen geben. Wir alterältesten Hubertusjünger, die durch alle Irrungen der Zeiten gegangen sind, bevor wir zum Prinzip der Nachhaltigkeit im Umgang mit der Natur gefunden haben, wir sollten dazu einiges mehr beitragen als Festreden und Hörnerklang.

Am Scheideweg

Es steckt noch viel Substanz in unserer guten alten Jagd. Aber wird sie es schaffen, mit der zeitgemäßen Deutung ihres Symbols Schritt zu halten? Leidenschaftliche Jäger waren schon immer die schärfsten Kritiker. So schrieb Georg Sperber (1986): »Unsere Jagd ist zur Selbstkritik kaum mehr fähig. Je stärker die Angriffe einer zunehmend umweltbewußter werdenden Öffentlichkeit werden, desto unduldsamer wird die Monopolorganisation der Jäger gegen abweichende Meinungen von innen. Doch wer in einer sich so rapide verändernen Welt starr bleibt, wird zerbrechen ...«

Der bitteren Prognose sollen einige Gedanken entgegengesetzt werden, die bereits zehn Jahre vorher als Diskussionsbeitrag veröffentlicht wurden (Westermanns Monatshefte, 10/1976):
Als Jäger wird man oft nach dem Warum seines Tuns und Lassens, seiner Sitten und Gebräuche gefragt. Manchen erscheint es recht sonderbar, ja verdächtig, was die Grünröcke in Wald und Flur treiben. Kann das simple Argument, die Jagd sei nun einmal die älteste Tätigkeit der Menschheit, als Rechtfertigung dienen?

Nun, wir Jäger sind dankbar dafür, daß gerade in unseren Tagen eine neue, biologisch-ökologische Naturbetrachtung mit dem rührseligen Bambi-Tierschutz-Pazifismus aufgeräumt, den Menschen selbst vom Podest des Feudalherrschers über die Natur heruntergeholt und ihn bescheiden in die Rolle eines treuhänderischen Nutznießers zurückversetzt hat.

Schön, als ökologisch programmierten Ersatzwolf würde man den Jäger gelten lassen, ist zu hören. Aber nehmen viele Jäger diese wissenschaftlich verbrämte Rechtfertigung nicht nur zum Deckmantel, um ihrem Jagdvergnügen aus ganz anderen Motiven nachzugehen? Wird nicht manches Wild, das in vernünftigen Grenzen zu halten der Jäger eigentlich berufen ist, von ihm zum Schaden für Landschaft und Umwelt »überhegt«, nur um viel zu schießen, mit »Trophäen« angeben zu können?

Es muß nicht der »Hubertushirsch« sein: An jeglicher Kreatur kann der nachdenkliche Jäger sein Hubertuserlebnis haben und zu der Erkenntnis kommen: »Heute ist die Verantwortung dem Wild gegenüber angesichts immer brennender werdender Umweltprobleme und drohender, vom Menschen selbst durch Übernutzung der Natur hervorgerufener Katastrophen erweitert zu einer bewußt aufgenommenen und mit großem Ernst getragenen umfassenden Verantwortung gegenüber der gesamten Umwelt.«
(Sigrid Schwenk, 1989)

Dieser junge Rothirsch (rechte Seite) braucht noch acht bis zehn Jahre, bis er als reifer »Erntehirsch« erlegt wird und seinen Erleger mit einem starken Geweih erfreut. – Die verkrüppelte Weißtanne ist vielleicht schon 20 Jahre alt und noch kaum kniehoch; ihr wirtschaftliches Ernteealter von 120 Jahren oder ihre natürliche Lebensdauer von 300 bis 400 Jahren wird sie vermutlich nie erleben, weil sie Jahr für Jahr verbissen wird. Das Problem heißt nicht »Wild und Wald« – beide sind seit Tausenden von Jahren gemeinsamer Entwicklung aneinander angepaßt. Das Problem heißt »Mensch« – nach zweitausend Jahren abendländischer Kulturgeschichte, nach zweihundert Jahren technischer Zivilisation steht er vor der Frage, die zwanzigtausendjährige Gemeinsamkeit von Hirsch und Weißtanne wiederherzustellen. Von der Antwort auf diese Frage – einer von vielen ähnlichen – kann sein eigenes Überleben abhängen. Wir haben es weit gebracht...

»Wald vor Wild und Wild vor Jagd« – eine alte Forderung. So schrieb zum Beispiel Herbert Selle, der »große alte Mann« im Deutschen Jagdschutzverband: »Die breite Masse der Jäger wird aus der zunehmenden Klärung des Verhältnisses Wald – Wild erkannt haben, daß der Wald an erster Stelle stehen und der Bestand des Wildes auf die bleibende Gesunderhaltung der Umwelt einreguliert werden muß... Wenn sich beide Seiten zu der Losung: Wald vor Wild, Wild vor Jagd bekennen, kann einer erfolgreichen Gemeinsamkeit nichts im Wege stehen.«
Wer die Uneinsichtigkeit der Ignoranten und Egoisten unter den Jägern schilt, geht einig mit der »schweigenden Mehrheit« der ordentlichen Jäger, die sich nach bestem Wissen bemühen, ihre Sache richtig zu machen, auch wenn sie ihrer Liebhaberei meist nur in der Freizeit nachgehen können...
Weil die Pflege des Wildes weniger einträglich ist als die Pflege des Waldes, kann es der Allgemein-

heit nur recht sein, daß diese Aufgabe nicht vorwiegend von Staatsdienern auf Kosten des Steuersäckels wahrgenommen werden muß, sondern daß es genug »Verrückte« gibt, die mit Begeisterung viel Zeit und Geld dafür aufwenden. Auch derjenige, der in der Jagd nichts als ein notwendiges Übel sieht, wird zugeben müssen, daß das Töten von Wild nach zünftiger Handwerksregel und achtungsvollen Bräuchen weniger abstoßend ist als schierer Lustmord oder kaltschnäuzig-technische Liquidation.
Damit wären wir beim Jägerbrauch, dem oft bespöttelten, bei der Jägersprache und der »deutschen Waidgerechtigkeit«. Zum einen handelt es sich dabei einfach um Handwerksbrauch und Zunftsprache, die ein lebendiges Kulturgut darstellen. Zum anderen sind auch manche Formen dabei, die aus dem Lebensgefühl von Epochen stammen, die wir nicht nachempfinden können und die wir entweder mit neuem Inhalt füllen (wie zum Beispiel das Jagdhornblasen) oder die als leere Formeln sinnlos werden. Vom Erhabenen zum Lächerlichen ist freilich oft nur ein kleiner Schritt. Besonders dort, wo Sendungsbewußtsein in strammem Vereinsleben gepflegt wird.
Aber Stammtischsprüche geklopft und Vereinsfahnen geschwenkt werden auch bei Fußballern, Kegelbrüdern, politischen Parteien und der Freiwilligen Feuerwehr. Jäger sind auch nur Menschen! Die Feudaltradition der überheblichen Machtansprüche und des protzigen Pomps ist der Mehrzahl der heutigen Jäger fremd. Der Umbruch der Zeit, die technische Revolution mit ihrem Gegengewicht, dem Naturschutzgedanken, hat nämlich längst eine andere Tradition begründet. An ihren Anfang können wir etwa Hermann Löns stellen. Er war ja nicht nur der Heideromantiker, wie ihn das Klischee will. Er war studierter Zoologe, als Journalist weitsichtiger Vorkämpfer des Naturschutzes und ein scharfzüngiger Kritiker an Knallprotzen, Raubschützen und Naturverhunzern, als erfolgreicher Schriftsteller Begründer der tiergerechten, verhaltenskundlichen Darstellung – ein Horst

Stern seiner Zeit! Seitdem sind Jagd und Naturschutz, jagdhandwerkliches Können und biologisches Wissen nicht mehr zu trennen, wenn wir eine zeitgemäße Definition von »Waidgerechtigkeit« geben wollen...

Mag sein, ich habe das Bild des Jägers in unserer Zeit etwas zu idealistisch gezeichnet. Aber Idealist muß jeder sein, der gegen den Strom einer Zeit schwimmen muß, die nur gelten läßt, was der Rechenstift an Gewinn und Verlust, Nutzen und Schaden verzeichnet, die »den Preis von allem und den Wert von nichts« kennt. Zwiespalt und Widerspruch, die heute durch Presse und Fernsehen vor die Öffentlichkeit getragen werden, klaffen nicht zwischen Naturfreunden mit und ohne Jagdschein. Sie klaffen einfach zwischen Menschen mit und ohne Naturverständnis, mit und ohne Einsicht in die biologischen Zusammenhänge und Notwendigkeiten. Als jagender Naturschützer möchte man den Freunden ohne Jagdschein zurufen: Gießt eure berechtigte Kritik an Ignoranten und Egoisten im grünen Rock nicht breit über alle aus, denen das Jagen Freude macht! Schießt nicht mit Kanonen auf Jäger-Spatzen; manche müssen sich erst mausern, und das braucht seine Zeit. Nehmt lieber die großen Pleitegeier aufs Korn, die heute über der gesamten belebten Natur kreisen! Und wenn mancher von euch auch nicht begreifen kann, mit welchem Glücksgefühl der Jäger am erlegten Wild den grünen Bruch hinters Hutband steckt, so sollte doch jeder einsehen, daß aus den leidenschaftlichsten Jägern die besten Naturschützer geworden sind.

Naturschutz allein aus dem Computer und dem Laboratorium, ohne die Leidenschaft des Herzens, wäre eine traurige Sache. <u>Die uralte Leidenschaft nach der Jagdbeute in die leidenschaftliche Hingabe an ein Leben im Einklang mit der Natur umzuleiten, das ist vielleicht das Wertvollste, was uns die Jagd in dieser Spätzeit ihrer Entwicklung</u> geben kann.

»Es ist keine große Kunst, Forstwirtschaft zu betreiben, wenn man den Faktor Wild ausschalten würde, und es ist nicht schwer, Jagdwirtschaft zu betreiben, wenn man auf den Wald keine Rücksicht zu nehmen braucht. Eine Kunst ist es aber, beide so zu betreiben, daß Wald und Wild zu ihrem Recht kommen...«
(Fritz Nüßlein, ›Jagdkunde‹)

Wild und Jagdstrecken

Wild im jagdlichen Sinn sind diejenigen Wildtiere, die dem Jagdrecht unterliegen. Sie sind in § 2 Bundesjagdgesetz aufgeführt. (Die Bundesländer können weitere Wildtiere ins Landesjagdrecht aufnehmen. Jagd- und Schonzeiten werden von den Bundesländern im Rahmen einer Bundesverordnung festgelegt.)

Wildart	wissenschaftlicher Name	Jagdzeit	Jagdstrecke (einschl. angerechnetes Fallwild)		
			1987	Vergleich 1970	Vergleich 1939
Haarwild					
Wisent	*Bison bonasus*	●	—		
Elchwild	*Alces alces*	●	—		
Rotwild	*Cervus elaphus*	◐	31 200	27 500	21 100
Damwild	*Dama dama*	◐	13 400	7 000	3 500
Sikawild	*Cervus nippon*	◐	680		
Rehwild	*Capreolus capreolus*	◐	725 300	523 400	376 500
Gamswild	*Rupicapra rupicapra*	◐	4 850	1 720	
Steinwild	*Capra ibex*	●	—		
Muffelwild	*Ovis ammon musimon*	◐	1 870	880	
Schwarzwild	*Sus scrofa*	◐	84 600	27 200	10 100
Feldhase	*Lepus europaeus*	◐	591 000	1 079 000	937 000
Schneehase	*Lepus timidus*	●	—		
Wildkaninchen	*Oryctolagus cuniculus*	○	455 700	624 500	857 700
Murmeltier	*Marmota marmota*	●	—		
Wildkatze	*Felis silvestris*	●	—		
Luchs	*Lynx lynx*	●	—		
Fuchs	*Vulpes vulpes*	○	161 000	113 000	140 000
Steinmarder	*Martes foina*	◐	48 520	5 400	
Baummarder	*Martes martes*	◐	4 620	2 100	
Iltis	*Mustela putorius*	◐	} 61 740	} 119 000	
Hermelin	*Mustela erminea*	◐			
Mauswiesel	*Mustela nivalis*	◐			
Dachs	*Meles meles*	◐	12 200	3 800	
Fischotter	*Lutra lutra*	●	—		
Seehund	*Phoca vitulina*	●	—		

◐ mit Jagd- und Schonzeit
○ ganzjährige Jagdzeit (keine Schonzeit)
● ganzjährige Schonzeit (keine Jagdzeit)

Angaben über Jagdstrecken gerundet nach DJV-Handbuch

Wildart	wissenschaftlicher Name	Jagdzeit	Jagdstrecke (einschl. angerechnetes Fallwild)		
			1987	Vergleich 1970	Vergleich 1939
Federwild					
Rebhuhn	*Perdix perdix*	◑	16 500	343 000	585 000
Fasan	*Phasianus colchicus*	◑	322 400	1 180 000	342 000
Wachtel	*Coturnix coturnix*	●	—		
Auerwild	*Tetrao urogallus*	●	—	130	
Birkwild	*Lyrurus tetrix*	●	—	520	
Haselwild	*Tetrastes bonasia*	●	—		
Alpenschneehuhn	*Lagopus mutus*	●	—		
Wildtruthuhn	*Meleagris gallopavo*	◑	?		

Wildtauben
  Ringeltaube
  Hohltaube
  Türkentaube
  Turteltaube
	Columbidae	◑
		●
		◑
		●
			537 300
			
			?
				479 000	ca. 100 000

Höckerschwan	*Cygnus olor*	◑	?		

Wildgänse
  Graugans
  Bläß-, Saat-, Ringel-,
    Kanadagans
  übrige Arten
	Gattungen *Anser* und *Branta*	◑
		
		◑
		●
			3 360
			
			—
				1 650	

Wildenten
  Stockente
  übrige Arten, soweit
    nicht geschont
	Anatinae	◑
		◑
			548 000
			vorwiegend
			Stockenten
				365 000	135 000

Säger	Gattung *Mergus*	●	—		
Waldschnepfe	*Scolopax rusticola*	◑	9 770	27 300	
Bläßhuhn	*Fulica atra*	◑	?		

Möwen
  Lachmöwe
  übrige Arten, soweit
    nicht geschont
	Laridae	◑
		◑
			?
			?		

Haubentaucher	*Podiceps cristatus*	●	—		
Großtrappe	*Otis tarda*	●	—		
Graureiher	*Ardea cinerea*	●	—		
Greifvögel	*Accipitridae, Falconidae*	●	—		
Kolkrabe	*Corvus corax*	●	—		

Literatur

AFZ (Allgemeine Forst-Zeitschrift, BLV München), Sonderhefte:
Der Bergwald in den Alpen, 1987, H. 11;
Wald und Rehwild, 1987, H. 19;
Naturgemäße Waldwirtschaft heute, 1987, H. 33.

Arnold, Walter: Die Murmeltiergesellschaft, Mitteilungen aus der Wildforschung 1986, Nr. 67, Wildbiol. Gesellschaft München.

Aschenbrenner, Hans: Rauhfußhühner, Verlag M. & H. Schaper, Hannover, 1985.

Bajohr, W. A.: Fuchs-Faszination, Die Pirsch 1989 H. 7.

Bauer, Franz (Hrsg.): Die Sache mit dem Wald, Sonderband AFZ, BLV Verlag München.

Bertram, Dieter: Beste Ausbildung – hohes Ansehen – keine Aussichten (zur Situation der Berufsjäger), Die Pirsch 1989, H. 14.

Bettmann, Helmut: Die Waldschnepfe, BLV Verlag München, 1975.

–: Wildtauben, BLV Verlag München, 1973.

Bezzel, Einhard: Vögel, BLV-Intensivführer, BLV Verlag München, 1984.

–: Umgang mit freilebenden Tieren – Gefühl gegen Verstand? Thomas-Morus-Akademie, Bensberger Protokolle Nr. 60.

Brehm, Alfred Edmund: Illustriertes Thierleben, Hildburghausen 1863–1869.

Breitenmoser, U., Haller, H.: Der Luchs in der Schweiz, Mitteilungen aus der Wildforschung 1985, Nr. 58, Wildbiol. Gesellschaft München.

Bützler, Wilfried: Rotwild, BLV Verlag München, 1986.

BUND (Bund f. Umwelt- u. Naturschutz Deutschland): Umweltbilanz, Verlag Rasch & Röhring Hamburg, 1988.

Burger, Hannes (Hrsg.): Bayern braucht Wolpertinger, Ehrenwirth-Verlag München, 1977.

Burrows/Matzen: Der Fuchs, BLV Verlag München, 1972.

Deutscher Jagdschutz-Verband e. V.: DJV-Handbuch (jährliche Jagdstatistik), Verlag Dieter Hoffmann, Mainz.

Diezel, Carl Emil: Erfahrungen aus dem Gebiete der Niederjagd, Stuttgart 1849.

Frevert, Walter: Rominten, BLV Verlag München, 1957.

Fuschlberger, Hans: Das Gamsbuch, F. C. Mayer Verlag München, 1939.

Geiersberger, Ingrid: Der Biber in Bayern, Mitteilungen aus der Wildforschung 1986, Nr. 71, Wildbiol. Gesellschaft München.

–: Der Biber, ein Meister des biologischen Wasserbaus, AFZ 1987, H. 6.

Georgii, B., Schröder, W., Schreiber, R. L.: Skilanglauf und Wildtiere, Alpirsbacher Naturhilfe, 1985.

Gesner, Conrad: Thierbuch (1669), Nachdruck Hannover 1980.

Gossow, Hartmut: Wildökologie, BLV Verlag München, 1976.

Haller, Heinrich: Raumorganisation und Dynamik einer Population des Steinadlers, Ornithol. Beobachter 1982.

Helemann, Walter: Jagd tut not, Westermanns Monatshefte 1976, H. 10.

–: Eiszeiten, Die Pirsch 1985, H. 26.

–: Den Sauen zuliebe, Die Pirsch 1986, H. 13.

–: Wozu brauchen wir Brauchtum? Die Pirsch 1987, H. 23.

–: Wettlauf mit dem Aussterben, Die Pirsch 1988, H. 9.

Hennig, Rolf: Schwarzwild, BLV Verlag München, 1981.

–: Was ist Jagd? Die Pirsch 1988, H. 5.

–: Nachhaltigkeit als forstliches Wirtschaftsprinzip, als ethische Forderung und als landschaftsbiologische Funktion, Waldhygiene 17/1988.

Hespeler, Bruno: Rehwild heute, BLV Verlag München, 1988.

Hockenjos, Wolf: Tännlefriedhof, Gerhard Schillinger Verlag, Hinterzarten, 1984.

Hornsmann, Erich: Allen hilft der Wald, BLV Verlag München, 1958.

Jägervereinigung Feuchtwangen: Rebhuhnprogramm »Artenreiche Flur«, Tagungsbericht Rebhuhnsymposium 1988.

Kalchreuter, Heribert: Wasserwild im Visier, BLV Verlag München, 1987.

Kirchberger, Kurt: Der Bartgeier, Jahrbuch Verein zum Schutz der Bergwelt, 1987.

Kobell, Franz von: Wildanger, Stuttgart, 1859.

Koch, Wilhelm: Vom Urwald zum Forst, Kosmos-Verlag Stuttgart, 1957.

Krebs, Herbert, Helemann, W. (Bearb.): Vor und nach der Jägerprüfung, 45. Aufl., BLV Verlag München, 1986.

Krieg, Hans: Ein Mensch ging auf die Jagd, BLV Verlag München, 1967.

Kurt, Fred: Rehwild, BLV Verlag München, 1970.

Lang, Gérard: Wahlabschuß und biologische Auslese, Die Pirsch 1989, H. 15.

Meynhardt, Heinz: Schwarzwild-Report, Verlag Neumann-Neudamm, Melsungen, 1980.

Neal, Ernest: Der Dachs, BLV Verlag München, 1975.

Neumann, Thomas: Artenschutz: das Beispiel Kranich, Mitteilungen aus der Wildforschung 1984, Nr. 42, Wildbiol. Gesellschaft München.

Niederwolfsgruber, Franz: Kaiser Maximilians I. Jagd- und Fischereibücher, Innsbruck 1965.

Nüßlein, Fritz: Jagdkunde, 12. Aufl., BLV Verlag München, 1988.

Oberforstdirektion Ansbach: Information Jagd 1981/82/83.

Schawalder, Arnold: Der Bergjäger, seine Hirsche, Steinböcke, Munggen und Berghühner, Selbstverlag, CH-9500 Wil, 1988.

Scherping, Ulrich: Waidwerk zwischen den Zeiten, Verlag Paul Parey, Hamburg, 1950.

–: Uns blieb das Waidwerk, BLV Verlag München, 1958.

Schneider, Eberhard: Der Feldhase, BLV Verlag München, 1978.

Schröder, Wolfgang: Über das Verhältnis des Menschen zu Pflanzen und Tieren, Forstwissenschaftliches Centralblatt, 1988.

Schulz, Wolfgang: Wir und die Natur, Mitteilungen aus der Wildforschung 1985, Nr. 55, Wildbiol. Gesellschaft München.

–: Das Image der Jäger, Mitteilungen aus der Wildforschung 1986, Nr. 62, Wildbiol. Gesellschaft München.

Schweizerischer Bund für Naturschutz: Der Luchs, Schweizer Naturschutz 1984, H. 2.

–: Wild, Wald und Mensch, Schweizer Naturschutz 1986, H. 3.

Schwenk, Sigrid: Jagd und Mensch im Wandel der Zeit, Die Pirsch 1989, H. 3.

Selle, Herbert: Zwischen Selbstbesinnung und Zuversicht, Die Pirsch 1976, H. 7.

Sindel, Heinrich: Von Rehen, Mardern und Rebhühnern, BLV Verlag München, 1989.

Sperber, Georg: Scheinblüte vor dem Untergang? Nationalpark 1986, H. 2.

–: Waldbau als Naturschutz, Jahrbuch Verein zum Schutz der Bergwelt, 1989.

Stahl, Dietrich: Wild – Lebendige Umwelt, Verlag Karl Alber, Freiburg, 1979.

Stemmler, Carl: Der Steinadler in den Schweizer Alpen, Schaffhausen 1955.

Urban, Johannes: Flächenstillegung – Füllhorn oder Sterbehilfe? Die Pirsch 1988, H. 18.

Wiedenmann, Günter: Situation des Hochwildes im Bergwald, Die Pirsch 1984, H. 1.

–: Vernünftig für die Zukunft planen (Schalenwildplanung), Die Pirsch 1988, H. 13.

Wotschikowsky, Ulrich: Der Luchs in Europa, Mitteilungen aus der Wildforschung 1985, Nr. 51, Wildbiol. Gesellschaft München.

–: Der Luchs in Schutzgebieten, Mitteilungen aus der Wildforschung 1987, Nr. 83, Wildbiol. Gesellschaft München.

Zimen, Erik: Der Wolf, Jahrbuch Verein zum Schutz der Bergwelt, 1988.

–: Tollwut, Fuchs und Mensch, Die Pirsch 1982, H. 6 u. 7.

BLV Jagdbücher – spannende Unterhaltung und fundierte Information

Egon J. Lechner

Jagdparadiese in aller Welt

20 aufregende Reiseberichte erzählen von Jagd-expeditionen in alle fünf Kontinente – darunter einige Testjagden in jagdlich bislang un-erforschte Gegenden wie die Wüstengebirge Ägyptens, Pakistans und der zentralasiatische Pamir der UdSSR. Aktuelle Reisetips infor-mieren über das Land, die Jagdbedingungen und die Hauptwildarten.

231 Seiten, 124 Farbfotos, 57 s/w-Fotos, 40 Verbreitungskarten, 6 Zeichnungen

Albrecht und Jenke von Bayern

Über Rehe in einem steirischen Gebirgsrevier

Das außergewöhnliche Werk vermittelt neben einer Vielzahl von hervorragenden Farbfotos eine Fülle an Erfahrung und Wissen über die Verhältnisse eines Revieres und seiner bodenständigen Rehe. Es bietet Anregung und Hilfestellung in der täglichen Revierpraxis und beantwortet gleichzeitig aktuelle Fragen zur Rehwildhege. Ausgezeichnet mit dem Literaturpreis des Deutschen Jagdschutz-Verbandes.

4. Auflage, 247 Seiten, 597 Farbfotos, 1 s/w-Foto, 28 Tabellen, 7 Diagramme, 14 Zeichnungen

Hans Krieg

Ein Mensch ging auf die Jagd

Philosophische, kritische und humoristische Lebens- und Jagderinnerungen eines passio-nierten Jägers, engagierten Naturschützers, Forschungsreisenden und anerkannten Wissen-schaftlers.

226 Seiten, 16 Tafeln

Heinrich Sindel

Von Rehen, Mardern und Rebhühnern

Ein engagierter, kritischer Jäger reflektiert über die Erhaltung der natürlichen Lebensräume vieler Wildarten und die Zukunft des Natur- und Vogelschutzes.

182 Seiten, 11 Zeichnungen

In unserem Verlagsprogramm finden Sie Bücher zu folgenden Sachgebieten:

Garten und Zimmerpflanzen · Natur Angeln, Jagd, Waffen · Sport und Fitness Pferde und Reiten · Wandern und Alpinismus Auto und Motorrad · Essen und Trinken Gesundheit.

Wünschen Sie Informationen, so schreiben Sie bitte an:

BLV Verlagsgesellschaft Postfach 40 03 20, 8000 München 40

BLV Verlagsgesellschaft München